続々 移行支援としての高校教育

変動する社会と岐路に立つ高校教育の行方

編著 小野善郎・保坂 亨

福村出版

はじめに

2022年10月、文部科学省は2021年度の不登校児童生徒数が過去最多の24万4940人と初めて20万人を超えて、9年連続で増加したことを発表した。前年度から4万8813人(24.9%)の増加であった。この不登校児童生徒数の急増について、文部科学省は新型コロナウイルス感染症が拡大し「生活リズムが乱れやすい状況や、学校生活においてさまざまな制限がある中で交友関係を築くことなど、登校する意欲が湧きにくい状況があった」と分析しているが、併せて児童生徒の休養の必要性を明示した「義務教育の段階における普通教育に相当する教育の機会の確保等に関する法律(教育機会確保法)の趣旨の浸透の側面」も指摘している(文部科学省、令和3年度児童生徒の問題行動・不登校等生徒指導上の諸課題に関する調査結果概要)。

不登校児童生徒数の推移については、2020年度から調査方法が変わったこともあり、それ以前と単純に比較することはできないが、2016年の教育機会確保法や2020年1月に始まった新型コロナウイルス感染症のパンデミックをきっかけに、登校や学校を休むことに対する意識が大きく変わり、それが文部科学省の不登校を含む長期欠席に対する姿勢にも反映しているように思われる。すなわち、「学校には登校するもの」という画一的な考え方から、義務教育にあってでも多様性が容認されるようになってきたものとみることができる。ただし、2021年度の調査でも不登校の要因としては「無気力・不安」が約半数（49・7％）を占めており、従来からの個人の心理的な問題という見方が根強く残っているが、休むことへの意識の変化によって、不登校の「病理性」はかなり下がってきているように感じられる。

1990年代初頭まで不登校（当時は「登校拒否」）は児童思春期の代表的な「精神疾患」として「治療」の対象とされてきたが、その後も増え続ける不登校児童生徒に対して文部省（当時）は1992年に「誰にでも起こりうるもの」と病理性を否定することで不登校は「脱医療化」された。しかし、「無気力・不安」という要因が象徴するように、個人の病理という見方は根強く残っていた。今回のこれまでにない不登校児童生徒数の増加という局面にもかかわらず、登校がすべてとはかぎらないという見方が出てきたことで、「誰にでも起こりうるもの」からおよそ30年の歳月を経て、ようやく真の「脱医療化」という大きな節目を迎えたのではないだろうか。

2012年にわれわれが提唱した「移行支援としての高校教育」は、医療化された不登校問題や特別支援教育へのアンチテーゼとしての既存の高校教育の再考の試みでもあった（小野善郎・保坂亨（編著）『移行支援としての高校教育――思春期の発達支援からみた高校教育改革への提言』福村出版）。わが国の学校教育制度においては、義務教育ではない高校教育は保障されておらず、入学者選抜（入試）があることで、高校進学を機に不登校などによる不利が一気に顕在化するが、それは個人の病理として治療の対象となるものというより支援ニーズそのものであり、そのような生徒たちが集まる高校教育にこそ支援のチャンスがあり、そこに高校教育の意義と役割を見出そうとするものだった。その後も高校等進学率はさらに高まり、高校教育現場での問題意識からさまざまな教育実践が広がり、２０１６年にはそれらの経験を踏まえて、大人への移行に向けた「学び」について考察を行ってきた（小野善郎・保坂亨（編著）『続・移行支援としての高校教育——大人への移行に向けた「学び」のプロセス』福村出版）。

当初の「移行支援としての高校教育」についての議論は、基本的には既存の高校教育制度や常識への挑戦であり、したがって現在の高校教育制度を根本から変えていこうとする野心的なものであった。しかし、その後の学校教育を取り巻く状況は大きく変化し、前述の不登校児童生徒数の急増に象徴されるような従来の画一的な学校教育制度の崩壊や、それを補完するかたちで不登校生徒に高校教育の機会を提供する私立広域通信制の急拡大により、不登校であった生徒が排除されることなく高校教育が保障されるようになったのは、「移行支援としての高校教育」を論じ始めた十数年前には想定すらできなかったことである。必ずしも意図的な変革ではなかったとしても、「移行支援としての高校教育」としては前進であり、ここからのさらなる発展に向けた方向性を検討していきたいところである。

不登校児童生徒が急増したこの10年のもうひとつの大きな変化として、出生率の低下による生徒数の減少が高校教育にも本格的な影響を及ぼし、人口減少が進む地方だけでなく、都市部においても高校の統廃合が加速化している。高校（全日制）の生徒数は２０１２年度の３２４・３万人から２０２２年度には２８８・5万人と約1割減少し、この期間に学校数は４３１２校から４１９６校へと１１６校（２・７％）減少している（文部科学省、学校基本調査）。もはや定員や学級数の削減で対処できるレベルを超えており、高校教育制度の在り方を議論する以前に、生徒数が激減した高校は存続の危機に直面し、生き残りをかけた努力が模索されている。にもかかわらず、入学者選抜どころではない状況の中で、いまだに旧態依然とした高校入試があり、中学生は高校受験への不安を煽られ、中学3年生の学校生活を制限し続けている。これはすでに完全に実態に合わない制度と現実との矛盾であるが、「移行支援としての高校教育」としては、まさに移行支援の場を失う危機でもある。高校教育への障壁が下がり、さらに移行支援の機会を拡充していくべき局面で、高校存続の危機は深刻である。

このような激動の10年間を経て、当初は想定すらできなかった高校教育の変革を踏まえて、あらためて「移行支援としての高校教育」を再考する必要に迫られ、シリーズ第3弾として本書を刊行することになった。前2作と同様に、高校教育制度に対する単なる批判的論考ではなく、思春期の発達課題と支援ニーズからの高校教育への期待と可能性を模索するものであり、すぐれてプラクティカルな議論である。

本書の第2部で紹介するさまざまな領域での実践が示すように、この10年の間に移行支援の考え方は確実に高校教育の現場に受け入れられてきていることが実感される。高校教育の受け皿が広がったことで、現場では必然的に移行支援の実践が広がってきているものの、建前上の高校教育制度としては、入学者選抜や適格者主義は脈々と引き継がれ、そして何よりも「義務教育ではない」という事実が、高校教育の現場で発展し成熟しつつある「移行支援としての高校教育」を正式に承認することを拒んでいるようにさえ感じる。

野心的な高校教育のパラダイムシフトの提言から10年の歳月を経て、この間に大きく変化した学校教育の現実を見据えたうえで、あらためて思春期の発達課題である「大人への移行」という大きな「仕事」を支えるための高校教育の意義と役割を再確認することで、われわれが今後取り組んでいくべき方向性を、子どもにかかわるすべての大人たちと共有できることを願っている。

なお、本書は「移行支援としての高校教育」をテーマにした既刊との一連の論考であり、これまでに紹介した実践も参照することをお勧めしたい。このことを踏まえ、本書の中では2冊の既刊と合わせて「本シリーズ」と表記していることをあらかじめお断りしておきます。読者の皆様におかれましては、是非とも既刊の「本シリーズ」を読み返していただきながら、これからの高校教育の在り方について一緒に考えていただければ幸甚です。

小野善郎

◉目次

第2部　移行支援としての高校教育の実際・その多様化

第１部

岐路に立つ高校教育

第1章 移行支援としての高校教育

保坂　亨

第1節　戦後高校教育の概観

その名称により混乱しがちだが、わが国の高等学校は、中等教育後半を担う学校である。戦後の教育改革の中で新設されたのが中等教育前半を担う新制中学校であり、それに接続する「国民的教育機関」として新制高等学校が、戦前とは違ったかたちで中等教育後半に位置づけられたのである。したがって、教育の機会均等を保障する地域の学校として構想され、高校三原則（男女共学・小学区制・総合制）とのちに称される制度設計であったことが知られている。しかし、そうした理念および原則は、この新制高校へと移行した旧制の中等諸学校（旧制中学校・実業学校等）がその伝統・文化を継承したため、発足当初から理念と実態が大きくずれてしまうことになる（山田、２００６など）。その最たるものが、希望者全員入学を目標としながらも、各学校の収容定員と希望者の乖離から選抜試験が実施されて「選ばれたもの」を教育する学校となり、現在まで入学者選抜制度が継続していることであろう（第２章第１節参照）。これについて小野（２０１２）は、戦後の混乱期に試験による選抜が実施されたのはやむを得ないとしながらも、次のように指摘した。「高校進学希望者（志願者数）と入学者数とが均衡状態となっている今日においても高校入試が続いている事実からは、選抜制度は限られた定員枠を競うためのものではなく、名門校を筆頭とする高校の序列化に寄与する以外の何者でもないことは明らかである」。

実際、１９４８年にスタートしたこの高等学校の進学率は、１９５０年度には42・5％であり、中学校を卒業した者のうちの半数以下しか進学できていない。つまり、非進学者のほうが多数派であったのである。しかし、高校進学率はその後上昇を続けて１９６５年度には７割（70・7％）を超え、すでに中学校卒業（義務教育修了）時点で就職していく非進学者は少数派に転じていた。東京でアジア初のオリンピックが開催された翌年にあたるこの１９６５年度は、全国の就職者の中で高校卒業者が中学卒業者を上回った年でもある。そして、日本の高度経済成長期が後半に入り、国民所得の増加によって「絶対的貧困」から「相対的貧困」へと移行する節目の頃

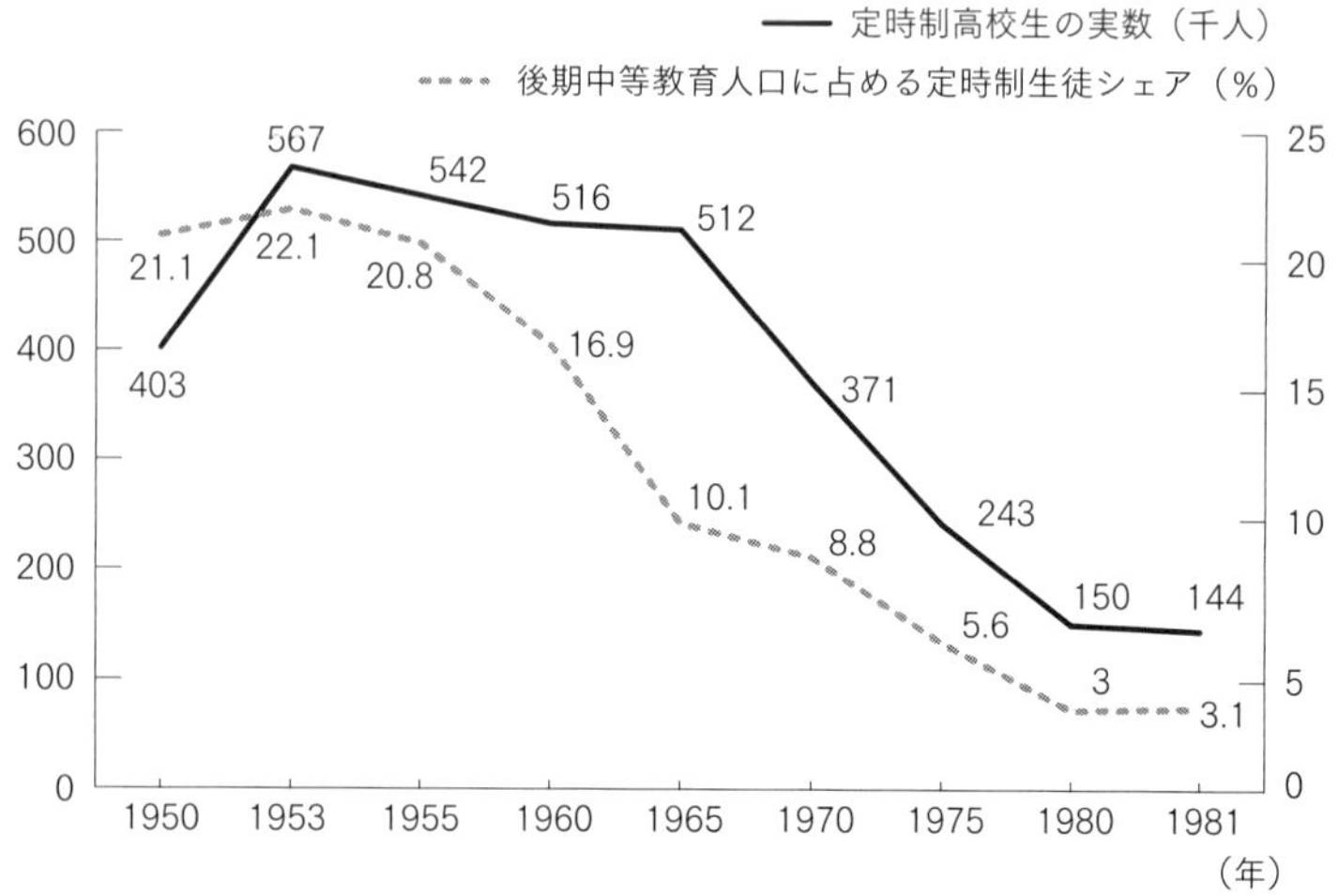

図 1-1　定時制高等学校在籍者数の推移（全国）　（片岡，1983，p.159）

にもあたる（橋本、２００９）。

その一方で、この初期の高校進学率の上昇を支えたのが、定時制高校の増設であったことはあまり指摘されない。具体的な数字をあげれば、１９４８～49年度にかけて定時制高校生は17万人（全生徒数に占める割合では14・２％）から35万人（同21・４％）にまで増えている。この定時制高校の在籍者数の推移（図１－１）にもとづいて、その発展過程は三つの時期に分類され、１９５０～53年度が発展期とされている（片岡、１９８３）。この高校進学率が40％台から50％台へと上昇していく時期に、定時制高校は生徒数・高校在籍者全体に占める割合ともに拡大し、「勤労青少年の中心的機関」となっていた。この間全国で定時制高校数（単独）は、２６１校から３８３校へと増加し、１９５３年度の生徒数は約57万人、高校在籍者全体に占める割合ではおよそ2割（22％）となる。

その後、全国の就職者の中で高卒者が中卒者を上回った1965年度までが維持期とされ、生徒数は50万人以上を維持するもののその割合は1割まで低下していく。この時期の高校進学率は50％台から70％台へと上昇し続け、しかもその後半1962～64年度は、団塊の世代が高校へと大量に進学していった時期にあたる。この間の1955～65年頃にかけての10年間が私立高校の急増期にあたり、その後、1970～85年が公立高校の増設期となっている。

そして、高校進学率は、1970年に80％を超えても上昇を続け、1974年には90％を超えるに至る。これを踏まえて、進学を希望する生徒全員の受け入れや、高校教育の義務化といった考えも主張されるようになる。それより以前の1962年に結成された「高校全員入学問題全国協議会」のもとで繰り広げられた「高校全入」運動は、保護者の間で広がりつつあった「せめてわが子を高校までは（行かせたい）」という強い思いに支えられていた。

これに対して、教育行政側は、高校生段階の青少年は能力・適性・進路等も多様であるとして高校全入ではなく、高等学校以外の教育機関に進む道や、実社会に出る道など多様な道を残すべきであると主張した。実際には、高校進学率はさらに上昇し続け、大学入試に有利とされる全日制普通科志向の高まりや財政上の問題などにより、公立の全日制普通科高校の増設によって高校教育の「量的拡大」が果たされていくことになる（小川、2000）。一方、1950年代までは世間の期待と注目を集めた定時制高校の生徒数は減少し続け、代わって全日制高校への進学が増加した結果、定時制高校は衰退期に入っていった（片岡、１９８３）。

こうして中学を卒業した生徒の大多数が高校（とりわけ全日制普通科高校）に進学できるようになることは、新制高校が設立された１９４８年には想定されていなかったといえる。したがって、学力をはじめとする能力や適性など多様な生徒が入学するようになった結果、高校教育の在り方と入学してくる生徒とのミスマッチが問題となってきていた。こうして「量的拡大」を達成した高校は、当然のごとく「質的拡充」へと変容することが求められるようになったのである（山田、２００６）。この「質的拡充」を目指す高校改革は、１９７７年の都道府県教育長協議会高校問題プロジェクトチームによる「高等学校教育の諸問題と改善の方向」が、教育課程の改善や定時制・通信制の在り方、新しいタイプの高等学校の開発等を提言したことに始まり、臨時教育審議会や中央教育審議会における検討へと展開していくことになる（文部省、１９９２）。

一方、高校進学率が90％を超えた１９８０年代、非行問題・校内暴力・いじめなど学校における問題行動が大きく取り上げられていく中で、高校の中途退学（以下、中退）が多いことも注目されるようになる。これを受けて、１９８２年度から文部省による中退調査が開始される。それによると、調査開始の１９８２年度以降１９９２年度まで毎年実数にして10万人を超える中退者と、１９９１年度まで２％を超える中退率が報告されている（表１－１）。上述のとおり１９４８年に設立された高校は、中学卒業者のほとんどが進学することを想定しておらず、教育行政も義務教育の延長などは考えてもいなかったとされる。しかし、高校進学率が95％を超えて中等教育後半（高校）まで含めた中等教育の機会均等の理念が実現した結果、実質的に高校は「国民的教育機関」として、能力や適性において多様な生徒をどのように受け入れ、かつ教育していくかという難しい課題に直面することになったのである。

当然、学校教育法第50条にあるとおり、高校は「中学校における教育の基礎の上に（中略）、高度な普通教育及び専門教育を施すことを目的」としており、かつ「義務教育ではない」という高校教員たちの理念と、学力を含めて多様な生徒たちの入学という現実の間には大きなギャップが生じていた。その結果として、高校の在り方に合わない生徒たちのほうが中退して高校（中等教育）から排除されてしまうことになった。具体的な例をあげれば、東京都立足立東高校の１年生年度末中退率39・３％、同秋留台高校37・５％（２０００年度）が報告されている。なお、のちに両校は都立高校改革の中で、学業・生活の両面で生徒個人に対応できる柔軟な教育方法（習熟度別の少人数指導、30分授業など）を導入し、体験学習を積極的に取り入れた新しいタイプの学校（エンカレッジスクール）として再生することになる（山田、２００６）。

こうした高校中退者の増加が、ようやく全国調査によって明らかになり、ほとんどすべての者が進学する「国民的教育機関」としての新たな高校教育の在り方が模索されていくことになる。具体的な教育課程においては、すでに高校進学率が80％を超えた１９７０年には、高等学校学習指導要領が全面改訂され、それまでの卒業に必要な最低単位を93単位から85単位に減らし、さらに１９７８年の改訂では80単位まで大幅に減らすなど必修科目の削減が実施された（現在は74

単位）。高校教育の理念と現実のギャップが大きくなるにつれて、こうした教育課程（学習面）における実質的な高校改革は進められていたのである。

一方、先述した衰退期に入った定時制高校では生徒数の減少が続き、経済的事情による勤労青少年も姿を消すようになって、全日制の受験失敗による不本意入学者や学習意欲が低い生徒たちが多数入学するようになっていた。また、定時制高校や通信制高校は、長期欠席（不登校）や高校中退の受け皿となっていたこともあり、１９８８年度からは単位制を取り入れた通信制や昼間の定時制（多部制）が開設されるなどの改革が進められていくことになる。

さらに、１９９１年に出された中央教育審議会答申は、高等学校教育の改革を主な内容とし、学科制度の再編成や、不登校の子どもたちのための高校を含む新しいタイプの高等学校の設置を奨励、単位制の活用などさまざまな改革を提言した。こうして１９９０年代以降、生徒の個性・関心を重視した「特色ある学校づくり」を目指した多様化路線が本格的に進められていくことになる。まず、多様性があり自由度が高い総合学科が、普通科および職業科と並ぶ第三の学科として設置（１９９４年）され、続いて単位制高校（第3部第11章参照）も１９８８年に定時制・通信制課程の特別な形態として導入され、１９９３年から全日制にも拡大された。その後も多様な学科・コース等を設置し、その枠を超えた選択履修を可能とする総合選択制の高校など特色ある学校が次々と設置されていった。

たとえば、総合学科は設立時（１９９４年）に13校からのスタートであったが、10年後の

２００３年には４０５校にまで拡大した。また、全日制の単位制高校も現在では１０００を超える数になっている。加えて、先のエンカレッジスクールは東京都の新しいタイプの高校だが、これをモデルとして２０１０年度から神奈川県の再チャレンジスクール（黒川、２０１８）、２０１２年度から千葉県の地域連携アクティブスクール（保坂、２０１９）など、公立（全日制普通科）高校のうち教育困難校（進路多様校：朝比奈、２０１９）の改組によって新しいタイプの高校が続々と生まれていったのである。

第2節　移行支援としての高校教育

ここで文部省が都道府県教育委員会等の協力を得て実施した「高等学校中途退学者進路調査」（１９９２）を取り上げたい。これは公立高校の中途退学者について調査し、回答者の3割以上が中退の理由として「学校生活・学業不適応」をあげ、「進級できなかったこと（原級留置）」が中退の主たる原因であると指摘した。この結果を受けて「高等学校中途退学問題について」（文部省、１９９２）が出され、その中で中退問題への対応として「高等学校教育の多様化、柔軟化、個性化を推進すること」と、「個に応じた手厚い指導を行うこと」が強調された。このうち「高等学校教育の多様化、柔軟化、個性化を推進すること」の中では、進路規定の見直しをあげて進級認定の弾力化に努める必要性をあげている。本シリーズでも、川俣（２０１２）が、原級留置

（留年）となる場合でも、暫定的に進級を認めて学年とクラスが変わらない「猶予卒業制度」を紹介したが、その実例といえる。

また、「個に応じた手厚い指導を行うこと」として、生徒指導の充実と学習指導の改善の2点をあげて、具体的には以下のように述べている。生徒指導の充実として、「校則や校則に違反した場合の懲戒などが中途退学に結びつくケースもあることから、校則に違反した生徒については、その措置が単なる制裁にとどまることなく真に教育的効果を持つものとなるよう配慮する必要がある」。また、学習指導の改善では、「高等学校の授業が理解でき興味をもって学習できるようにすることが中途退学を防止する上でも大切であり、『参加する授業』『分かる授業』を徹底していくことが重要である」。

このうち『参加する授業』『分かる授業』の徹底等個に応じた学習指導の改善が、少人数指導・少人数学級による小中学校での学習内容の学び直しという学習指導上の改革につながっていく。具体的には、2007年に改正された学校教育施行規則において、不登校や中退者に対して「その実態に配慮した特別な教育課程」が認められ、これを受けて新たな高等学校学習指導要領（2009年全公示）でも「義務教育段階での学習内容の確実な定着を図ること」が明記された。そして、この「義務教育段階での学習内容の確実な定着を図ること」を目的とした正式な授業（学校設定科目）が、通常の50分ではなく30分授業で実施することも可能となって、教育困難校（進路多様校）において「学び直し」が広がっていったのである（保坂、2019）。

また、生徒指導の充実は、２００７年、「規制改革推進のための第2次答申」（２００７年12月25日規制改革会議決定）において、「高等学校の生徒の懲戒については、学校管理規則等に規定されていることが多いが、その内容及び運用について、社会通念上の妥当性が確保されているかは必ずしも検証されていない実態にある」との認識が示されたことが契機となっている。そこでは次のように指摘されたのである。「高等学校の生徒に対する自主退学、自宅謹慎、学校内謹慎、訓告等の懲戒について（中略）、生徒の個々の状況に十分留意して、あくまでも法令にもとづき可能な範囲で行われるべきものである。教育現場においてこのようなことが徹底されるよう、高等学校段階における懲戒状況等について各都道府県教育委員会において一層の実態把握に努めるべきである」。これを踏まえて２００８年3月に、各教育委員会および学校において適切な運用がなされるよう、「高等学校における生徒への懲戒の適切な運用について」（文部科学省初等中等局児童生徒課長通知）が発出された。

この具体的な問題のひとつが、高校生のバイク禁止であろう。１９８０～90年代にかけて各地で、高校生のオートバイについて「免許を取らせない」、「乗せない」、「買わない」といういわゆる「三ない運動」が盛んに行われていたが、「社会通念上の妥当性」という点で疑問とされて見直しが進んだ。総じて懲戒処分としての停学が「高等学校における生徒への懲戒の適切な運用について」以降、ほとんど実施されなくなっていることに象徴されるように、高校の生徒指導上においても大きな変化が見られる。このように、先の「規制改革推進のための第２次答申」

（２００７）の中にある「生徒の個々の状況に十分留意して」や、「高等学校中途退学問題について」（１９９２）の中にある「個に応じた手厚い指導」といった文言が示すように、一人ひとりの子どもたちの成長を支援していく環境としての高校教育の在り方が模索されてきた。

ここで再び高校の中退問題に目を向けると、１９９６年度から２００１年度まで中途退学率は２・５％を超えている（表１－１）。しかし、詳細に分析してみると全日制高校と定時制高校・通信制高校の違いと、学年による違いに注目する必要がある。これらを総合的にみるために、近年の課程・学科別（表１－２）と学年別（表１－３）の中退者率を示した。その後、２００２年度以降、全体としての高校中退率は減少していき、現在では１・５％を切るまでになっている。なお、２０１３年度から通信制課程における生徒の中退状況も調査対象となっている。またこの間に、長期欠席率も３％前後（２００４～２００６年度）から２・５％以下（２０１４年度以降）となっていくのである。

当然、上記に述べてきたような改革が進んだことによって、中退率や長期欠席率が減少していったと考えられよう。先に述べたように、１９８０年代には、高校の在り方と合わない多様な生徒たちのほうが中退していたが、この２０００年代以降は逆に高校側が多様な生徒たちに合わせて個別の支援を核とした見直しを進めてきている。つまりは、高校に進学してくる多様な子どもたちに合わせて高校教育のほうが変わらざるを得ない時代が到来したのである。

こうした動向を踏まえて、10年前にわれわれ（小野・保坂、２０１２）は、「学力のレベルにか

表 1-1　中途退学者および中途退学率の推移

	中途退学者数（人）				中途退学率（%）			
	国立	公立	私立	計	国立	公立	私立	計
1982年度	＊＊＊	65,314	40,727	106,041	＊＊＊	2.0	3.2	2.3
1983年度	＊＊＊	67,932	43,599	111,531	＊＊＊	2.0	3.3	2.4
1984年度	＊＊＊	67,009	42,151	109,160	＊＊＊	1.9	3.1	2.2
1985年度	＊＊＊	72,086	42,748	114,834	＊＊＊	1.9	2.9	2.2
1986年度	＊＊＊	73,176	40,762	113,938	＊＊＊	1.9	2.8	2.2
1987年度	＊＊＊	73,127	40,230	113,357	＊＊＊	1.9	2.7	2.1
1988年度	＊＊＊	75,791	40,826	116,617	＊＊＊	1.9	2.6	2.1
1989年度	＊＊＊	81,332	41,737	123,069	＊＊＊	2.0	2.6	2.2
1990年度	＊＊＊	82,846	40,683	123,529	＊＊＊	2.1	2.5	2.2
1991年度	＊＊＊	76,684	36,249	112,933	＊＊＊	2.0	2.3	2.1
1992年度	＊＊＊	68,822	32,372	101,194	＊＊＊	1.9	2.1	1.9
1993年度	＊＊＊	63,428	30,637	94,065	＊＊＊	1.8	2.1	1.9
1994年度	＊＊＊	64,229	32,172	96,401	＊＊＊	1.9	2.2	2.0
1995年度	＊＊＊	64,431	33,748	98,179	＊＊＊	2.0	2.4	2.1
1996年度	＊＊＊	73,736	38,414	112,150	＊＊＊	2.3	2.8	2.5
1997年度	＊＊＊	73,654	37,837	111,491	＊＊＊	2.4	2.9	2.6
1998年度	＊＊＊	73,474	37,898	111,372	＊＊＊	2.5	3.0	2.6
1999年度	＊＊＊	70,554	36,024	106,578	＊＊＊	2.4	2.9	2.5
2000年度	＊＊＊	73,253	35,893	109,146	＊＊＊	2.5	2.9	2.6
2001年度	＊＊＊	70,528	34,366	104,894	＊＊＊	2.5	2.9	2.6
2002年度	＊＊＊	60,633	28,776	89,409	＊＊＊	2.2	2.5	2.3
2003年度	＊＊＊	55,668	26,131	81,799	＊＊＊	2.1	2.4	2.2
2004年度	＊＊＊	53,261	24,636	77,897	＊＊＊	2.0	2.3	2.1
2005年度	53	53,117	23,523	76,693	0.6	2.1	2.2	2.1
2006年度	44	53,251	23,732	77,027	0.5	2.2	2.3	2.2
2007年度	45	50,529	22,280	72,854	0.5	2.1	2.2	2.1
2008年度	52	45,742	20,449	66,243	0.5	1.9	2.0	2.0
2009年度	51	39,412	17,484	56,947	0.5	1.7	1.8	1.7
2010年度	43	38,372	17,000	55,415	0.4	1.6	1.7	1.6
2011年度	56	37,483	16,330	53,869	0.6	1.6	1.6	1.6
2012年度	40	35,966	15,775	51,781	0.4	1.5	1.5	1.5
2013年度	34	38,602	21,287	59,923	0.3	1.6	1.9	1.7
2014年度	43	33,982	19,366	53,391	0.4	1.4	1.7	1.5
2015年度	44	31,083	18,136	49,263	0.4	1.3	1.6	1.4
2016年度	43	29,531	17,675	47,249	0.4	1.3	1.5	1.4
2017年度	51	28,929	17,822	46,802	0.5	1.3	1.5	1.3
2018年度	42	28,513	20,039	48,594	0.4	1.3	1.7	1.4
2019年度	44	25,038	17,800	42,882	0.4	1.1	1.5	1.3
2020年度	51	20,283	14,631	34,965	0.5	1.0	1.3	1.1

＊2004年度までは公私立高等学校を調査。2005年度からは国立高等学校、2013年度からは高等学校通信制課程も調査。
＊中途退学率は、在籍者に対する中途退学者数の割合。
＊高等学校には中等教育学校後期課程を含む。　（文部科学省，2021より筆者作成）

表 1-2　課程・学科別中途退学者数の推移

	全日制 普通科	全日制 普通科	全日制 専門学科	全日制 専門学科	全日制 総合学科	全日制 総合学科	定時制	定時制	通信制	通信制
	中途 退学者数 （人）	中途 退学率 （%）	中途 退学者数 （人）	中途 退学率 （%）	中途 退学者数 （人）	中途 退学率 （%）	中途 退学者数 （人）	中途 退学率 （%）	中途 退学者数 （人）	中途 退学率 （%）
2013年度	23,924	1.0	11,389	1.6	2,584	1.6	12,240	11.5	9,786	5.3
2014年度	21,260	0.9	9,248	1.3	2,219	1.4	11,319	11.1	9,345	5.2
2015年度	19,650	0.8	8,035	1.1	2,101	1.3	9,769	10.0	9,708	5.5
2016年度	19,021	0.8	7,716	1.1	2,033	1.2	8,810	9.5	9,669	5.5
2017年度	20,096	0.9	7,431	1.1	2,031	1.2	8,430	9.4	8,814	4.9
2018年度	21,707	0.9	7,408	1.2	2,024	1.2	7,720	9.1	9,735	5.4
2019年度	18,290	0.8	6,922	1.0	1,912	1.2	6,782	8.3	8,976	4.6
2020年度	14,946	0.7	5,536	0.9	1,402	0.9	5,460	6.9	7,621	3.7

（文部科学省，2021より筆者作成）

表 1-3　学年別中途退学者数の推移

	1年生		2年生		3年生		4年生		単位制	
	中途 退学者数 （人）	中途 退学率 （%）	中途 退学者数 （人）	中途 退学率 （%）	中途 退学者数 （人）	中途 退学率 （%）	中途 退学者数 （人）	中途 退学率 （%）	中途 退学者数 （人）	中途 退学率 （%）
2013年度	21,855	2.2	12,867	1.3	4,384	0.5	214	2.9	20,603	3.7
2014年度	18,591	1.8	11,232	1.1	3,783	0.4	187	2.9	19,598	3.5
2015年度	16,617	1.7	10,460	1.1	3,767	0.4	199	2.6	18,220	3.4
2016年度	15,830	1.6	10,247	1.0	3,619	0.4	250	3.6	17,303	3.2
2017年度	15,746	1.6	10,751	1.1	3,781	0.4	180	3.1	16,344	3.1
2018年度	16,454	1.7	11,196	1.2	3,994	0.4	185	3.0	16,765	3.1
2019年度	14,135	1.5	10,195	1.1	3,837	0.4	289	3.9	14,426	2.8
2020年度	11,233	1.2	7,791	0.9	2,640	0.3	216	2.7	13,085	2.3

（文部科学省，2021より筆者作成）

かわらず個々のニーズに応じた高校教育を提供するという枠組みへの転換」、さらには「中学までの基礎教育の修得状況に応じて成人として社会参加するために必要な準備を行う場へのパラダイムシフト」を求めて、移行支援としての高校教育、すなわち思春期の発達支援からみた高校教育改革を提言したのである。

【文献】

・朝比奈なを（２０１９）『ルポ　教育困難校』朝日新聞出版
・小川　洋（２０００）『なぜ公立高校はダメになったのか――教育崩壊の真実』亜紀書房
・小野善郎・保坂　亨（編著）（２０１２）『移行支援としての高校教育――思春期の発達支援からみた高校教育改革への提言』福村出版
・小野善郎・保坂　亨（編著）（２０１６）『続・移行支援としての高校教育――大人への移行に向けた「学び」のプロセス』福村出版
・片岡栄美（１９８３）教育機会の拡大と定時制高校の変容「教育社会学研究」38、１５８－１７１頁
・川俣智路（２０１２）Ｂ高校の現場から　小野善郎・保坂　亨（編著）（２０１２）『移行支援としての高校教育――思春期の発達支援からみた高校教育改革への提言』福村出版、２１７－２２８頁
・黒川祥子（２０１８）『県立！　再チャレンジ高校――生徒が人生をやり直せる学校』講談社
・橋本健二（２００９）『「格差」の戦後史――階級社会　日本の履歴書』河出書房新社
・保坂　亨（２０１９）『学校を長期欠席する子どもたち――不登校・ネグレクトから学校教育と児童福祉の連携を考える』明石書店
・文部省（１９９２）高等学校中途退学問題について（学校不適応対策調査研究協議者会議報告書）
・文部科学省（２０２１）令和２年度　児童生徒の問題行動・不登校等生徒指導上の諸課題に関する調査概要
・山田朋子（２００６）『高校改革と「多様性」の実現』学事出版

第2章　高校教育存亡の危機

小野善郎

第1節　高校教育の障壁

中学校卒業者の高校等進学率が99％に達し、事実上の高校全入が実現した現在において、高校は「国民的教育機関」として成熟し、ユニバーサル教育になったといえよう。にもかかわらず、依然として高校教育は義務教育には位置づけられておらず、あくまでも任意の教育であり、大学などの高等教育と同様に選択的な教育であることは、１９４８年に新制高校が始まって以来変わっていない。ほぼすべての子どもたちが高校教育を受ける、あるいは高校卒業が現在の労働市場において必須の学歴であるとすれば受けざるを得ない時代になっても、真のユニバーサル教育として高校教育は国民の権利として保障されてはいない。

わが国の社会制度上、教育から自立的な社会生活への移行期は明確に設定されていない。すなわち、義務教育を終えた者は高校などに進学するのでなければ、すみやかに社会に出て働き、「社会人」として自立することが求められ、一部の職業訓練や障害者の就労移行を除き、大人への移行の「見習い期間」はない。その役割を実質的に担っているのが高校教育であり、さらには高等教育も進学率の上昇とともにそのような性質が強まっている。しかし、子どもたちの大人への移行において学校教育が主流になってきた今日でも、高校教育はあくまでも選択肢のひとつであることには変わりがない。このような高校教育の厳しい（冷淡な）現実を決定的にしているのが、入学者選抜制度とその根拠となっている適格者主義である。

第二次世界大戦後の新しい教育制度において設置された高等学校は、アメリカのハイスクールをモデルとした男女共学、総合制を目指し、当初は入学者選抜を禁止していたが、進学希望者の増加に入学定員が追いつかず、1951年に例外的に選抜における学力試験の実施が認められ、さらに1954年には定員超過の場合は学力検査が認められるようになった。しかし、第一次ベビーブームにともなう高校入学該当年齢人口の急増を受けて、1963年に文部省（当時）は入学者選抜完全実施と適格者主義（高等学校の教育課程を履修する見込みのない者を入学させることは適当ではない）を明確化し、この時点で制度的に高校に入学するためには選抜試験に合格することが条件となった。そして今日に至るまで入学者選抜制度は存続し、高校に進学するためには選抜試験（入試）を受けて合格しなければならないことは、あまりにも自明のこととして社会に広く受け入れられている。

その一方で、1950年代には定時制高校が普及することで、高校教育のキャパシティーが増大し、さらに1960年代以降は私立高校の開設や公立高校の増加によって、全体としての高校入学定員は拡大し、理論的にはすべての希望者を受け入れることが可能になっている。入学者選抜制度が完全実施された3年後の1966年には全国の高校入学者数は入学定員の総数を下回り、それ以後現在に至るまで入学者数が入学定員を上回ったことはない（小野、2018）。つまり、すでに半世紀以上前から高校は「定員割れ」の状態が常態化しているのである。にもかかわらず、1970年代以降も受験競争はますます激化し、それに対して選抜制度の改革が繰り返された。ちなみに、現在でも志望校を選択する基準になる偏差値は、この時代に受験への不安を軽減するために考案されて導入されたもので、学校の序列化のためのものではなかった（桑田、1995）。

選抜制度の改革の基本的な動因は、日本の公教育の基本理念である「教育の機会均等」であったことは間違いないが、それはすべての者に高校教育へのアクセスを保障する平等性というよりも、すべての者が同じ条件で競争する、つまり公平な競争を意図したものであり、学力を基準とした生徒のふるい分けが制度化されることで高校の序列化をもたらし、本来の高校教育の理念とは矛盾が生じる結果になっている。たしかに、希望する者がほぼすべて高校に進学するようにはなっているが、入学者選抜制度が残存することで希望する高校に入学することは保障されていない。さらには、定員割れであっても不合格になる定員内不合格という問題さえある。

実際には、通信制高校が広く普及したこともあり、希望する者が高校に入学できないということはきわめてまれであるが、たとえ面接だけの「入試」であったとしても、選抜を受けて合格するという、ちょっとした「努力」を必要とすることが、「移行支援としての高校教育」においては重大な障壁になる可能性がある。ただでさえ、それまでの育ちの中で多くの不利を経験してきた生徒にとって、高校教育の入口の小さな障害物が学びの意欲を削ぐことがあることに注意しなければならない。実際に、不登校であった生徒や社会的養護児童の中には、「頭が悪いから」とか「勉強したくない」、さらには「高校行っても意味ないから働く」と言って、高校進学をあきらめる、あるいは希望を持てない者が少なくない。

現在の高校は表向きには「門前払い」をしていないが、入学者選抜制度と適格者主義が残っているかぎり、実態としてはきわめてゆるやかなものであったとしても、中学生やその保護者には無視できない関門となっていることは事実である。これは「移行支援としての高校教育」ではきわめて重大な問題であるが、高校等進学率99%という事実上の全入時代においては、1%にも満たないマイノリティであるがために世間の関心は低い。それだけでなく、高校に進学しないのは本人の意志であり、その結果生じる不利は自己責任と切り捨てられることさえある。だからこそ、多くの保護者はわが子に「高校だけは出ておけ」と躍起になるのだろう。しかし、それはけっして本人だけに帰する問題ではなく、１％のマイノリティには越えがたい障壁が存在しているということも忘れてはならない。今日では多くの高校が多様な生徒を受け入れる努力をしているが、その一方で高校教育の入口にはさまざまな「条件」が残されている。

かならずしも高校教育が絶対的に有益で価値があるかどうかはわからないが、少なくとも99％の中卒者が高校に進学する現状においては、高校教育（後期中等教育）は事実上必須の教育となっており、もはや選択する、しない、というものではない。それはけっして国民の義務というものではないとしても、無条件に保障されるべきものでなければならない。われわれの中に残っている古い高校教育の常識（高校は義務教育ではない、希望する者だけが受験して入学するなど）が、もはや完全に時代遅れになった「条件」であることに気づかず、無意識的に高校教育の障壁を容認していないか、あらためて問い直す必要がある。

第2節　公立高校と地方の衰退

高校教育は無条件に保障されないながらも、高校等進学率は99％という高水準を維持し、事実上の高校全入時代になった。高校教育の義務教育化は見送られ続けたものの、２０１０年には公立高校授業料の無償化（無徴収）が実施され（２０１４年からは所得制限が加えられた）、さらに高等学校等就学支援金制度で私立高校の授業料も補助されたことにより、高校教育の経済的負担は軽減され、高校教育の障壁のひとつは低くはなった。また、子どもの貧困問題への対応として、塾の補助などによる学力保障や、社会的養護児童の高校進学の促進などで、高校教育の障壁をなくす努力は続いているが、根本的な条件（入学者選抜制度）は依然として残ったままである。

しかしその一方で、高校教育を提供する場である高等学校、とりわけ人口減少が続く地方の公立高校は、少子化傾向が続く中で学級数の減少や統廃合が進み、高校進学の障壁が低下しても、進学する学校そのものが地域から姿を消しつつあり、新たな意味で高校教育の障壁が生じてきている。競争的な高校受験が中学生にとって大きなプレッシャーであった時代にも、偏差値によって規定された高校の序列のために、最寄りの高校には入学できず、遠方の、そして往々にして交通がきわめて不便なところの高校に長時間かけて通学しなければならないという状況はあった（田邊、２０１２）。つまり、生活圏に通える高校がないという現象は以前からあったが、現在ではそもそも自宅から通学できる範囲に高校がないために、高校教育があたりまえに受けられない事態が生じてきている。

われわれが２０１２年に「移行支援としての高校教育」を提唱し、新たな高校教育のパラダイムを模索した時点でも、すでに少子化とそれにともなう学校数の減少は始まっていたが、あくまでも移行支援の場となる高校の存在を前提とした議論であった。学力や自発的な学びの意欲の

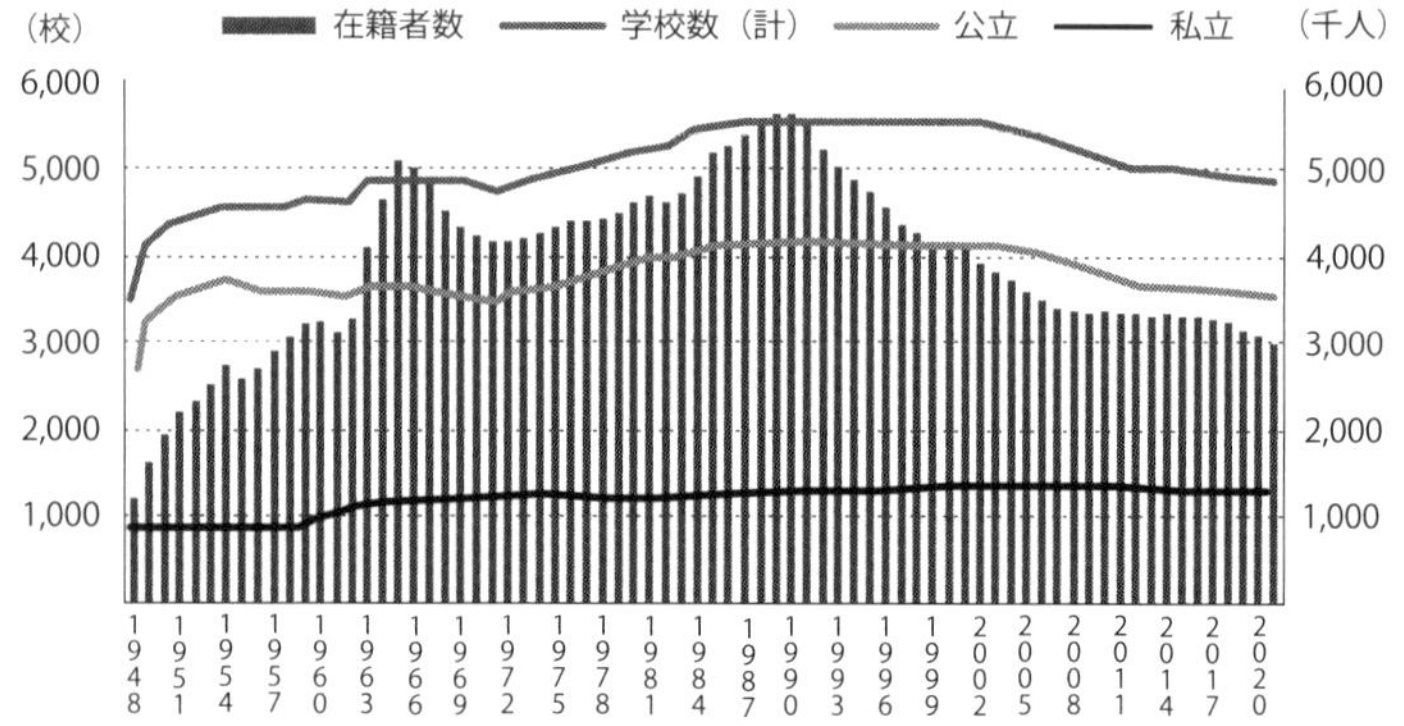

図 2-1　高等学校の学校数と在籍者数の推移（学校基本調査より作成）

有無で排除されることなく、誰もがあたりまえに高校教育を受けることができ、その中でそれまでの育ちの不利がケアされ、大人としてのスタートを支援するためのプラットフォームとしての機能が期待されたが、高校の存続が危ぶまれてくれば、「移行支援としての高校教育」のまさに土台を失うことになりかねない。

高校の在籍者数は１９８９年の５６４万人をピークに減少し続け、２０２１年には３００万人とほぼ半減し、学校数も１９８８年の５５１２校から６５６校減少し、４８５６校となった（図２－１）。生徒数の減少は２０１７年頃よりさらに加速傾向にあり、全国でさらなる高校の再編、統廃合の議論や計画が進められている。詳細については、第３部でさらに検討するが、このような生徒数の減少による高校の統廃合は公立高校で進められている一方で、私立高校はほとんど減少していない。さらに、通信制課程の在籍者数が増加し続けていることも考慮すると、公立高校の縮小は学校数の減少以上に深刻であるといえる。

　高校教育の衰退は地方の衰退に直結する。もともと教育、とりわけ高等教育は地方を衰えさせる要因として懸念されていた。戦後の代表的な教育者とされる東井義雄が、１９５０年代後半の農山村漁村部における学力不足の指摘に対して、「そういう学力は、結局、村を捨てることにだけ役立つのではないでしょうか」と疑問を呈しているように（木村，２０１５）、競争的な受験を目的とした教育は、優秀な人材を都市部に供給することになり、そこだけに注目すれば、結果的に地域は衰退することになる。それは現在でも続いており、たとえば和歌山県は２０１８年まで42年にわたって県外の大学への進学率が全国１位であり、結果的に著しい人口減少が続いている（注）。

　高校教育が学校教育法第50条のとおりに、中学校における教育の基礎の上に、高度な普通教育を施すことを目的とするものであれば、つまり中学校教育に上乗せされる教育であるとすれば、中学生は競争的な高校受験を経て都市部の公立高校や大学受験の実績の高い私立高校に進学することで、地方の高校はさらに衰退し、地域から高校が消える流れは止められないだろう。それは地方における高校教育の危機であり、それは同時に「移行支援としての高校教育」の危機でもある。

　その意味でも、思春期の移行支援の意義を再認識し、そこに高校教育の役割を見出していかなければ、地方の公立高校の存続は不可能であり、子どもたちは移行支援の場を失うことになりかねない。「移行支援としての高校教育」は、その目的性と同時に、高校教育を保障する原理としても、あらためて重要性が高まっていくものと考える。

第3節　移行支援の保障

高校の存続や高校教育の活性化は、ただ単に高校教育をすべての子どもに保障するという教育的ニーズだけではなく、子どもから大人への移行の場を保障するためにもきわめて重要な課題である。高校教育を保障するという観点だけであれば、義務教育を高校まで延長することで十分かもしれないが、移行支援を保障するという観点からは高校教育が国民の権利として、いわば社会保障に包含されていく必要がある。

学校教育と社会福祉は本来まったく異なる施策ではあるが、わが国の学校教育、特に義務教育は従来から児童福祉や公衆衛生の場として役割を果たしてきた歴史がある。そもそも義務教育には子どもたちを労働から解放する役割があり、就学率を高める努力は児童労働との闘いであった。貧困、児童労働、不就学に対して、教員たちはソーシャルワーカーのような仕事さえしてきた。戦後の新たな学制で設置された中学校でも、「長期欠席生徒」を中学校に就学させる取り組みを通して、学校教育は福祉的な役割を果たしてきた（保坂、２０１９）。また、全児童生徒を対象とした身体検査は、伝染病や栄養障害の予防に寄与し、学齢期の子どもたちの公衆衛生活動の重要な場であった。

２０００年代に入っても、児童虐待の増加、さらに子どもの貧困が「再発見」されて社会問題になったことで、あらためて学校は児童福祉とは無縁ではいられなくなった。児童虐待防止法（２０００年）では学校は虐待を発見する役割が求められ、子どもの貧困防止法（２０１３年）では学校は子どもへの支援のプラットフォームとして機能することが求められた。いつの時代も、学校は子どもの福祉とは深いつながりがある。

２０２０年初めに始まった新型コロナウイルス感染症の世界的大流行によって、あらためて学校の福祉的な役割が強調されることになった。国内での感染者数が急増し始めた2月27日に安倍首相（当時）が新型コロナウイルス感染症対策本部において、小学校、中学校、高等学校、特別支援学校における全国一斉の臨時休業を要請し、3月2日から春期休業の開始日までの間、学校保健安全法第20条にもとづく臨時休業が実施された。同法による臨時休業は学校の設置者の判断によるものなので、国（文部科学省）が一律に学校の臨時休業を指示するものではないが、結果的にはほとんどの学校が臨時休業措置をとり、地域によっては3か月もの長期にわたって、子どもたちは学校に通えない状況が生じた。

突然の臨時休業は、子どもたちだけでなく保護者にも大きな影響を及ぼし、自宅で子どもを世話するために仕事を休まざるを得なくなり、さらなる困難が増して家庭内のストレスが高まり、児童虐待やＤＶなどが増加することで、家庭の安全が脅かされることさえ懸念された。この経験から、学校は単に学習の場というだけでなく、子どもの日中の安全な保育の場でもあることがあらためて認識された。核家族化やひとり親家庭の増加などにより、安全な保育の場としての学校の役割はこれまで以上に高まっている。今回の経験を踏まえて中央教育審議会（２０２１）は「これまで以上に福祉的な役割や子供たちの居場所としての機能を担うことが求められている」と明言した。

このような学校教育の福祉的役割の重要性は高校教育についても同様であり、だからこそ確実に保障されていかなければならない。残念ながら、今日に至るまでわが国の高校教育（すなわち中等教育）の義務教育化の議論は低調で、高い進学率と中低所得層に対する授業料の無償化をもって高校教育が保障されたかのように受け止められている。しかし、あらためて福祉的な役割が認識されたことで、社会保障としても位置づけられるようにならなければならない。それこそがまさにわれわれが10年前から提唱してきた「移行支援としての高校教育」の核心であり、移行支援としての高校教育の場がすべての子どもたちに保障される必要があると考えている。

われわれはこれまでに、『移行支援としての高校教育――思春期の発達支援からみた高校教育改革への提言』（２０１２）で移行支援の定義と必要性を示し、続いて『続・移行支援としての高校教育――大人への移行に向けた「学び」のプロセス』（２０１６）では移行支援の方法論として学びのプロセスを論じてきた。しかしながら、その後の高校教育が縮小する局面において、このままでは移行支援の場としての高校が消滅する危機が迫ってきたことで、移行支援をいかに保障するかが新たな課題となり、それは本書の基本的なテーマでもある。

これまでの議論においては、高校教育が義務化されることで移行支援が可能になると思われたが、たとえきわめて少数であったとしても、高校に進学できない、あるいは高校教育を続けられずドロップアウトする若者たちがいる現実を見れば、義務教育にすれば済むような単純な問題ではないことは明らかである。学校教育の保障という視点だけでは、高校教育が社会的排除の手段になる危険すらある。つまり、高校を辞めてしまえば、ほとんどのセーフティネットを失い、移行支援の機会はほぼ完全に奪われてしまいかねない。もちろん、移行支援をすべて高校教育が担わなければならないものではないが、ほとんどすべての中学校卒業者が高校に進学し、それ以外の選択肢が事実上ない現状では、18歳までの移行支援は高校が担うほかはない。

近代の社会保障制度は、学校教育終了後の安定した雇用（終身雇用）と家族制度を前提としてきたため、年金制度や介護のような定年退職後の高齢期に重点が置かれてきた。また、未成年の場合は保護者に委ねられ、保護者がいるかぎり子ども自身が生活保護などの福祉の給付を受けることは難しい。その結果、多くの困難を抱える高校生であっても、福祉的な援助は保護者を介した間接的なもの（たとえば、就学援助給付金など）となり、最悪の場合は子どもに必要な支援が届かないまま放置されることさえありうる。このような自らが個人として福祉的給付を受けられない現状においては、高校教育は唯一の個人としての社会保障となる可能性があり、最後の砦として保障されなければならない。

大人への移行が多様化して困難になった現在では、早期からの支援で安定した市民への移行を促進することで、成人期以降の福祉への依存を減らすことを目指す、福祉制度の転換が求められている。すなわち、人生前半の社会保障へのシフト（宮本、２０１２）である。それこそがまさに「移行支援としての高校教育」の保障である。

第4節　高校教育の移行支援

高校教育が担当する15歳から18歳はまさに思春期の最中になり、ライフコースの中でも特に重要な発達段階として知られている。思春期の発達的課題としては、エリクソンのアイデンティティが有名であるが、思春期をさらに5段階に区分したブロスによれば高校生の年代は思春期中期に相当し、自己愛的な自己誇張、親との衝突、異性愛、空想、自立と依存の葛藤など、まさに思春期的な混乱の最盛期ともいえる。アイデンティティの確立はこの後の思春期後期（18歳～21歳）の課題であり、高校生の段階ではまだ自分が定まらず、むしろ不確かさの中で迷い、さまようのが本来の発達課題といえる。

エリクソンやブロスが思春期を論じた時代の欧米社会は、比較的雇用の安定した製造業が労働市場の主流で、義務教育を終了後すみやかに正規雇用で職を得て自立する大人への移行が標準的であったが、１９７０年代のオイルショック以降、世界的な不景気の中で産業構造は激変し、金融業などに代表される高学歴・高技能・高賃金を特徴とした業種と、低学歴・低技能・低賃金、そして不安定雇用を特徴とした業種とに二極化が進み、大人への移行は長期化・多様化するとともに、その過程において社会的排除のリスクが高まることになった。高学歴志向は教育期間の長期化をもたらし、高校教育からのドロップアウトは自己実現の可能性を奪うことで、20代前半でのアイデンティティの確立はますます困難になっている。個人の生き方がきわめて多様化した今日では、大人への移行の道のりは長くなってもはや思春期には収まりきらず、あらたにポスト青年期とか成人形成期（emerging adult）といった時期が提唱されている（Arnett, 2000）。

それでもなお、教育から職業への移行においては、依然として高校卒業の学歴は重要な意味を持ち続け、大学などに進学するにしても、就職して社会に出るにしても、高校教育は必須の経路となっている。単線型のわが国の学校教育制度では、どの高校に進学しても大学進学が可能であるので、高校進学の段階では大人への移行の経路が決定づけられるものではない。したがって、制度上は高校教育の段階ではまだ進路は不確かで流動的であってもよく、まさに思春期の発達課題のための期間であり、本格的な大人への移行の始まりといえる。つまり、自分について、将来について、しっかりと迷い、悩むことで思春期の発達課題と向き合う期間として重要である。

しかし、専門学科の高校も含めて高卒での就職が減少し、大学等への進学が主流になった現在の高校教育では、入学時点からすでに進路選択が求められ、２年生の時点では大枠で進路決定がなされる傾向が見られる。もちろん、そこで進路が最終的に決定するわけではなく変更が可能であったとしても、まだまだ自分が不確かな高校生には進路を決めることは簡単なことではない。日本の大学は学部ごとに、さらに学科レベルに細分化された入学者選抜が一般的で、入学後の転学部・学科は難しいことが多いので、高校生の段階でかなり具体的な将来のビジョンが求められ、それはまさにアイデンティティの確立と同等の課題ともいえる。思春期の発達課題から見れば、現在の高校教育の方針には根本的な無理があり、大人への移行を阻害する要素でさえあるように思われる。

その一方で、中学校卒業者の減少による高校教育の縮小局面において、私立高校だけでなく公立高校も存続をかけて市場原理にもとづく競争に巻き込まれ、民営的な手法によって教育の効率化と最大限の成果を追求することが余儀なくされている。言うまでもなく、競争的な教育市場における具体的な成果は、就職と進学の実績として数値化されたものであり、誰もがそれを受容している。高卒での就職者は少数派になり、大学等への進学が主流になった現在では、高校教育の評価基準は大学進学実績に偏重し、それが高校入試の偏差値にも反映されている。高校教育が成果主義に支配されれば、より効率的な進路指導が求められることになり、高校生が自分の生き方を模索して試行錯誤をしている暇などなくなってしまう。決められないものを決めなければならない圧力の下で、のんきに自分について考えたり悩んだりすることも許されない。

思春期の発達という視点からは、子どもが学校教育制度に合わせるのではなく、学校教育制度が発達的に適切なものになるようにしなければならない。実際に、幼児教育や初等教育は身体的な発達だけでなく、認知的および社会的発達段階を踏まえて構成されている。高校教育も中学校までの教育を基盤としている点で発達的な視点を有してはいるが、より効率的な大学進学を目指すことで、本来の思春期中期の発達課題を封印し、この時期に向き合うべき課題を先送りにするなど、自然な発達的ニーズとのズレが大きくなっている。しかし、ライフコースの中でもっとも重要な発達段階である思春期の課題を軽視したり先送りしたりすることは、成人期以降に大きなリスクを抱えることになりかねない。近視眼的な成果主義によって、大人への移行のプロセスが侵害されることが危惧される。

思春期中期にアイデンティティを形成することができないとすれば、高校生のどんな自己決定も暫定的であり、どんな成果も途中経過にすぎない。したがって、ますます成果主義が強まる高校教育は、移行支援にはまったくなじまない。高校生の移行支援を保障するためには、ただ単に高校が存続すればいいというのではなく、現在の高校教育の成果主義的な傾向を阻止し、思春期の発達課題に向き合うものに変えていく必要がある。高校3年間の学びの成果は、卒業や就職・大学進学に還元されるものではなく、自分自身について考えて、迷い、悩むという経験であり、それは具体的な成果として表せるものではない。

学校教育に福祉的な役割が求められることになってきても、高校生の福祉は生活保障だけではなく、もっとも重要な福祉的役割は安全な大人への移行の保障である。それは、とりあえず卒業して職に就けるようにするという単純なものではなく、自分の生き方について迷い、悩む時間と安全な場、そしてそれを支える大人の存在が保障されるものでなければならない。しかしながら、依然として適格者主義が存続し、さらには民営的な手法が導入されて、高校教育の目的が目に見える成果に偏重することで、むしろ移行支援にはなじまないものになりつつあることが懸念される。

このような状況において、「移行支援としての高校教育」を保障していくためには、今こそ高校教育は根本的に変わらなければならない。つまり、高校教育の「移行」が必要であり、そのために教育界だけでなく、福祉、医療・保健、そして社会全体からの強力な高校教育の移行支援が求められる。

教育における福祉的役割の導入は、従来からの教育の役割からはかなり異質な支援の導入を意味する。つまり、もともと学校教育は知識やスキル、あるいは教養を「与える」機能が基本であり、履修主義か修得主義かという議論にかかわらず、所定の学びを提供してきた。それに対して、福祉的な役割においては、個人のニーズにもとづく支援が求められることになり、具体的な支援内容は多様なものになる。教育的ニーズ（すなわち学力）だけでなく、発達的ニーズや福祉的ニーズが加わることで支援の幅は広がり、従来の学校教育制度の中だけでは収まりきらない、まさに総合的支援機関になることが求められる。

ニーズにもとづく支援で注意しなければならないことは、既存の制度は目に見えるニーズ、すなわち顕在的ニーズに偏りがちであるが、思春期の発達的ニーズには目に見えない（潜在的）ニーズが多いということである。顕在的ニーズに対しては、貧困対策としての通塾費用の補助や奨学金の給付、就労や住居の支援などがあり、具体的な施策につながりやすい。一方、潜在的ニーズとしては、人とのつながりや自己肯定感が重要であるが、これらは本人に努力を求めるだけではなく、信頼できる大人が寄り添い支えることでモチベーションを高めていく必要がある。とりわけ、不利な育ちの子どもたちが将来への希望を持って生きていくためには、欠かせない支援ニーズである。

潜在的ニーズへの支援こそが、高校での移行支援の核心といえるが、これらは具体的な行動以前のものなので、成果として可視化できるものでも、ましてや数値化できるものでもない。そのために過小評価されがちだが、ライフコース全体を見通した意義を考えればけっして無駄なことではない。むしろ高校教育の常識では無駄と思われるようなことにこそ価値があることさえある。高校教育の意義や役割は具体的な行動や数値だけでなく、長期的な視点、まさに人生前半期の社会保障として認識されるように移行しなければならない。

大人への移行が本格的に動き出すのは高校を卒業してからである。高校卒業は移行へのスタートラインであって、大人としての出発点ではない。安全なスタートをきるために、大人への移行の安全の基地が欠かせない。そのための場と時間を高校教育が担うことができるようにしなければならない。

【注】

高校生らが県外の大学や短大などに進学する割合が今年、42年ぶりに全国1位から2位になったことが明らかになった。仁坂吉伸知事が10日、開会した県議会で明かした。和歌山市内では大学や学部の開設が相次いでおり、仁坂知事は「高校生の県外流出を大学の開設でさらに抑えることを期待している」と話した（毎日新聞、２０１９年9月11日付）。

【文献】

・Arnett, J. J.（2000）Emerging Adulthood: A theory of development from the late teens through the twenties. *American Psychologist*, **55**（5）, 469-480.
・小野善郎（２０１８）『思春期の育ちと高校教育――なぜみんな高校に行くんだろう？』福村出版
・小野善郎・保坂　亨（編著）（２０１２）『移行支援としての高校教育――思春期の発達支援からみた高校教育改革への提言』福村出版
・小野善郎・保坂　亨（編著）（２０１６）『続・移行支援としての高校教育――大人への移行に向けた「学び」のプロセス』福村出版
・木村　元（２０１５）『学校の戦後史』岩波書店
・桑田昭三（１９９５）『よみがえれ、偏差値――いまこそ必要な入試の知恵』ネスコ
・田邊昭雄（２０１２）A高校の現場から　小野善郎・保坂　亨（編著）『移行支援としての高校教育――思春期の発達支援からみた高校教育改革への提言』福村出版、１８８-２１６頁
・中央教育審議会（２０２１）「令和の日本型学校教育」の構築を目指して～全ての子供たちの可能性を引き出す、個別最適な学びと、協働的な学びの実現～（答申）２０２１年1月26日
・保坂　亨（２０１９）『学校を長期欠席する子どもたち――不登校・ネグレクトから学校教育と児童福祉の連携を考える』明石書店
・宮本みち子（２０１２）『若者が無縁化する――仕事・福祉・コミュニティでつなぐ』筑摩書房

第2部

移行支援としての
高校教育の実際・その多様化

第3章 学び直しとしての高校教育・就労支援
通信制サポート校・就労移行支援施設の取り組みから

川俣智路

第１節 「学び直し」を可能とするＡ高校

Ａ高校は、関東圏にある。全校生徒は約１４０名在籍しており、専任教員は14名勤務している私立通信制高校サポート校（注）である。神崎（２０１７）や内田（２０１７）によると、特に私立通信制高校とそのサポート校は少子化と統廃合にもかかわらず生徒数を増やしており、その柔軟なカリキュラムによって、生徒やその保護者の多様なニーズに応える、新たな高等学校の在り方を提案する存在となっている。Ａ高校はまさにこの通信制高校サポート校のメリットを活かして、さまざまな教育的ニーズを持つ生徒が、「学び直し」をすることができる貴重な場となっているのである。

Ａ高校には実に多様な生徒が入学してくる。２０２２年度までの10年間に入学してきた生徒のうち、約42％の生徒は不登校を経験しており、ここ2年間では約31％の生徒が不登校を経験している。この10年間に入学した生徒の中で、病気や障害を抱えている生徒は約88％となっており、学力の課題を抱えている生徒は約70％となっている。また、中学校までに通級指導教室を利用している生徒は過去13年間で約19％、特別支援学級を利用していた生徒は約26％となっている。過去2年間に入学した生徒の、中学校3年生時の出席率は約76％であり、約13％の生徒はまったく出席をしていない。ここまでのデータを見れば、Ａ高校には多数の「適応に困難を抱えた」生徒が集まっているように見えるだろう。

しかし、Ａ高校と出会うことにより生徒は大きく変わる。過去5年間の生徒の出席状況は94・9％となっており、多くの生徒が登校することができている。過去10年間の退学率は１・８％であり、平均して95％以上の生徒が卒業することができている。２０２０年度の児童生徒の問題行動等生徒指導上の諸問題に関する調査では、高等学校の中途退学率は１・１％となっており、それと比較すれば０・７ポイント高いことにはなるが、同調査での通信制高校の退学率は３・７％、定時制は６・９％となっており、それぞれ2ポイントから5ポイント低い結果である。そして、

Ａ高校の生徒の入学前の状況を考えれば、（卒業できることを成果と考えるならば）これは大きな成果を上げているといえるだろう。進路決定状況に関しては、２０２１年度は32・０％の生徒が大学、短期大学、専門学校に進学、52・０％が各種学校や就労支援施設等に進み、４・０％が就職しており、その他が12・０％となっており、進路未決定者は８・０％であった。

保坂（２０１６）は、高校における学び直し、つまりあえて再度基礎的な学びに取り組むことの目標は、「勤勉性の獲得」と「仲間関係の充足」にある、と整理している。通信制高校に代表されるような「学び直し」の場として注目されている高等学校は、年間を通して登校する必要がなく、限られたスクーリングやテスト受験で卒業できるような制度、これまでの高等学校にない多様な興味関心に応える学科やコースなど、カリキュラムの柔軟さや多様さによって多様な生徒のニーズに応えようとする傾向があるだろう。

それに対して、Ａ高校はコースは普通科、ビジネス科、進学科の三つであり授業内容も従来の高校からイメージされるものに近い。毎日通学する必要があり、けっして生徒の登校や対人関係にかかわる負担が軽減されているわけではない。部活が実施され、行事活動も多く、生徒同士でコミュニケーションをとる機会も多い。まさに保坂の学び直しの場で取り組むべきことが、Ａ高校では実現されており、社会への移行をスムーズに橋渡しする機能を担っているのである。では、中学校までに多くの課題を抱えていた生徒が、Ａ高校に入学することにより大きく変わり、今まで難しかったことにチャレンジできるようになるのはなぜなのだろうか。そしてその事実は、現状の学校の在り方、高校の在り方に何を投げかけているのだろうか。

第２節　Ａ高校への参加を保障する教員のマインドセットと学習環境

冒頭でも示したように、Ａ高校の大きな特徴として学習環境が、すべての生徒が参加できるような形式に整えられていることがあげられる。もともと、Ａ高校は多様なニーズに対応するため、教員の学習に対する考え方やカリキュラムの構成に工夫が見られた。さらにそれに加えて、２０１６年からは自分の学びを自分で調整できる学習者を育てるための枠組みである学びのユニバーサルデザイン（Universal Design for Learning：UDL）を取り入れ、すべての生徒が授業に参加できるように力を入れて取り組んでいる。Ａ高校の高い出席率、つまり学校への参加を保障している大きな要因として、以下の５点があげられる。

- 現状を認め、できるところからアプローチする
- 生徒の多様性を踏まえて、各自に合った学習や学校生活を保障する
- 社会との関連を最大限に意識した授業構成
- 多様な心理的支援の展開と活用
- 必要に応じての個別のフォローアップ体制

この５点について具体的には、表３－１のような取り組みがなされている。佐上ら（２０１９）

によると、Ａ高校ではＲＴＩ（Response To Intervention）モデルを参考に、全生徒に向けた配慮である１次的な支援、学級内での補足的な配慮である２次的な支援、個別のニーズに特化した指導である３次的な支援が実施されている。

1　現状を認め、できるところからアプローチする

Ａ高校での最大の特徴は、「○○ができるべきだ」という発想ではなく、「何からなら始められるか」という発想で生徒に働きかけをするところである。これまでこの「移行支援としての高校教育」のシリーズの中でも議論されてきたように、高校では実情に合わないにもかかわらず、義務教育ではないのだから、生徒が自らの希望で来ているのだからという理由で、ある一定の学力やスキルを前提としていることが多い。Ａ高校ではこうした発想ではなく、生徒の状況やいわゆる「発達の特性」に応じて、何ができるだろうかというアプローチを行っている。たとえば、中学校部分の学習内容が未習であればわかるところまで戻って学び直す、あるいは対人関係における適切な距離感がつかめずにトラブルになることが多ければ他者との距離感について学んでいく、こうした取り組みが日常的にＡ高校では行われている。Ａ高校は、学校に通っての集団での生活を保障しているが、それでも学級に参加することが難しい生徒の場合には、個別クラスも用意されている。重要にすべきことは、どうあるべきかではなく、何からならできるのか、できることからどう成長を促していくかなのである。こうした発想と取り組みは、Ａ高校の成果を

表 3-1　A 高校における実践の特徴と取り組みの例

取り組み	取り組み例
現状を認め、できるところからアプローチする	「○○ができるべき」から「何からなら始められるか」への発想の転換 1次的な支援 ・全職員による生徒の状況や特性の把握 ・カウンセラー 2名の常勤配置および安心できる場所の確保
生徒の多様性を踏まえて、各自に合った学習や学校生活を保障する	一部の教科で習熟度別の授業を実施 UDLによる学習環境の構築（表 3-2参照、57頁） 1次的な支援 ・プレ入学（中 3の1月～ 3月に実施する事前登校）から始まる人間関係の調整 ・共通の興味を介したサークル活動 ・保護者勉強会の開催 2次的な支援 ・行事の際の生徒のグループ構成の調整や介入 ・クラス内、部活内 LINE グループへの教員の参加 ・予防のための声がけ（怒りの把握） ・発達障害生徒の親の会開催
社会との関連を最大限に意識した授業構成	社会への移行のために目的を明確にした授業の実施 ・教科内容の習得と、社会に出て直接的に役立つ知識の習得のバランス ・コースごとに、生徒のニーズに合わせた各科目における授業内容の構成 1次的な支援 ・発達特性を考慮したキャリア教育
多様な心理的支援の展開と活用	1次的な支援 ・エゴグラムなどの心的健康調査 ・ストレスマネジメント ・アサーショントレーニング ・対人関係ゲーム ・構成的エンカウンター 2次的な支援 ・リラクゼーション法 ・スクールカウンセラーによる生徒と教員間のつなぎ ・回復を援助するためのチェックリスト ・健康調査要支援生徒への面接
必要に応じての個別のフォローアップ体制	個別指導体制の確保 3次的な支援 ・各種心理検査の実施 ・アンガーマネジメント ・自己理解のためのワーク ・動作法や系統的脱感作法によるカウンセリング ・第二の告知（発達特性の捉え直し） ・声のものさし等の利用 ・カウンセリングでの視覚優位の特性に配慮したビジュアルツールの使用（例）人型シール PSS、こだわりチェック、気分調べ等

（佐上・芹澤・川俣・梅田，2019より筆者が作成）

支えるもっとも基礎的な要因であると考えられるだろう。

２　生徒の多様性を踏まえて、各自に合った学習や学校生活を保障する

言うまでもなく、学習に取り組む時間は学校生活の中でもっとも長い時間を占めている。学習活動に参加できない、内容が理解できないことが続けば、高校生活を送るうえで大きな課題となることは想像に難くない。Ａ高校では、早くから英語と数学で習熟度別授業を展開すること、またワークシートを活用し書く負担を減らして取り組みやすく学びやすい授業を実施することなどに積極的に取り組んできた。そして、２０１６年からは学びのユニバーサルデザイン（以下、ＵＤＬ）に本格的に取り組み、学習支援を実施するだけではなく、学習者として育てていくことに力を入れている。

ＵＤＬとは、アメリカの学習支援に関しての研究団体であるＣＡＳＴ（Center for Applied Special Technology）が提唱している、すべての学習者が学ぶことができる学習環境を準備し、その環境の中で学習者を学びのエキスパート（Expert Learner）に育てることを目的とした理論的枠組みである。バーンズ（２０２０）によると、ＵＤＬは脳の感情、認知、方略の三つのネットワークを反映した「取り組み」「提示（理解）」「行動・表出」の三つの原則から、学習環境に学び方の選択肢を提示し、それを学習者が自ら選べるようにサポートし、教員は学習者が自ら調整して学ぶことをサポートする役を務める。三つの原則はさらに学習者の成熟にそって「アクセス

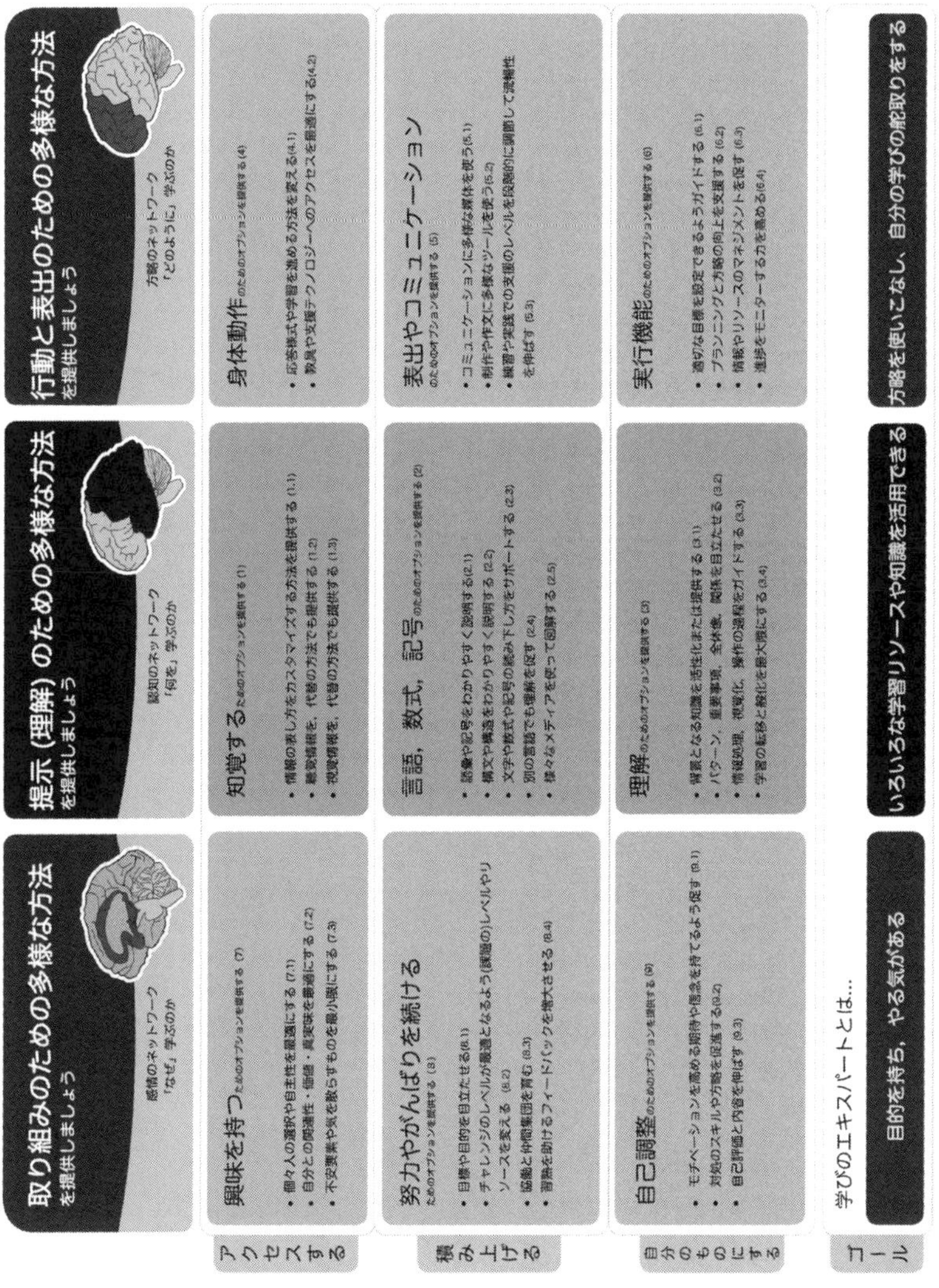

図 3-1　学びのユニバーサルデザイン（UDL）ガイドライン
（udlguidelines.cast.org-© CAST, Inc. 2018-Suggested Citation: CAST（2018）. Universal design for learning guidelines version 2.2 [graphic organizer]. Wakefield, MA: Author.）

る」「積み上げる」「自分のものにする」の三段階に分かれており、３×３のガイドラインとして提示されている（図３－１）。

たとえば、A高校では、習熟度別の数学の授業の際に使用するプリントの練習問題には☆が付いている。これは、☆（ひとつ）、☆☆（ふたつ）、☆☆☆（三つ）となっており、☆（ひとつ）の問題には全員が取り組み、やる気（応用・発展問題に挑戦する気持ち）や時間的余裕などに応じて、☆☆（ふたつ）、☆☆☆（三つ）の問題へと進めることもできる、という学習方法の選択肢となっている。これは図３－１のガイドラインでは、８・２「チャレンジのレベルが最適となるよう（課題の）レベルやリソースを変える」に該当する取り組みである。この際、☆の付いている問題だけに取り組むことを選ぶ理由は、①数学が苦手なので多くの問題を解くのが負担だから、②もうすでに十分わかっているから多くの練習問題に取り組まなくてよいと判断した、③残り授業時間内に取り組める問題数が限られていたから、など学習者自身の判断に委ねられる。通常の学習支援は、ある方法ができなかった場合は代替手段を提供するという発想で、数学が苦手な生徒に対して教員が問題を減らすかどうかを判断する。しかし、UDLではその判断も含めて学習者に委ね、何問自分が取り組めばよいのかを自身で考えられるように育てることを目的としているのである。そして教員は、知識を教えたり学び方を決定する役割から、生徒が学習へのアプローチを自ら調整して決められるようにサポートしたり、その方針が効果的だったかを学習後に一緒に振り返る役割に変わるのである。たとえば、数学の☆の問題の例ならば、☆の問題のみを解いた

表3-2　A高校におけるUDLの取り組みや学習への配慮事項に関する実践例

取り組み	取り組み例
英会話学習の取り組みへの複数の方略提示	・教員との英会話による学習 ・他の生徒との英会話による学習 ・英会話学習ソフトやWebを利用した学習 ・タブレットへの音声吹込みや入力
数学の授業における取り組みや認知のための複数の方略の提示	・教員による解説を聞く ・同級生から解説を聞く ・QRコードを読み取りWeb上の動画解説を視聴する ・タブレットのカメラで撮影して解答を確かめる ・参考書などで自ら調べる ・取り組む問題の量を自ら調整できるように出題する
試験での認知および表出への複数の方略提示	・記述式の問題を語群選択式に変更 ・問題文にルビを挿入 ・試験問題の拡大コピーやカラー印刷 ・試験問題の読み上げ ・口頭またはタブレット・PC入力での解答 ・時間延長の措置
宿泊行事等での感想の表出への複数の方略の提示	・自由記述形式・質問形式・選択肢形式 ・しおりへの記入・タブレットへの打ち込み・音声吹込み

（芹澤・佐上・梅田・川俣，2019より筆者が作成）

生徒が、後日のテストで良い結果が出なかった場合には、本当にその選択で良かったかを一緒に考えることである。

こうしたUDLによるアプローチによって、A高校の実践を支える重要な指針が見えてくる。それは、学習環境に選択を設けることにより生徒が学習に参加するための障壁を徹底して取り除いていること、もうひとつはその学習の取り組みを通して、生徒が自分で調整したり、リソースを有効に活用できるように工夫し課題を解決していく、そうした自分の人生を自分で舵取りができるような能力を身につける機会を提供しているということである。

表３－２はＡ高校におけるＵＤＬの取り組みや学習への配慮事項に関する実践例の一覧である。

たとえば英会話学習でも四つの方法が示されており、生徒は学びやすい方法で取り組むことが推奨される。これは図３－１の「取り組みのための多様な方法」の７・１「個々人の選択や自主性を最適にする」や８・２「チャレンジのレベルが最適となるよう（課題の）レベルやリソースを変える」、「行動と表出のための多様な方法」の５・２「制作や作文に多様なツールを使う」などに該当する取り組みとなるだろう。このことにより、コミュニケーションが苦手な生徒も得意な生徒も、他の生徒とやりたい生徒も、先生とやりたい生徒も、書いたり打ち込んだりするのが得意な生徒も話すのが得意な生徒も、すべての生徒が何らかの方法で「英会話を身につける」という学習のゴールを達成することができるだろう。またこれらの提示された方法を、生徒が自分で選択していることも見逃せない。単に学習のゴールにたどり着くだけではなく、そのプロセスを通じて自分の学びを自分で舵取りができるような「学びのエキスパート」に成長していくことが可能なのである。

また評価にも選択肢があることは着目すべき点である。記述式の問題を語群選択式に変更すること、ルビの挿入、問題の読み上げ、時間延長などが選択できるようになっている。ＵＤＬを実践する際には、学習のゴール、教材、方法に加えて評価にも選択肢を加えることが重要である。たとえば、いくら学習するときに書く以外の方法を選択することが認められていても、評価では必ず書かなければならない（たとえばペーパーテスト）のでは、生徒は結局そこで学ぶことが難しくなってしまう。もちろん、評価の変更が学習のゴールの意味を変えてしまうようなものであってはならないが、学習のゴールを達成しているかどうかとは無関係の要因をなるべく除外できるようにして評価することで、生徒は自分の学習が正当に評価され、それが高い出席率、学校への参加へとつながってくるのである。

３　社会への移行の「先延ばし」と多機能型事業所の活用

小野（２０１６）は、高校のこれからの役割として社会的存在への成長の場として、保護者とは異なる大人との関係が持てる機会があること、地域社会とのつながりがあることをあげている。Ａ高校では先に紹介したとおり多様な生徒が在籍しており、中学校生活までにネガティブな経験をしている生徒も少なくない。そのため、Ａ高校では既述のとおりできることから、やりやすい方法が選択できることにより、高校への参加を保障している。しかし、保坂（２０１６）の指摘する勤勉性や仲間関係、保護者以外の大人と接する機会、地域社会との接点を持つ機会については、Ａ高校在学中にはこうした経験をする準備ができておらず、避けてしまう可能性もあるだろう。高校は3年間で卒業しなくてはならないが、もう少し期間を必要とする生徒もけっして少なくないはずである。

そこでＡ高校は社会への移行を「先延ばし」し、その準備のための経験を積むために、Ａ高校が運営する財団が母体となって多機能型（自立訓練・就労移行支援・就労定着支援）事業所に進むという選択肢が用意されているのである。先に紹介したとおり、2021年度は52・0％が各種学校や就労支援施設等に進んでいたが、この中の92・3％が、A高校を運営する財団が母体となって運営する事業所に進んでいる。これまで、A高校の卒業生41名が、この多機能型事業所に進んでおり、「自立訓練」、「就労移行支援」、そして「就労定着支援」へと継続して支援を受ければ最長7年半、高校と合わせると10年半継続支援が可能となるのである。

自立訓練（生活訓練）事業所と就労移行支援事業所の主な活動は表3－3と表3－4のとおりである。

表からわかるように、活動内容は社会への移行に直結する内容であり、同時に学校や地域で経験するような社会との接点、他者とのかかわりを持つ活動でもある。もちろん対人スキルのトレーニングや職業訓練として実施されているものではあるが、同時にA高校で、保坂や小野（2016）が指摘するような勤勉性、他者や地域との接点を持つことができなかった生徒に、その機会を補う意味もあると考えられる。

かつて困難を抱える生徒を多く卒業させてきた教員が、教え子の卒業式の際に「生徒にはもっといろいろ教えたかったし、経験させなきゃいけないことがありましたが、時間切れです。3年間じゃ足りないんです」と語るのを聞いたことがある。おそらくこの思いは、多様な支援ニーズのある生徒の「学び直し」の場になっている高校の教員ならば、誰しもが一度は考えたことだろ

表 3-3　自立訓練 (生活訓練) 事業所の主なプログラム

取り組み	プログラム例
生活力向上プログラム	・ライフスキル／調理実習（衣食住に関するすべて） （例）調理実習、洗濯、買い物と金銭感覚、ゴミの分別など
体力向上プログラム	・スポーツ／体力づくり （例）バドミントン、卓球、水泳、ボッチャ、ジムトレーニングなど
能力向上プログラム	・認知機能強化トレーニング ・認知作業トレーニング
社会性育成プログラム	・SST * ・日本語トレーニング（読む、聞く、話す、漢字、書写） ・PC ・健康講座 ・社会・一般／社会常識 ・電卓
余暇活動プログラム	・創作活動／工作の時間 ・集団レクリエーション ・音楽 ・趣味・読書／余暇活動 ・遠足／映画鑑賞 ・キャンプ ・スキー、スノーボード

表 3-4　就労移行支援事業所の主なプログラム

取り組み	必要とされる能力	プログラム例
職業適正	・職務への適性 ・職務遂行に必要な知識・技能	・ビジネスマナー講座 ・ビジネススキル講座 ・PC 関連検定にもとづく PC 指導 ・ワークサンプル幕張版（MWS） ・資格取得プログラム
基本的労働週間	・挨拶／返事 ・報告、連絡、相談 ・身だしなみ ・規則の遵守 ・一定時間仕事に耐える体力	・ビジネスマナー講座 ・ビジネススキル講座 ・SST * ・スポーツ
対人技能	・感情のコントロール ・注意されたときの態度 ・苦手な人への挨拶	・ビジネスマナー講座 ・ビジネススキル講座 ・SST *
日常生活管理	・基本的な生活リズム ・家事全般 ・一般常識・社会のルールの理解 ・金銭の管理 ・余暇の過ごし方 ・移動能力	・イベント会議 ・余暇活動 ・必要に応じて自立訓練で実施しているプログラムを行う
健康管理	・食事／栄養管理 ・体調管理 ・服薬管理	・必要に応じて自立訓練で実施しているプログラムを行う

＊ SST：ソーシャルスキルトレーニング

う。A高校はそんな学び直しの期間を、多機能型事業所を設立することで、3年間から最長で7年間（高校・自立支援・就労移行支援と利用し就労決定までの期間）に延ばし、社会への移行を「先延ばし」しているのである。これは、これまでの高校が抱えてきた、3年間で社会に送り出すためには、これができていないと、ここには在籍できない、しかし、これができるようになるためには3年間では期間が短いというジレンマを解消する取り組みであるといえる。

第3節　事例から見るA高校の取り組み

では実際には、A高校の生徒はどのような支援を受け、どのようなプロセスで社会へ出て行くのだろうか。ここでは川俣（2020）の事例を取り上げ、その実際を紹介したい。

◉事例：中学校時代の不登校を経てA高校に進学したＢさん

Ｂさんは小学校時代に、授業に参加することが難しい、会話が少なく対人関係に課題があるのではないかと学校に指摘され、12歳のときにＣ相談機関に来談している。来談時の初回面接では、本人からは特に何に困っているかについて言語化されることはなく、代わりに母親がいろいろ困難について語る、という状況であった。中学校入学後には、長期休みの宿題が提出できないことがきっかけとなり、学校に通えなくなり、不登校となった。適応指導教室や通級指導教室も何度か利用を試みたが、いずれの場所も長続きせず、また本人も継続して利用を希望しなかったため長期の利用にはつながらなかった。

母親やC相談機関のスタッフは学習のサポートの方法を提案したり、本人の学習に役に立つと思われる参考書や教材を準備したが、本人はそうしたものには取り組むことができず、不登校の状況は3年間継続した。たとえば、適応指導教室を利用し始めた際には、行事への参加のために電車に乗る機会があった。Bさんは電車にはひとりで乗れないから行事への参加ができないと言ったため、母親が電車への乗り方を教えて練習も行った。しかし、当日になると、やはり本人は不安が強いのか、行事には参加しないと言って欠席してしまった。このように、Bさんは周囲がたくさんサポートやリソースを準備して、何とか学習活動に参加できるように試みるが、本人が意思や感情をうまく表出できないため、うまく支援にはつながらなかった。

その後、進学先についてもBさんは特に希望がなかった。母親はC相談機関とのやりとりの中で、Bさんの自立のためにはこのまま先回りしてBさんの「お世話」をしている状況を変えなくてはならないと考えて、C相談機関と母親が相談のうえでA高校に進学することとなった。

Bさんは、A高校に入学後、まったく休むことなく3年間高校に登校し、特に大きな問題を抱えることなくカリキュラムを修めていった。また、家族の知り合いのところで飲食店のアルバイトも経験し続けることができ、進路については電気工事関係のことに興味を持ち、自ら職業訓練校を受験することを決め、小論文や面接などの対策もA高校の教員と行い、無事に合格を果たした。以下のインタビューは、A高校卒業時にBさんが学校生活を振り返り語った内容である。

・中学校時代は人とのかかわりが嫌だった。母親が心配しているのもわかっていたが、先生も同級生も好きじゃなかった。高校は通信ってこともあって、一日の予定にも余裕があり楽に過ごせ、週に2～3回、アルバイトもできて好きなものを買えて良かった。

・学習面も中学のときは、教科の種類が多く辛かった。一気に覚えるのも得意ではないため、一日４教科テストがあるのが特に辛かった。英語が特に苦手だが、今少しできるようになったと思う。

・高校に入学したときは、最初の３日間は辛かったが、すぐに慣れて３日で大丈夫と思った。

・高校での学習はゆっくり教えてくれる、わからなかったら教えてくれる、中学時とは違う。ただ、特にどこをやるか指示はなかったような気がするので、スマホで調べたり英単語アプリをやったりして（勉強した）。英単語は少しは勉強したほうが良いのかなと思って、数学もたまに、漢字もたまに勉強していた。

・アルバイトをしたきっかけは、姉がアルバイトをしていて、同じ飲食店でやってみようかと思ったから。お店の人は優しくて、丁寧に教えてくれた。ミスをしてはいけないと思っていたが、失敗したときには手伝ってもらったりしていたので、せめて感謝はするようにしていた。バイト先の人はいいよいいよと優しいが、また学校とは違う感じがした。
・進路については、試験を推薦で受けたので当日作文を書かなくてはならなくて、練習していった。中学校のときの遠足の作文とか苦手だったんだけれども、数学（の試験）で受けるよりましだと思った。面接もすごく緊張したが、練習もして行ったのでなんとかなった。

（川俣（２０２０）13－14頁より引用）

これらの内容はＡ高校の学び直しを促し、学習環境の中から最適なものを自分で選んでいくスタイルが、Ｂさんにとっては効果的であったことを示すものだろう。また、これまでなかなかお膳立てされても自ら動くことが苦手であったＢさんが、アルバイトや進路先について、自らの考えと選択でできるようになっていることも、注目されるべき点である。Ａ高校卒業時に、Ｂさんの母親は進路先の決定について、次のように語っている。

・高校に入ってからはアルバイトも進路も、ほとんど関わらず学校に任せていた。本当に学校には良くしてもらっているので、安心してお願いできる。アルバイトは娘（姉）が行っていたところで、そこではだいぶフォローしてもらいながら働いていたと思う。進路もほぼひとりで見学へ行き、決められた。この３年間で自信を付けてもらったと思う。電気関連は難しいので、木工のようなものが良いかとも思ったが、本人の希望を優先した。一生食べていけないかもしれないが、良い経験かなと思う。

（川俣（２０２０）14頁より引用）

母親のインタビューからは、この母親がＢさんと良い心理的な距離をとることができ、それがＢさんにとって自立を後押ししたことが読み取れる。しかし一方で、「中学まで手のかかる子どもだと思っていた母親が、高校進学を契機に子離れを試みて、学校の助けを借りて子どもが自立していく」というストーリー自体は、けっしてこれまでになかったものではない。しかし、こうした生徒の成長を待ち、その決定や選択を尊重しつつ社会への移行を可能としていくような仕組みがあるＡ高校の取り組みは、日本ではまだまだ珍しいものであろう。そして、これを可能にしているのは、選択や決定を促しながら学習を進めていくＡ高校の学習環境デザインの在り方、多機能型事業所の活用も含めた移行支援の「先延ばし」も視野に入れた柔軟な対応の存在なのである。

おわりに

ここまでＡ高校の取り組みについて俯瞰してきた。Ａ高校の取り組みは、中学校までまったく学びやコミュニティに参加できなかった生徒を劇的に変えている。Ａ高校の学び直しを保障する柔軟な学習環境と身の回りのリソースを自らが判断して活用していける能力を育てる方針、そして多機能型事業所を活用することで3年間という社会への移行の期間を延ばし、保坂や小野（２０１６）が指摘するような勤勉性、他者や地域との接点を持つ機会を十分に設けることを実現したのではないだろうか。

【注】

内田（２０１７）によると、通信制高校サポート校は、通信制高校の生徒が円滑に3年間の学習を進め、希望の進路への移行をサポートするために設置された登校し活動するための施設である。サポート校は学校基本法に記載されたいわゆる「一条校」ではないため、高校卒業資格は付与できず、通信制高校と提携することが前提となっている。サポート校そのものは認可に関する法的基準がないため、フリースクールやフリースペース、学習塾に併設されるケースもある。登校日数や登校回数もサポート校によってさまざまで、柔軟なカリキュラムを設定することが可能である。

Ａ高校も私立通信制高校と提携しているサポート校（連携先通信制高校の面接指導施設に認定されており、Ａ高校教員が通信制高校教員を兼務する技能連携型サポート校）となっており、生徒は週５日登校することになっている。ただし、5ターム制でターム間に1週間程度の休みがあり、必修の授業は1日45分×４コマに設定されており、普通高校と比較してゆとりのあるカリキュラムとなっている。また、教室に入れなくなった生徒のために教員と一対一で授業を受けたり学習できるシステムも準備されている。

【文献】

・内田康弘（２０１７）サポート校　手島　純（編著）『通信制高校のすべて』彩流社　１２３－１４０頁
・小野善郎（２０１６）移行支援としての「学び」　小野善郎・保坂　亨（編著）『続・移行支援としての高校教育

――大人への移行に向けた「学び」のプロセス』福村出版　３０５‐３３２頁
・川俣智路（２０２０）ユニバーサルデザインを援用した就学・就労支援――不登校生徒の事例から　思春期青年期精神医学、**30**（１）、９‐16頁
・神崎真実（２０１７）私立通信制高校　手島　純（編著）『通信制高校のすべて』彩流社　89‐１０５頁
・佐上公子・芹澤健二・川俣智路・梅田真理（２０１９）学習や生活に困難を抱える高校生への心理支援――ＲＴＩモデルを活用した段階的支援体制の構築　日本ＬＤ学会第28回大会発表論文集
・芹澤健二・佐上公子・梅田真理・川俣智路（２０１９）学習や生活に困難を抱える高校生への学習支援――学びのユニバーサルデザイン（ＵＤＬ）の実践を中心に　日本ＬＤ学会第28回大会発表論文集
・バーンズ亀山静子（２０２０）ＵＤＬとは何か　指導と評価、**66**（２）、６‐８頁
・保坂　亨（２０１６）あらためて「学び」を考える　小野善郎・保坂　亨（編著）『続・移行支援としての高校教育――大人への移行に向けた「学び」のプロセス』福村出版　１１６‐１４７頁

※謝辞　本稿を作成するにあたり、東京共育学園高等部の芹澤健二先生に内容を確認していただき、ご助言をいただきました。ここに深くお礼を申しあげます。

第4章
通信制課程で学ぶ非行少年

富樫春人

「犯罪を犯してしまった人にもきっといろいろな理由があるんじゃないかとぼくは思います。ぼくだって今までたくさんの失敗やミスをしてきました。」

（福田壮一郎「やり直せない人生なんてない」より）

第1節　通信制高校

◇通信制高校の生徒は15歳から高齢者まで、アスリートも

通信制高校には、仕事や家庭を持っている生徒や、スポーツや芸能の世界で夢に向かって進みながら在籍している生徒がいる。「高校卒業」の資格を取るために入学する高齢者もいる。

◇登校して、教室で授業を受ける

家庭での学習とレポート提出、試験の合格だけでは、単位修得はできない。決まった回数以上の授業（正式には「面接指導（スクーリング）」）を受けなくてはいけない。

◇スクーリング参加方法が選べる

毎週1回登校、夏や冬に1週間程度集中して登校、毎日登校などいろいろなスクーリング受講方法がある。自分のライフスタイルに合った登校形態のある学校を選択できる。

◇一度退学しても、また入学できる

通信制高校では、再入学はよくある。全日制高校も再入学が可能ではあるが少ない。

◇入学試験（学科試験）がない学校も

通信制高校では、入学者を選抜する際に学科試験は行わず、書類や面接・作文などで選抜するところが多い。

◇文化祭、体育祭、修学旅行、生徒会、部活動もある

学校行事や生徒会活動、ホームルーム活動などの特別活動や部活動も行われている。多様な生徒が在籍し、登校形態もさまざまなので、各学校が状況に合わせて実施している。

◇託児室を設置している学校も

基本的に受益者負担のシステムだが、託児室を設けている学校もある。

近年の少子化は、高校の生徒数にも反映している。文部科学省の学校基本調査では、全日制の高校生は１９９０（平成２）年には約５５０万人在籍していたが、２０２１（令和３）年には約２９３万人、定時制も１９９０年の約15万人が、２０２１年には７万４０００人余りと減少している。一方、通信制は１９９０年の約15万人が、２０２１年には21万８０００人余りと増加しており、全高校生の７％余りが通信制の課程に在籍していることになる。

通信制の課程は、全日制の高校に進学できない勤労青年にも後期中等教育を提供することを念頭に、１９４８（昭和23）年、全日制、定時制とともに発足した。それから70年以上経て、現在は、高校中退や不登校、長期欠席等で学習にブランクのある者、家庭や仕事を持ちつつ高卒の資格取得を目指す者、生涯学習の場として高校に通う高齢者の方々など、さまざまな年齢、学習目的、生活背景を持つ学習者の受け皿となっている。

通信制課程の教育内容は、「添削指導、面接指導及び試験の方法により行うもの」（高等学校通

信教育規定2条1項）として定義され、自宅等で自学自習することが原則となる。また、同条2項では「放送その他の多様なメディアを利用した指導等の方法」を認めている。「添削指導」は、通信制の学習の中心である。添削課題はレポートとも呼ばれる。決められた回数のレポートを教科書や教材を参考にしながら完成させ、郵送等で提出する。そして、教師がコメントを添えながら添削し、返送する（都道府県など監督庁の許可や認可を受けている「通信教育用郵便物」は、100グラム以内であれば郵便料金15円で送ることができる）。合格の場合は次のレポート作成に移るが、不合格の場合には合格するまで指導を受ける。「面接指導」はスクーリングとも呼ばれ、生徒が登校し教師と対面で指導を受ける。多くの学校は授業形式でこれを行っている。ただし、ラジオ・テレビ放送、その他の多様なメディアを利用して行う学習により面接指導時間数を一定時間数まで免除することもできる。

通信制高校は、公立・私立を問わず、中学を卒業してすぐに入学する生徒が増加傾向にはあるが、転入学者の占める割合も大きい。筆者が以前勤務していた公立の通信制高校には約1000名が在籍していた。入学生のおよそ半数は中学校卒業後ストレートで入学してくる「新入学生」、約4割は他の全日制や定時制あるいは通信制高校からの「転入学生」、残りの約1割が高校中退後、一定期間空いて入学してくる「編入学生」であった。文部科学省の学校基本調査では、高校における退学者数についての調査は行われているが、転出・転入学生徒数についての調査は行われていないため、高校における転入学に関する公式のデータはない。

全日制高校に入学した生徒が、不登校や成績不振、人間関係などの理由から学習を継続することが困難と判断し、別の高校での学習を希望しても、全日制高校は転入学試験受験の条件が厳しい。そのため、転入学に対して制限のゆるい通信制高校を転入先として選択するケースが多い。

筆者は、いくつかの公立の全日制高校を経て通信制高校へ転勤したが、全日制と通信制はさまざまな面で違いがあり、生徒と週一日しか会えないことにも寂しさを感じた。しかし一方で、生徒たちの多様な学びのニーズに応えようとする学校に新鮮な期待感を持った記憶がある。「いつでも、どこでも、だれでも」学びたい人が学べる学校が通信制高校である。つまり、通信制高校は、社会への移行教育や多様性と相性が良いのである。

そして、少年院にも通信制高校で学ぶ生徒がいる。

第２節　少年院

法務省矯正局によると、２０２２（令和４）年４月１日現在、少年院は全国に46か所あり、その種類は犯罪傾向の進度や心身の著しい障害の有無などにより第１種から第５種（表４－１）に分けられている。

犯罪や非行を犯したとしても、少年は成長途上であり、教育的働きかけによる可塑性も大きいとの考えから、少年法第１条に「少年の健全な育成を期し、非行のある少年に対して性格の矯正

表 4-1　少年院の種類（少年院法 第 4 条）

第 1 種	保護処分の執行を受ける者であって、心身に著しい障害がないおおむね12歳以上 23 歳未満のもの
第 2 種	保護処分の執行を受ける者であって、心身に著しい障害がない犯罪的傾向が進んだおおむね16歳以上 23歳未満のもの
第 3 種	保護処分の執行を受ける者であって、心身に著しい障害があるおおむね12歳以上 26歳未満のもの
第 4 種	少年院において刑の執行を受ける者
第 5 種	少年法第 64条第 1 項第 2 号の保護処分の執行を受け、かつ、同法第 66条第 1 項の規定による決定を受けた者

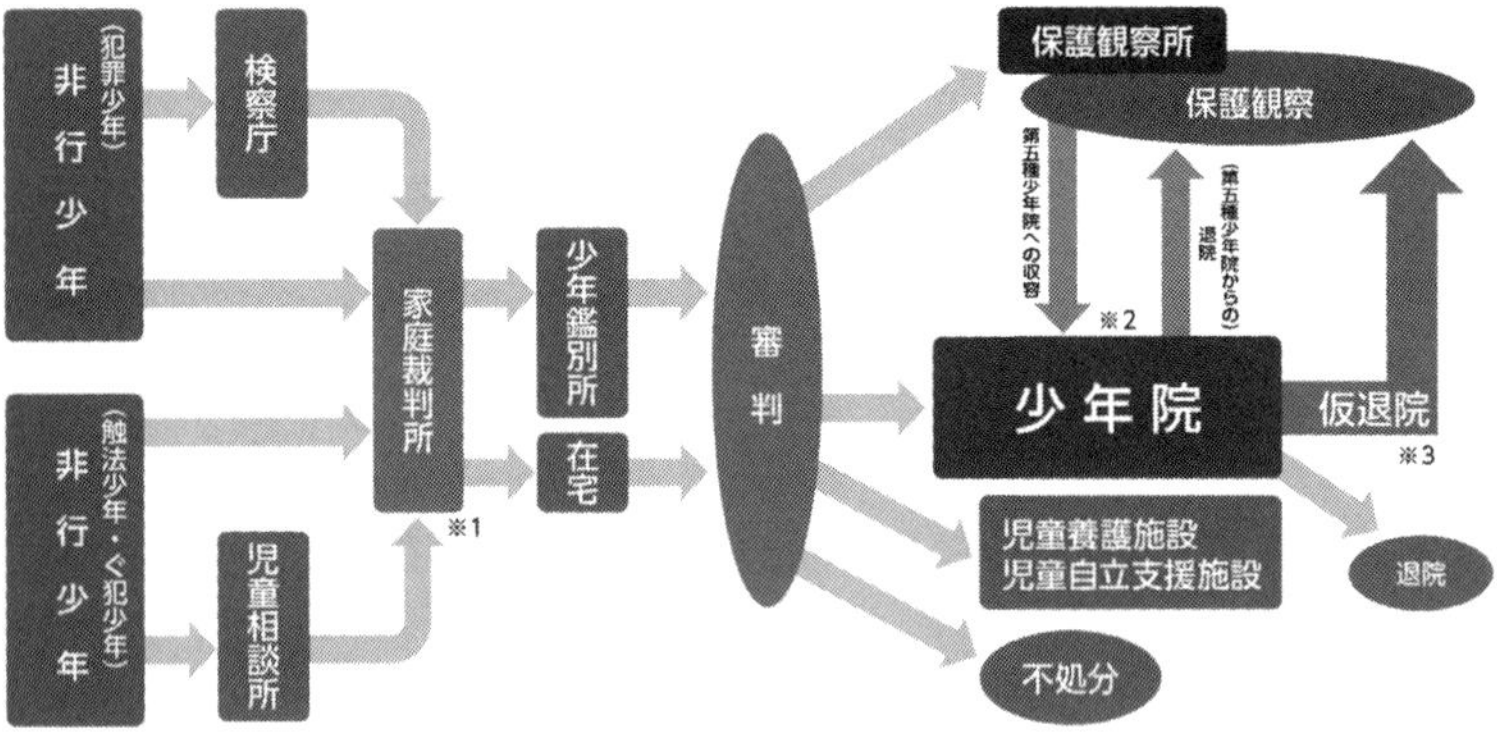

※ 1 少年法等の一部を改正する法律（令和 3 年法律第 47 号）が令和 4 年 4月 1 日に施行され、18歳以上の少年も「特定少年」として引き続き少年法が適用され、全件が家庭裁判所に送られ、家庭裁判所が処分を決定します。
※ 2 特定少年のうち、家庭裁判所の審判において2年の保護観察を言い渡された少年であって、その保護観察期間中、遵守事項を遵守せず、かつ、その程度が重いと認められたとき、保護観察所の長が家庭裁判所に申請し、その決定により、少年院に収容されることがあります。
※ 3 少年院送致された少年のうち、約 99% が仮退院となっています。その後は保護観察を受けることとなります。

図 4-1　保護処分の流れ　（法務省矯正局，2022）

及び環境の調整に関する保護処分を行う」とある。少年犯罪に対しては刑罰主義ではなく保護主義が基本となっている。保護処分のひとつに、少年院に収容して更生のための教育を受ける「少年院送致」がある。少年院には、家庭裁判所の審判により保護処分として「少年院送致」決定を受け送致されたおおむね12歳から20歳までの少年が収容されている（図４－１）。なお、非行少年とは、犯罪少年（14歳以上20歳未満で罪を犯した少年）・触法少年（14歳未満で法に触れる行為をした少年）・ぐ犯少年（20歳未満で将来罪を犯すおそれのある少年）の総称である。

少年院では、在院者の年齢、心身の障害の状況、犯罪的傾向の程度などを考慮し、彼らの特性に応じた適切な教育を行い、その改善更生と円滑な社会復帰を図っている。少年院での標準的な矯正教育の期間は1年程度であるが、家庭裁判所による処遇勧告が個別に付されることもあり、短い場合は5か月程度、長い場合は数年に及ぶ場合もある。矯正教育の内容は、生活指導、職業指導、教科指導、体育指導、特別活動指導の五つの領域を組み合わせ、体系的・組織的に行われている。また、出院後に自立した生活を行うことが難しい者に対し、「社会復帰支援」として、就学・就業の支援、帰住先の確保、医療・福祉機関との連携による継続的な支援が行われている。

法務省（２０２０）は、出院後の安定した生活の基盤づくりと再非行防止のため、学習環境の格差軽減や修学に向けた支援の具体的な取り組みを文部科学省と連携し検討するなど、希望する少年院在院者に高等学校で学ぶ機会を付与する取り組みの充実を進めている。その結果、少年院における学びを評価し、出院後の高等学校卒業に向けた学習上の二重負担を軽減するため、学校教育法施行規則第１００条を改正し、「矯正教育で高等学校学習指導要領の定めるところに準じて修得したと認められるものに係る学修」を在学する高校における科目の履修とみなし、単位を与えることができるとした（２０２１年４月１日施行）。この改正を受け、一部の少年院と高等学校通信制課程を置く高校とが連携する取り組みの中で、２０２１年度より、少年院における矯正教育の単位認定を試行的に実施されている。

少年院では、高等学校卒業程度認定試験（以下、高卒認定試験）の合格が有効な再非行防止策になるとして、２００７（平成19）年度から、高卒認定試験を受験する機会を提供しており、受験者数が２０１０（平成22）年は全国の少年院で合わせて４００人以下だったが、２０１９（令和元）年には５０２人と増加している。

法務省矯正局（２０１５）によると、新潟少年学院をはじめ、いくつかの少年院では、教科指導（高等学校教育指導）を充実強化し、高卒認定試験の受験指導をするコースを設置している。しかし、高卒認定試験は、高卒と同等程度の学力があるかを認定するための試験であり、合格者の最終学歴は「高校卒業」とはならない。大学や専門学校等の受験資格は得られるが、学歴上は「中卒」である。

新潟少年学院と同様、教科指導に力を入れている喜連川少年院の院長は「高卒認定試験の合格は、将来の可能性や選択肢を広げ、少年たちに希望を与える役割を果たしていることに間違いないでしょう。しかし、高卒認定試験に合格しても、経済的余裕がないなどの事情で、出院後すぐの大学や専門学校への進学を諦めなければならない者もいるのが現実です」と語っている。

２０２２（令和４）年４月１日からの民法改正により成人年齢が18歳に引き下げられた。これにともない少年法も改正され、犯罪行為をした18歳および19歳の者は「特定少年」として位置づけられ、引き続き少年法が適用され保護されるが、「少年」とも「成人」とも異なる特別な取り扱いも設けられる（法務省矯正局、２０２１）。少年院における矯正教育にも新たな視点が加わる。そのひとつが、「高等学校教育を終えていない者に対する高等学校卒業程度の資格取得や教育の機会提供」、つまり「学びの機会の確保」である。特定少年に対しても、高卒認定試験の受験や通信制高校等への編入学などの就学支援のより積極的な働きかけが望まれている。

第３節　栃木県立宇都宮高等学校通信制課程喜連川教場

栃木県さくら市にある喜連川少年院は１９６７（昭和42）年に開庁し、現在は第１種少年院の「社会適応課程Ｉ」（表４－２）に指定され、16歳以上の男子少年を収容している施設である。近年の少年犯罪の減少および少年院への送致件数の減少（図４－２）から、定員１１４名に対し、収容している少年は、取材した２０２１年10月現在二十数名であった。

喜連川少年院では、矯正教育の特色として次の４点をあげている。
・全国の少年院では唯一の高等学校通信制課程（栃木県立宇都宮高等学校通信制）の設置

表 4-2 つづき

少年院の種類	矯正教育課程	符号	在院者の類型	矯正教育の重点的な内容	標準的な期間	人員
第1種	支援教育課程Ⅱ	N2	情緒障害若しくは発達障害又はこれらの疑いのある者及びこれに準じた者で処遇上の配慮を要するもの	障害等その特性に応じた、社会生活に適応する生活態度・対人関係を身に付けるための各種の指導	2年以内の期間	86 (6.2)
	支援教育課程Ⅲ	N3	義務教育を終了した者のうち、知的能力の制約、対人関係の持ち方の稚拙さ、非社会的行動傾向等に応じた配慮を要するもの	対人関係技能を養い、適応的に生活する習慣を身に付けるための各種の指導		258 (18.7)
第2種	社会適応課程Ⅳ	A4	特に再非行防止に焦点を当てた指導及び心身の訓練を必要とする者	健全な価値観を養い、堅実に生活する習慣を身に付けるための各種の指導	2年以内の期間	28 (2.0)
	社会適応課程Ⅴ	A5	外国人等で、日本人と異なる処遇上の配慮を要する者	日本の文化、生活習慣等の理解を深めるとともに、健全な社会人として必要な意識、態度を養うための各種の指導		–
	支援教育課程Ⅳ	N4	知的障害又はその疑いのある者及びこれに準じた者で処遇上の配慮を要するもの	社会生活に必要となる基本的な生活習慣・生活技術を身に付けるための各種の指導		–
	支援教育課程Ⅴ	N5	情緒障害若しくは発達障害又はこれらの疑いのある者及びこれに準じた者で処遇上の配慮を要するもの	障害等その特性に応じた、社会生活に適応する生活態度・対人関係を身に付けるための各種の指導		–
第3種	医療措置課程	D	身体疾患、身体障害、精神疾患又は精神障害を有する者	心身の疾患、障害の状況に応じた各種の指導		37 (2.7)
第4種	受刑在院者課程	J	受刑在院者	個別的事情を特に考慮した各種の指導	–	–

注１　矯正統計年報による。
注２　（　）内は、矯正教育課程別の構成比である。　（法務省，2023より）

表 4-2　少年院入院者の人員（矯正教育課程別）　（令和 3 年）

少年院の種類	矯正教育課程	符号	在院者の類型	矯正教育の重点的な内容	標準的な期間	人員
第1種	短期義務教育課程	SE	原則として14歳以上で義務教育を終了しない者のうち、その者の持つ問題性が単純又は比較的軽く、早期改善の可能性が大きいもの	中学校の学習指導要領に準拠した、短期間の集中した教科指導	6月以内の期間	4 (0.3)
	義務教育課程 I	E1	義務教育を終了しない者のうち、12歳に達する日以後の最初の 3 月 31 日までの間にあるもの	小学校の学習指導要領に準拠した教科指導	2年以内の期間	－
	義務教育課程 II	E2	義務教育を終了しない者のうち、12歳に達する日以後の最初の 3 月 31 日が終了したもの	中学校の学習指導要領に準拠した教科指導		42 (3.1)
	短期社会適応課程	SA	義務教育を終了した者のうち、その者の持つ問題性が単純又は比較的軽く、早期改善の可能性が大きいもの	出院後の生活設計を明確化するための、短期間の集中した各種の指導	6月以内の期間	173 (12.6)
	社会適応課程 I	A1	義務教育を終了した者のうち、就労上、修学上、生活環境の調整上等、社会適応上の問題がある者であって、他の課程の類型には該当しないもの	社会適応を円滑に進めるための各種の指導	2年以内の期間	536 (38.9)
	社会適応課程 II	A2	義務教育を終了した者のうち、反社会的な価値観・行動傾向、自己統制力の低さ、認知の偏り等、資質上特に問題となる事情を改善する必要があるもの	自己統制力を高め、健全な価値観を養い、堅実に生活する習慣を身に付けるための各種の指導		144 (10.5)
	社会適応課程 III	A3	外国人等で、日本人と異なる処遇上の配慮を要する者	日本の文化、生活習慣等の理解を深めるとともに、健全な社会人として必要な意識、態度を養うための各種の指導		2 (0.1)
	支援教育課程 I	N1	知的障害又はその疑いのある者及びこれに準じた者で処遇上の配慮を要するもの	社会生活に必要となる基本的な生活習慣・生活技術を身に付けるための各種の指導		67 (4.9)

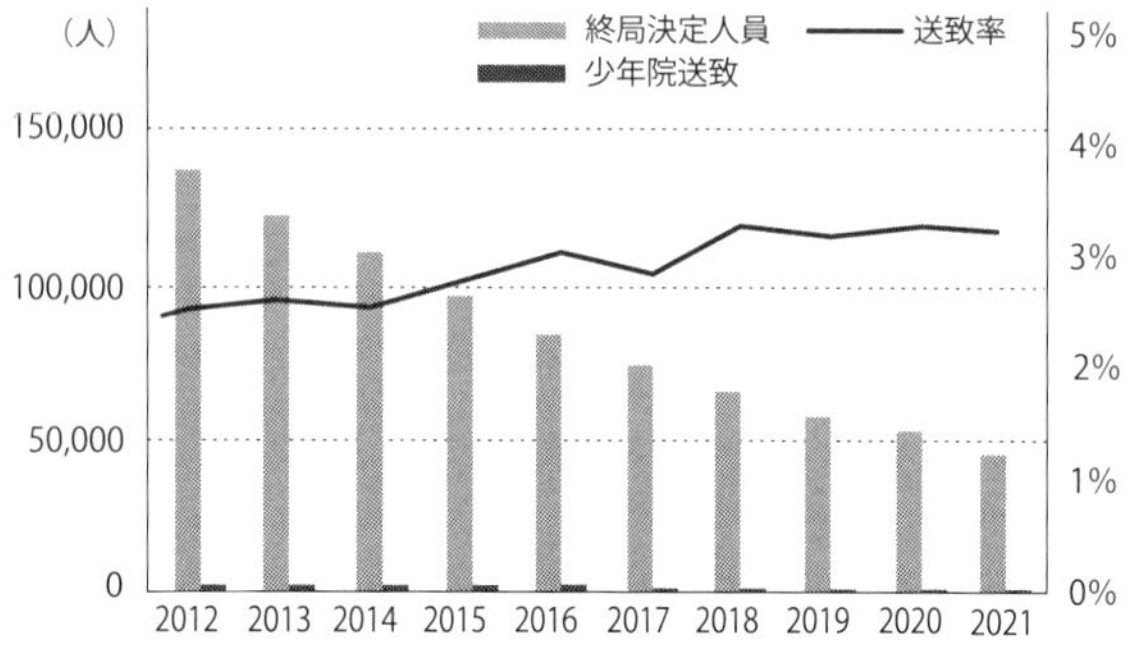

	2012	2013	2014	2015	2016	2017	2018	2019	2020	2021
終局決定人員	137,301	121,696	110,435	96,329	83,908	74,441	65,636	56,959	52,619	46,526
少年院送致	3,528	3,213	2,913	2,777	2,606	2,188	2,157	1,838	1,760	1,484
送致率	2.6%	2.6%	2.6%	2.9%	3.1%	2.9%	3.3%	3.2%	3.3%	3.2%

図 4-2　少年保護事件の終局決定人員と少年院送致数・送致率（家庭裁判所）
（最高裁判所事務総局，2022より筆者作成）

・高等学校卒業程度認定試験受験に向けた学力を身につけるコースの設置

・パソコン操作等の習得・資格を取得する情報処理科等の設置

・「働きながら学ぶ」経験を積めるよう、農園芸科、陶芸科等を設置

最大の特色のひとつは、全国唯一の通信制高校のスクーリング教場（１９７４（昭和49）年設置）で、在院者のうち入学が許可されたものについては、高校生として高等学校教育が受けられる点にある。同少年院においては、県立宇都宮高等学校通信制課程と同じく週１回スクーリングが実施され、同校通信制課程の教師が喜連川少年院内の教場において教壇に立つ。「生徒指導要録」など在籍に関する書類上の記載や扱いも本校の生徒とまったく同じである。

本章を執筆するにあたり筆者は、喜連川少年院および栃木県立宇都宮高等学校通信制課程を訪問し、喜連川少年院の院長、通信制課程の教頭、教場の担任教諭から話を伺った。

宇都宮高等学校通信制課程の教頭によれば、赴任して初めて教場に行く教師には同少年院における事業実施に関する事前のオリエンテーションが行われているとのことである。具体的には、少年院における授業実施に関する注意事項、たとえば更生への悪影響を防止するため在院者に対して出身地など在院者個人についての質問はしないこと、矯正施設特有のルールかもしれないが、自傷行為等に用いられないために、レポートや配付物にホチキス（針）を使用しないことや特別な教材用具を使用する場合は事前に許可申請をすること、在院者の状況を少年院としても把握する必要があることから、在院者から提出されたものはすべてコピーをして喜連川少年院の法務教官に提供することなどのほか、実際のスクーリングの様子も含めて丁寧に説明する。宇都宮高校の教師としては、実際に少年院で授業を行ってみるまでは、少年院で教えることに対する戸惑いや不安は強いという。しかし、生徒である在院生（以下、教場生）の真面目で熱心に勉強に向き合う姿や懸命に質問する姿に接すると、むしろ教師側が、彼らにもっとわかる授業を提供しなければという刺激をもらい、中には喜連川教場でのスクーリングを心待ちにしている教師もいるほどだとのことだった。「少年たちはとても素直で、自分を変えたいと思っている子が多い。学習に対する思いや気づきを口にする子も多い」と教場の担任教師は語る。

教場生は、２０２１年10月現在６名であるが、教師側の期待以上に頑張り、レポートも定期試験もほぼ完璧にこなし、ほめると少年らしい、本当にうれしそうな笑顔になるという。また、文化祭や卒業式などの学校行事には、喜連川少年院の法務教官に引率されて宇都宮市内にある本校に行き、参加や見学をする機会もある。教場の担任教師に本校の通信制の生徒が教場生を見て違和感を持たないか尋ねると、体育大会はみんなジャージで参加するので、本校の生徒も彼らが教場生とはわからないようであり、あまり違和感は感じていないだろうという話であった。

喜連川少年院は、２０２０（令和２）年6月に2年間の大規模改修工事を終え、新しくきれいな建物になった。宇都宮高等学校通信制課程のスクーリングを実施する教場は、教科棟と呼ばれる独立した建物の中にある。教室が廊下を挟んで左右に数部屋並んでおり、小さな教室は数人、大きな教室は十数人程度収容できる。教室が狭く机の数こそ少ないが、ふつうの学校の中にいる気分になる。

喜連川少年院の院長は、「教場生のほとんどが高校生として再び勉強ができてうれしいと言っています。全員が脱落せず出院まで学習の継続ができるのは、変わりたいと思う気持ちが強いからでしょう。非行により学校や学習を継続できなくなった少年たちにとって、彼らの心の中における『学校』の占める割合、『学校』に対する思いは大きいです。だからこそ、学校の勉強を進めていくと彼らは落ち着きを見せていきます。子どもたちが高校教師から高校の科目を学ぶ中で、勉強できることやわかることのうれしさや達成感を味わい、今まで抱えていた学習に対する不全感が少しずつ満たされます。それが彼らの自信や自己肯定感につながり、立ち直りのひとつの大きなきっかけを与えるものになっています。これまでの実践の中で、ここの通信制で学び、有名大学に入った少年も何人かいます」と語っている。また、院長は面倒見の良い先生、子どもに興味関心を持ってかかわってくれる先生が大切であることと、学校教育への要望として少年院と学校の交流（連携・意見交換等）をあげた。犯罪少年はいなくても、ぐ犯少年は学校現場にも一定数は存在する。そのような問題を抱えた子どもたちへの声のかけ方やアプローチの仕方などについて少年院の持っている知見を伝えることで学校の役に立てるのではないかと言う。

第４節　犯罪の中から外へ

少年犯罪、少年非行はなぜ起きるのだろうか。その要因は多様かつ複雑で、簡単には解明できない。土井（２０１０）は、「少年非行の原因観は、社会環境の中で後天的に形成されるものと捉える見方から、生まれついた先天的な資質が発現されたものと捉える見方へと移行している。近年、非行対策として『心の教育』が進められているが、それが非行少年に対する教育的施策に向かわず、加害者を排除する『厳罰化』へ向かっている。彼らをモンスターのように捉え、自分たちとはいっさい関係のない、まったく別の生き物として切り離してよいのか。きわめて特殊な事件を起こした人間であっても、同じ時代に同じ社会を生きている以上、どこかで私たちとつながっている。彼らと私たちが決して無関係ではなく、その犯罪責任についても、私たちの社会で背負わなければならない部分もある」と指摘している。また、「犯罪をすることが生まれつき定められている特殊な人間がいる」と考えると、自分はそうではないと安心できる心理が大人にはある（高橋、２００３）。

今後私たち皆が、安心で安全な社会を作るために、彼らを異質な者として排除するのではなく、しかし、けっして被害者感情をないがしろにすることなく、どのように包摂し支援し社会へとつなげていくべきなのか。少年院を出院し、社会生活に移行したのち、彼らを取り巻く生活環境の大きな変化に見舞われたとしても、ひとりでも多くの少年が再び犯罪や非行に走ることのないようにしたい。

予定されていた矯正教育の期間で出院に必要な基準や目標に到達し、出院後の引き受け体制も整っていれば、仮退院となる。しかし、仮退院者が仮退院中の保護観察において遵守事項を遵守できなかったなど、仮退院中の行状が良好でない場合には仮退院が取り消され、再度少年院に戻して収容されることがある。２０２１年の少年院仮退院者の保護処分の取り消し率（競合する新たな処分を受けたことなどにより、保護処分が取り消されること）は、保護観察処分少年、少年院仮退院者ともに、保護観察終了時に無職だった者に対し、職を有していた者や学生・生徒であった者のほうが、明らかに低い（図４－３）。職場や学校という場所や学習を含む活動が非行や犯罪に陥るリスクから子どもたちを遠ざけている（法務省矯正局・保護局、２０１９）。このことは、数々の調査研究でも実証されている。

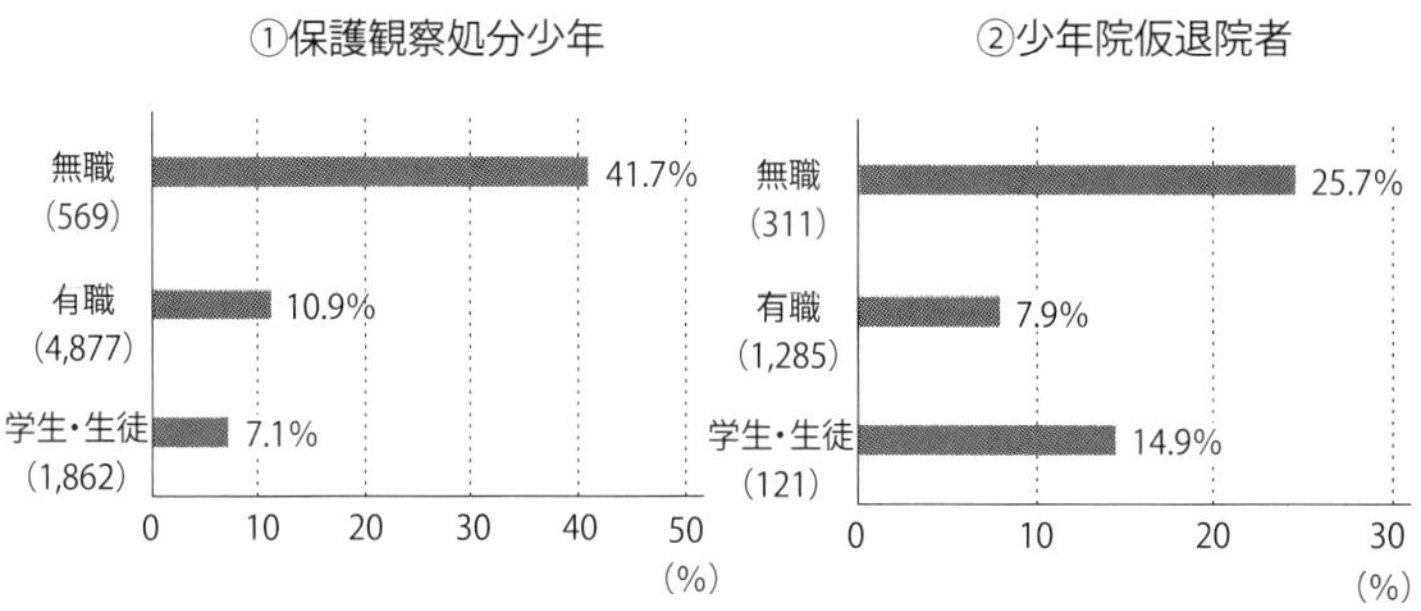

注　（　　）内は実人員である。

図 4-3　少年院仮退院者の再処分率（終了時の就学・就労状況別）

（法務省，2023より作成）

アメリカの社会学者メーガン・カーリーチェク（２０１５）は、アメリカが今まで試してきた少年非行対策プログラムで、成功をしているプログラムに共通しているものを調査した結果、学校、親、教師といった人びとが、できるかぎり更生プロセスにかかわることが鍵だと語っている。また、小野・保坂は『移行支援としての高校教育』（２０１２）の中で「思春期の子どもたちにとっては特に親以外の大人、学校、コミュニティとの『つながり』が重要である」と指摘し、アメリカ疾病予防管理センター（ＣＤＣ）が「学校とのつながり（学校の大人や仲間たちが自分のことを一人の人間としてだけでなく、学習面でも気にかけてくれているという感覚）が重要であり、学校とのつながりを感じている生徒は、健康の増進と学業の成果を得る可能性が高く、逆に暴力や非行にかかわるリスクが低い傾向にある」と、学校へのつながりの重要性を啓発していることを引用している。学校とのつながりを促進するためには、通信制高校をはじめとする学びの資源やシステムを整備・活用する必要がある。

高校在学中に傷害事件を起こしたひとりの少年Ｄが、ある少年院に送致された。その少年は学習への意欲があり、大学進学希望もあることから、高校生として学習を継続することが望ましいと思われたが、少年院送致により在学していた高校を退学となる可能性が高かった。幸い、その少年院には連携している通信制高校があり、入院後、Ｄはその通信制高校に編入学することができた。在院期間を通して、自分自身の非行の反省を続けながら、地道にスクーリングやレポートに取り組んだ。出院後、在籍していた通信制高校から帰住地近くにある別の通信制高校に転入学した。転入学先では、学習に真剣に取り組むだけでなく、さまざまな検定試験にも積極的にチャレンジし合格するなど、前向きな高校生活を送った。興味ある分野の研究がしたいと以前から希望していた大学進学を目指し、現役で第一志望の大学に合格し進学した。学習のブランクを最小限に食い止め、高校の学習を継続できたこと、そして、少年院在院中に通信制高校に在籍できたことが、その後のＤの可能性を広げたことになる。

通信制高校は、基本的に毎日登校する学校ではないため、全日制に比べると「学校とのつながり」という意識は持ちにくい。しかし、少年院在院者をその対象として捉えるとき、法務教官以外の大人である教師が、教場という空間、学習という場面、レポート等を通し、自分たちにかかわってくれているという体験は、学力向上だけでなく、社会への信頼感、良い大人のモデルとして彼らの中に残るのではないだろうか。また、手書きの文字による教師とのレポートのやり取りは、高校生として受容され、大切にされている実感を与え、大人や社会の温かさを認識する効果を持っているのではないかと思う。

少年院在院中の少年たちに対して通信制課程を置く高校と連携し、高校教育の機会を提供・単位認定まですることは、出院後の修学支援だけでなく、社会生活への重要な移行支援となる。学習履歴上の空白がなくなることで、少年院出院者のスティグマを軽減し、社会生活への円滑な復帰とその持続を後押ししてくれるものともなる。

本章の冒頭で引用した作文は、次のように結ばれている。

「誰にだって未来はあり、やり直せない人生なんかないとぼくは信じています。」

この章を執筆するにあたり、お忙しい中快く取材にご協力いただいた喜連川少年院の大熊直人院長、栃木県立宇都宮高等学校通信制課程の山田英明教頭並びに風間正則教諭に心からお礼を申しあげます。（勤務先、役職名は取材当時のものを掲載）

【文献】

・小野善郎・保坂　亨（編著）（２０１２）『移行支援としての高校教育――思春期の発達支援からみた高校教育改革への提言』福村出版
・メーガン・カーリーチェク（２０１５）アメリカの少年非行対策プログラム　社会安全・警察学、**2**、19－27頁

・最高裁判所事務総局（２０２２）司法統計年報　Retrieved from https://www.courts.go.jp/app/files/toukei/598/012598.pdf（２０２３年１月７日）
・高橋由仲（２００３）『非行少年へのまなざし――少年鑑別所の現場から』朱鷺書房
・土井隆義（２０１０）『人間失格？――「罪」を犯した少年と社会をつなぐ』日本図書センター
・福田壮一郎（２０１４）やり直せない人生なんてない　法務省第64回「社会を明るくする運動」作文コンテスト
https://www.moj.go.jp/content/001130315.pdf
・法務省（２０２０）少年院在院者に対する高等学校教育機会の提供に関する検討会報告書
・法務省（２０２３）令和４年版犯罪白書　法務省総合研究所
・法務省矯正局（２０１５）少年矯正ＮＯＷ　少年院長会同・少年鑑別所長会同レポート
・法務省矯正局（２０２１）罪を犯した18歳及び19歳の者に対する矯正教育（仮）に係る検討会報告書
・法務省矯正局（２０２２）明日につなぐ　少年院のしおり
・法務省矯正局・保護局（２０１９）保護観察・少年院送致となった生徒の復学・進学等に向けた支援について

コラム❶
少年犯罪

富樫春人

日本の少年犯罪は、第二次世界大戦後から現在まで大きく四つの波があったが、近年の犯罪少年は数字の上では明らかに減少傾向にある（図①－1）。警察庁の「令和3年中における少年の補導及び保護の概況」によると、刑法犯少年の検挙人員は、2004（平成16）年以降18年連続で減少しており、2021（令和3）年は1万4818人で、前年より2648人（15・2％）減少している。また、14歳以上の少年1000人当たりの人口比では2・2と前年より0・4ポイント低下し、いずれも戦後最少を更新している。罪種別では、万引き・自転車盗・オートバイ盗などの窃盗犯が約5割を占め、続いて暴行・傷害・恐喝などの粗暴犯（19・0％）、特殊詐欺などの知能犯（6・2％）、殺人・強盗・放火などの凶悪犯（2・8％）となっている。

刑法犯少年の検挙人員および人口比とも減少傾向にあるが、人口比では、成人（1・5）と比べ高い水準にあることが特徴である。国際的に見ると、これは特異な現象のようであるが、日本の少年犯罪が国際的に見て非常に少ないことも事実である。

一方で、内閣府の「少年非行に関する世論調査」（2015（平成27）年度）では、実感として、おおむね5年前と比べて少年による重大な事件が「増えている」と回答する者の割合が78・6％

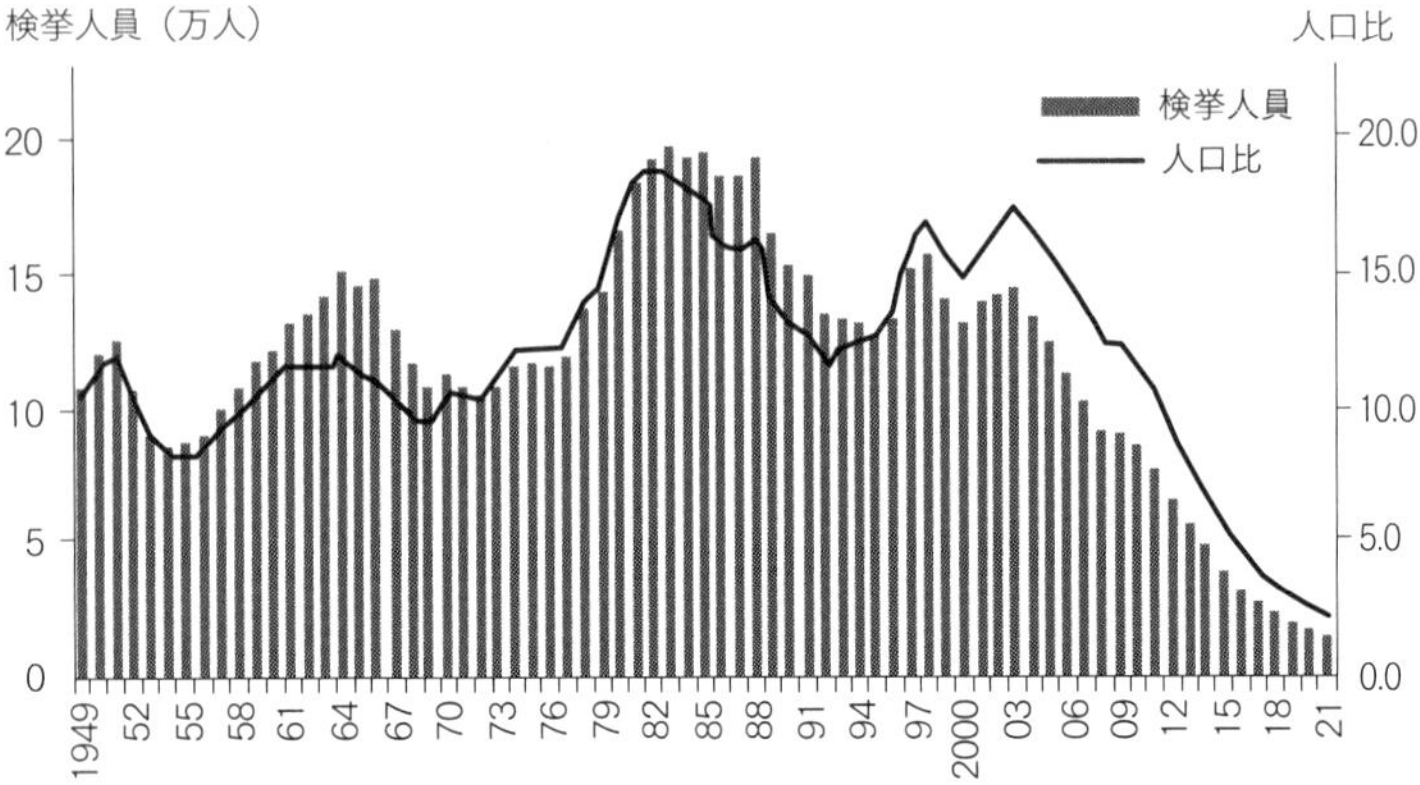

図① -1　刑法犯少年の検挙人員及び人口比の推移（1949年～ 2021年）
（警察庁生活安全局人身安全・少年課，2022より筆者作成）

（「かなり増えている」42・3％＋「ある程度増えている」36・3％）、「変わらない」と答えた者の割合が16・8％、「減っている」とする者の割合が2・5％（「ある程度減っている」2・3％＋「かなり減っている」0・3％）という結果になっているのは興味深い。

【文献】

・警察庁生活安全局人身安全・少年課（2022）令和3年中における少年の補導及び保護の概況　https://www.npa.go.jp/bureau/safetylife/syonen/pdf-r3-syonengaikyo.pdf

・内閣府（2015）少年非行に関する世論調査　平成27年7月調査

コラム❷

週5日通う通信制高校

富樫春人

「学校などに通わずに学ぶ」希望を叶えるために「通信」による教育システムがある。ただし、通信制高校は、まったく登校しなくてもよいわけではなく、教科ごとに決められた回数以上の面接指導（スクーリング）に出席しなくてはいけない。では、どのくらいの日数、どのように登校するのだろう。

1　週1日登校型＝公立の通信制高校の多くはこのスタイルである。

2　集中登校型＝夏や冬などに集中的に4日～10日程度登校する。合宿（宿泊）の場合もある。

3　週3日～5日登校型＝ほとんど全日制と変わらない高校生活を送れる学校もある。

学校により異なるが、大きく分けるとこのような登校スタイルがある。生徒が選択可能ないくつかの登校スタイルを併設する私立の通信制高校も多い。近年、週5日通える通信制高校が増えている。生徒や保護者の「毎日授業を受けたい」「規則正しい生活をさせたい」「学校行事や部活動に年間を通して取り組みたい」という声に応えた結果である。

高校通信教育は、高校教育を受ける機会を広く与えることを目的に発足した。勤労青少年などが学校に行く時間がなかなか取れないことを考慮し、面接指導の時間も最小限で済むよう制度設計がなされ、学習指導要領に定められた。

１９８５（昭和60）年時点の通信制高校在籍者の年齢層は、10代の生徒は全体の57・３％（公立34・３％、私立89・８％）、30代以上の生徒は27・３％（公立38・４％、私立６・８％）で、公立を中心に幅広い年齢層が通信制高校で学んでいた。それが、２０２１（令和３）年になると10代の生徒は全体で88・９％（公立67・０％、私立97・１％）と若年化が進み、私立だけを見ると全日制の年齢層とかなり近くなった。この中には第4章で触れたように、夢を持ち、時間が自由になるからと通信制高校を選択した子どもたちがいる。一方で、不登校や学力不振などから通信制高校に入学や転入学したが、できれば全日制高校に近い環境で学びたいという高校生も多いのである。

では、通信制で週5日通うスタイルのメリットは何だろう。最大のメリットは「学校に行かないと留年する」というプレッシャーを感じる必要がほとんどないことである。通信制課程は、教育課程の特例（高等学校学習指導要領第1章総則第2款）により、単位を取るための必要出席時数が全日制に比べ大幅に少ない。詳しくは後述するが、毎日通学するスタイルであれば、1か月程度で全科目の必要出席時数を満たすため、出席時数不足で単位が取れないという心配がほぼない。また、同じ境遇や似たような気持ちを持った生徒が入学しやすいので、安心できる雰囲気になり友だちをつくりやすいというメリットもある。通信制高校の草分け的存在であるＮＨＫ学園高等学校も２０１５（平成27）年度から週3日の「登校コース」を開設した。生徒の学習背景も多様化する中で、通信制高校も変化を続けている。

表② -1　添削指導の回数及び面接指導の単位時間数の標準

各教科・科目	添削指導（回）	面接指導（単位時間）
国語、地理歴史、公民及び数学に属する科目	3	1
理科に属する科目	3	4
保健体育に属する科目のうち「体育」	1	5
保健体育に属する科目のうち「保健」	3	1
芸術及び外国語に属する科目	3	4
家庭及び情報に属する科目並びに専門教科・科目	各教科・科目の必要に応じて2～3	各教科・科目の必要に応じて2～8

（文部科学省，2018，p.111）

通信制高校の添削指導と面接指導

通信制高校での学習は、基本的に自宅等で自学自習により添削課題（レポート）を仕上げることが中心である。しかし、登校して教師から対面で直接指導を受ける「面接指導（スクーリング）」にも決められた時間数以上参加しなければならない。具体的な1単位あたりの添削指導の回数や面接指導の単位時間数は、「高等学校学習指導要領」に示されている（表②－1）。たとえば「数学Ⅰ」という科目は標準単位数が3単位なので、添削指導（レポート）の必要回数は年間3×3で9回、面接指導の単位時間は3×1で年間3単位時間ということになる。「英語コミュニケーションⅠ」の場合は、標準単位数は同じく3であるが、面接指導の単位時間は3×4で12単位時間となる。なお、「1単位時間は50分として計算する」と定められている。以上のことから、スクーリングに出席する日数は年間20～25日というのが標準である。

【文献】

・文部科学省（2018）高等学校学習指導要領（平成30年告示）解説総則編　110－116頁

第５章　児童養護施設の高校生の大学教育支援

村松健司

第１節　施設入所児、施設経験者の教育保障

１　教育の現場で困難を持つ子どもたち

筆者は大学院生時代、児童養護施設を見学したことがある。その施設は大舎制（注１）で、子どもの学習空間と寝室が別になっていた。学習空間には子ども用の机が、寝室には二段ベッドがずらりと並んでいてずいぶんと狭い印象を受けた。その施設には一泊させてもらい、子どもと

キャッチボールをしたり、二日目は子どもたちとの入浴を体験できた。その折、ある男子中学生が、筆者と小・中学生5、6人でワイワイと入浴している場になかなか入れずにいた。他の子が誘っても、「いや、いい」と硬い表情で断ってその場を去ったり、戻ってきたり、ということを繰り返していた。もう風呂場から出る時間になった頃、バシャン！　という大きな音が風呂場に響き、水柱が立った。どうしたのかと思ったら、その男子中学生が服のまま浴槽に飛び込んできたのだ。筆者が驚きつつも、「おお、来たか」と声をかけると、彼はニヤッとしてうなずいた。施設で暮らしている子どもが人とかかわるときの困難さは、反応性愛着障害や脱抑制型対人交流障害と診断されることが多い。前者の場合、初期の心理的接触の仕方は、人同士というよりモノとモノとがぶつかる（衝突する）ような印象を筆者は持っている。この中学生も、何となく楽しそうな入浴に加わりたいけれど、よく知らない大人も怖い。そんな葛藤を体験していたのかもしれない。

現在の児童養護施設は小規模化と家庭的養護（養育）が目指され（コラム❸参照）、生活環境は格段に改善されている。ただ、筆者が30年ほど前に体験した男子中学生のエピソードのように、対人関係に困難を持っている子どもは今も少なくない。その困難は教育の現場でも現れており、神奈川県社会福祉協議会（２０１０）による調査では、施設入所児の学校における困難な状況が明らかにされている。文部科学省（２０１２）と比較すると、学習面・行動面で「困難を示す」割合が、一般集団に比べてかなり高くなっている。こういった困難を持つ子どもたちへの支援について、わが国ではまだ十分な蓄積がない。

２　施設退所児、施設経験者の学習状況と高校進学

１９７３（昭和48）年に厚生労働省児童家庭局長通知「児童養護施設入所児童等の高等学校への進学の実施について」において「特別育成費」が初めて計上されたものの、施設に求められているのは「職業指導」であり、高校進学は能力のある児童に限定された「特殊な例」であった（中山、１９８２）。その後、１９８９（平成元）年に「養護施設入所児童等の高等学校への進学の実施について」という新しい通知が出され、１９７３年の通知は廃止、「特別育成費」の改定が実施されることになる。実際の進学に際しては、地方自治体独自の基準もあり、全国一律に進んだわけではないが、公立高校への進学から、私立高校やサポート高校への進学も可能になるなど、ようやく「希望する誰もが進学できる」状況に近づいていくことになった。図５‐１は、児童養護施設の中学卒業後の進路を示したものである。坪井（２０１１）が作成したものに、筆者が「社会的養護の現状について」（厚生労働省雇用均等・児童家庭局家庭福祉課）のデータを加えた。なお、２００９（平成21）年以降のデータの「高校進学」は「高校等」「専修学校等」をまとめた（注２）。

文部科学省によると、２０２０（令和２）年度の高校等進学率は98・８％である。一方、児童養護施設に入所した子どもの高校等進学率も２０１５（平成27）年に96・０％となり、ようやく

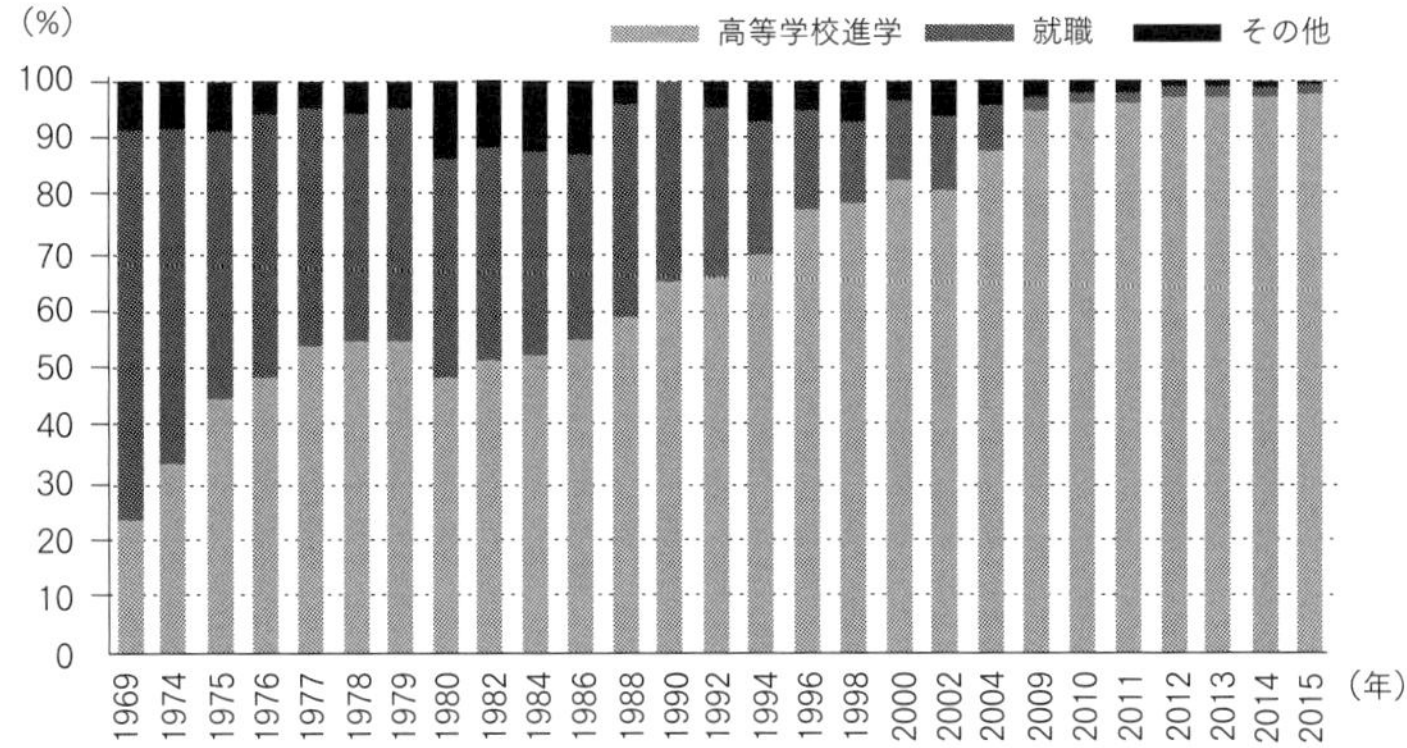

図 5-1　児童養護施設における中学卒業後の進路　（坪井，2011に筆者加筆作成）

一般家庭との差が少なくなってきた。ただ、この中には特別支援学校高等部に進学する子どもが少なく、２０１６（平成28）年３月の特別支援学校高等部進学者は16・７％であった（全国児童養護施設協議会、２０１７）。これは「全中学生の１・07％と比べて16倍高い」（小野、２０１８）結果となっている。施設入所児の特別支援学校在籍（通級も含む）率の高さと、施設入所児の特別支援教育の現状は保坂ら（２０１１）による調査結果があり、その後、同様の指摘がされるようになった（たとえば、柴田ら、２０１８）。

この施設入所児の特別支援学校高等部進学率の高さは、「障碍」（注３）を持つ施設入所児の増加が背景にあると考えられる。

しかし、ここで特に注目したいのは、施設入所児の学業困難である。図５－２は、厚生労働省が５年おきに発表している「児童養護施設入所児童等調査

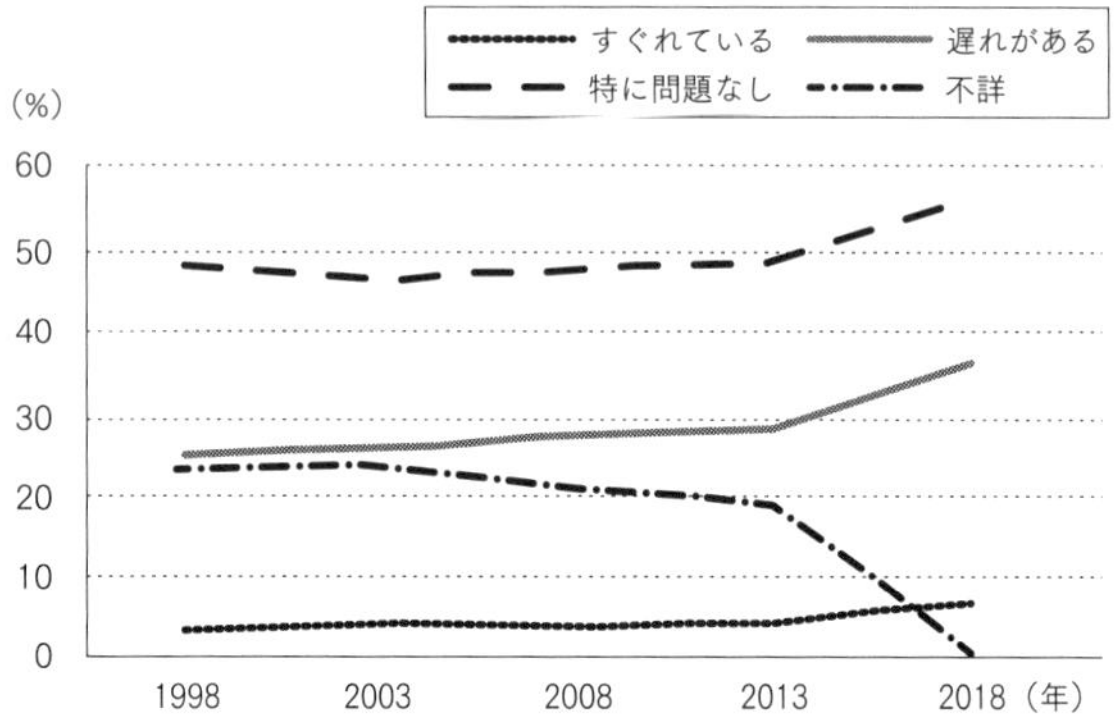

図 5-2　児童養護施設入所児童の学業の状況
（厚生労働省子ども家庭局，2020より筆者作成）

結果の概要」の中の学業の状況を示している。２０１８（平成30）年の調査で特徴的なのは、それまで20％以上だった「不詳」が激減していることである。その結果、学業に「遅れがある」子どもが３分の１ほどいる状況が明らかとなった。ただ、高校生の学業の状況は把握しづらいかもしれない。ただ、同調査の入所児童の年齢構成では、12歳以上の中学生以上と思われる児童の割合が２０１８年には50％を超え、高年齢児童の増加はこの間の特徴のひとつだが、それでも高校生が20％を超えることはない。児童養護施設では、なぜ子どもの学力に関する把握が難しかったのだろう。

『養護施設30年〈資料篇〉』（全社協養護施設協議会，１９７７）には、子どもの成績とＩＱのクロス表の記載がある。１９７０（昭和45）年の古い調査であるが、非常に興味深いので、ＩＱと成績の関係をグラフ化した（図５－３）。

子どもの成績は小学生から高校生までのもので、小

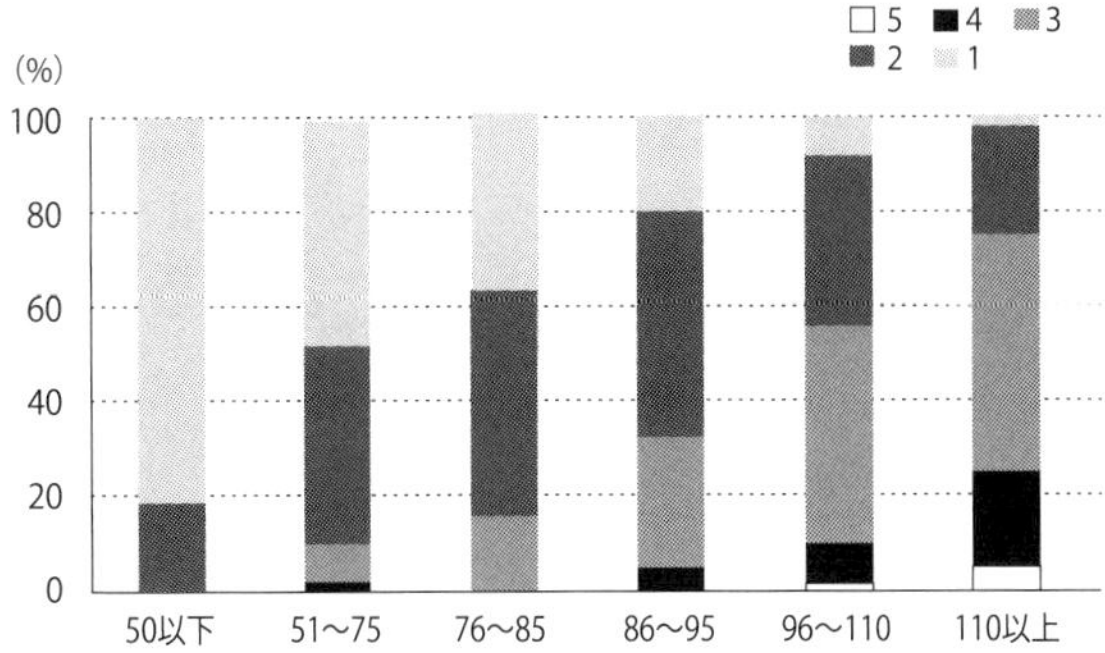

図 5-3　入所児童のIQと学業成績の関係

子どもの成績は小学生から高校生までのもので、小学生は算数、国語、理科、社会の4教科、中高生は英語、数学、国語の３教科の平均値を四捨五入したもの。

（全社協養護施設協議会，1977より筆者作成）

学生は算数、国語、理科、社会の４教科、中高生は英語、数学、国語の３教科の平均値を四捨五入したものである。

ここで注目すべきは、平均的な知能の子どもでも成績が３以下の割合が８割ほどであるという点である。この結果は、施設入所児が期待される能力よりも学業達成の低い子ども（アンダーアチーバー）である可能性を示していると考えられよう。アンダーアチーバーの学力偏差値は変動し、国語と算数を対象に行われた都筑ら（２０１３）の研究では、小学校低学年で「学習への興味や意欲を育てることが中学年以降の安定した学力に結びつく」と指摘されている。生活施設である児童養護施設は子どもの学習習慣を定着させ、学習意欲を引き出すための人的配置が十分ではないから、子どもの学業成績の「不詳」は、「本当はできそうだが、意欲がなく結果が出ない子ども」を反映したものと考えることもできる。したがって、施設入所児の学力や

表5-1　児童養護施設経験者の最終学歴

	在学中	休学	中退	卒業	分からない	無回答
全日制高校（5,432名）	6.1%	0.2%	14.9%	76.7%	2.2%	0.0%
定時制・通信制高校（785名）	14.8%	1.1%	27.3%	49.2%	7.5%	0.1%

（三菱UFJリサーチ＆コンサルティング，2021）

就学上の困難に関する状況を明らかにしながら、より具体的・個別的な教育支援の方法を検討していく必要があるだろう。

3　施設経験者の不登校と高校中退

厚生労働省が三菱ＵＦＪリサーチ＆コンサルティング（２０２１）に委託して行われた初めての施設経験者の状況調査「児童養護施設等への入所措置や里親委託等が解除された者の実態把握に関する全国調査」（以下、実態把握調査）における「最終学歴（最後に通っている学校）」を問う項目の結果を表５－１に示した。なお、この項目は、児童養護施設スタッフが回答したものである（回答率72・１％）。

文部科学省「学校基本統計」によると２０１７（平成29）年４月に全日制高校に入学した学生が、３年後の２０２０年３月に卒業した割合は96・３％であった（注４）。「実態把握調査」には在学生が含まれているものの、一般家庭と比較して施設経験者の「全日制高校卒業率」はおよそ15〜20％低いと推察される。

高校進学や大学進学の環境を整えることは重要だが、高校生活を送るうえで、施設入所児（施設経験者）は明らかに困難な状況に至りやすいと考えられる。これまで見てきたように、施設入所児の高校進学保障は30年以上前からの施策変更であったが、「制度の移行」が機能しているのか、十分な検討が必要であったのではないか。その検証と対策が行われないまま、施設経験者の大学進学を拡充しても、同様の課題が生じる可能性が高い。

第2節　施設経験者の大学進学における課題

1　高等教育機関への就学と受け入れの状況

これまで児童養護施設入所児にとって、高校までの生活は保障されてきたが、大学進学は各種奨学金や大学独自の奨学金などに頼らざるを得ない状況だった。しかし、たとえばアパートに入居する際の保証人を誰に依頼するのかなど、社会的養護のシステムから社会のシステムへの接続（移行）は容易ではなかった。このため、施設を出た後は就職という選択肢の比重が大きかったのだろう。

かつては20％に届かなかった大学等への進学希望は次第に増加し、２０２０年厚生労働省子ども家庭局の「児童養護施設入所児童等調査の概要」では31・８％と約３分の１にまで増加した。ただ、この調査は中学生から高校３年生（定時制４年生含む）まで、さらには大学、専門学校、職業訓練校在籍者と思われる者も含まれており、どれくらい現実的な意志を反映しているか把握で

図 5-4　施設経験者の大学・短期大学の休・退学の理由

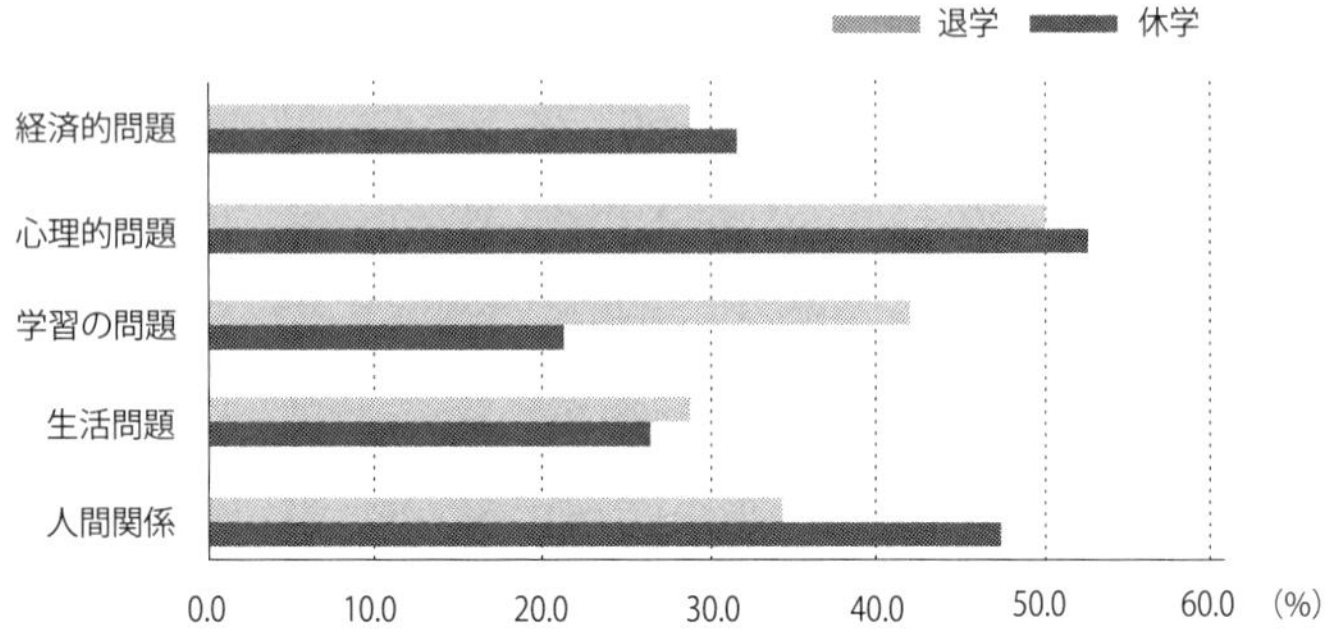

（村松ら，2021a）

きない余地がある。この調査の詳細なデータがｅ－Ｓｔａｔ（政府統計の総合窓口）で公開されている。それによると、高校1年～3年男子の大学進学希望率は29・7％、女子は34・7％、全体で32・2％と算出された（注5）。女子の進学希望割合が高いことは注目に値する。これは「大学又は短期大学」という聞き方のせいかもしれない。保育士などの資格を取りたいと希望する場合は短大も視野に入るので、女子の割合が高くなっていると考えられる。

しかし、施設経験者の大学進学にともない、休学や中退といった新たな課題が生じている。「実態把握調査」では、休学1・2％、中退12・1％という調査結果が示されている。大学進学者の約1割が1年以内に、2割近くが卒業までに中退するという指摘もある（柴田ら、２０１８）。施設経験者（ケアリーバー）への支援を行っているブリッジフォースマイルによる調査（２０２０）では、「進路大学等進学者のうち、進学後1年3カ月が経過した時点で14・8%が中退し、4年3カ月が経過した時点で28・6%が中退」というさらに厳しい結果も示されている。施設経験者の大学生活にはどんな困難があるのだろう。

本来は当事者である施設経験者からの意見を聞くべきだが、わが国では、施設経験者当事者からの発信はようやく緒に就いたばかりであり、調査研究の依頼にあたっては、これから十分な関係づくりをしていく必要がある。そのため、ここでは施設スタッフによる休学、中退の理由（図5-4）を用いる（村松ら、2021a）。

休学では「心理的問題」「人間関係」「経済的問題」が多く、退学では「心理的問題」「学習の問題」「人間関係」となり、最終的な退学に至る要因として「経済的問題」は主たるものではない可能性が示唆される。

では、施設経験者を受け入れる短大・大学の状況はどうだろう。村松ら（2021b）は全国の大学・短期大学（782校）に社会的養護や施設経験者の受け入れについての調査を行い、222校からの回答があった（回答率28・4%）。施設経験者への特別な支援制度がある、または支援制度を検討中と回答した割合は、国公立大学5・6%、私立大学14・4%にとどまった。一方、国公立短期大学28・6%、私立短期大学26・2%と短期大学では支援割合が高い傾向にあった。しかし、支援の内容が経済的側面に偏っており、社会的養護とは何か、そして施設経験者に多様な支援が必要であることを認識していないことが明らかになった。2020年度から国の高等教育の修学支援新制度が開始され、施設経験者の高等教育機関への進学には一定の経済的支援の枠組みが整いつつある。しかし、施設経験者が高等教育機関での就学を維持するためには、経済的支援だけではなく、対人関係を中心としたきめ細かな支援体制が必要とされる。そうでないと、施設経験者の高校中退という困難の再現になりかねない。最後に、この支援体制がいかになるべきかを検討したい。

２　大学等に進学した施設入所児の措置延長の問題点

「児童の福祉を保障するための原理」を定めた児童福祉法によると、「児童」は「満18歳に満たない者」と規定されている（第４条）。児童福祉では、これまで18歳以降は一律に「成人」とみなされていたことになる。この年齢による線引きには、当然のことながら無理があると言わざるを得ない（コラム❹参照）。

１９９７（平成９）年に義務教育終了後の児童の自立支援を目的とした児童自立生活援助事業が児童居宅生活支援事業の中に位置づけられ、この事業の対象となる児童は満20歳までの施設入所が可能になった（児童福祉法一部改正の施行は翌１９９８年）。この年齢の記載は、児童福祉法第31条４項に定められている。また、２０１１（平成23）年の厚生労働省雇用均等・児童家庭局長通知「児童養護施設等及び里親等の措置延長等について」では、措置延長の積極活用に加えて、家庭復帰が難しい児童に関しては大学卒業までの措置延長が可能であることが示された。年齢の記載はないが、４年間の大学生活を仮定すると、22歳までの措置延長が行政支援として可能になったことになる。

では、実際に18歳を過ぎての措置延長はどれくらい行われているのだろうか。厚生労働省が２０２２（令和４）年に発表した「社会的養護の推進に向けて」では、児童養護施設在籍児の大学進学者は１０９名（退所児は２０２名）と２０１２（平成24）年の18人から大幅に増加した。この調査では、「措置延長の状況」も集計されているが、これには「就職」「その他」が含まれており、大学等や専修学校等に進学した者の措置延長の状況はわからない。要保護児童の措置延長に関しては、総務省行政評価局（２０２０）による報告がある（注６）。この報告書によると、平成30（２０１８）年度末の措置解除状況がわかる。「児童養護施設入所児童及び里親委託児童」合わせての統計であるものの、進学者６７９名のうち、措置延長は２６５名（39・０％）であった。厚生労働省は積極的な措置延長を打ち出しているにもかかわらず、およそ6割の進学者が措置解除になっているという状況は重大だ。

進学者の中には、遠方の大学等に入学したり、アパート暮らしをする者も少なくないだろう。この点について総務省行政評価局（２０２０）は、「措置延長では現場の判断は揺れている」と指摘し、その背景として居住先（アパートなど）と措置延長の関係について厚生労働省が具体的な方針を示していないことがあげられている。続けて、施設で生活していなければ措置延長を認めないとする児童相談所がある一方、生活していなくても、「施設等との『つながり』があれば、措置継続等を認める判断をしているケースが見られた」ということがいくつかの事例をもとに論じられている。つまり、措置権のある地方自治体の児童相談所によって異なる対応がなされているということに問題がある。

この背景のひとつには、「措置費」の問題があると考えられる。施設入所児の生活費（事業費）は国と地方公共団体の折半となっているため、地方公共団体の児童養護への理解と、財政的ゆとりが措置延長に影響を与えている可能性が大きい。この地域格差は重大な問題である。

大学生活は鶴田（２００１）が指摘しているように、高校生から「大学生になる」新入生の課題から始まり、中学年の課題、卒業時の課題など、大学生である4年間に「子どもでも大人でもない」青年は「大人」に移行していく課題にその都度直面することになる。うまく移行できる者もいれば、課題の大きさに立ちすくみ、休学や留年など、一見大学生としての成長から撤退したかのように見える者もいるだろう。しかし、大学生のライフサイクルとは、直線的なものではなく、螺旋的で前進と後退を繰り返しながら徐々に歩みを進めていくイメージが実際的だ。そのときに、生活が保障されていなければ、施設経験者たちは路頭に迷ってしまうことになる。彼らにひきこもったり、やり直しを支えてくれる家や家族はほとんどないのだから。ポスト青年期の大人への移行の重要性を考えれば、措置の延長は大学卒業まで保障されるべきではないか。

里親（foster care）のもとで育った大学生を調査したPetersら（２００９）によると、措置がおおむね18歳までのウィスコンシン州と21歳までのアイオワ州では高等教育達成度に約2倍の差が見られたという。厚生労働省が最長22歳までとしている社会的自立支援事業の年齢上限は、

２０２２年６月８日に成立した改正児童福祉法によって撤廃された（注７）が、それよりも措置の延長がより積極的になされるために、厚生労働省による基準の明確化と地域間格差の解消を図らなければならない。

３　おわりに

最後に措置延長をはじめとする制度を整えていくことと同じくらいに重要な、施設で育つ子どもの生きる力とネットワークづくりについて考えてみたい。知識など数値化しやすい能力は認知能力と呼ばれる一方、対人関係や情動の統制、目標を達成する力などは非認知的能力（社会情動的スキル）と呼ばれている。幼少期から養育者や同胞、祖父母や親戚、地域の友人やその家族などとのコミュニケーションや自然活動（遊び）などを通して、子どもは成功思考ややり抜く力（grid）を身につけていく。こうした幼少期の体験は、大人になってからの生きる力に大きな影響を与える可能性がある。経済的支援も重要だが、本質はそれだけではない。私たちが人生の節目にさまざまな人とのかかわり（コミュニケーション）から次のステップに進むことができるように、「人とかかわりつながれるための力」を含む非認知的スキルの獲得を目指した生活支援の取り組みが今後の社会的養護では欠かせない。

近年海外における施設ケア（residential care）の見直しの中では、ケアを受ける子どもと地域をつないでいくことの実践が注目され、施設入所児の支援ネットワークを広げることに役立っている。わが国でも一般財団法人みらいこども財団による「オンライン里親」という取り組みがあり、複数の支援者がひとりの施設経験者の大学生活に必要な生活費の一部を提供し、定期的にオンラインで施設経験者と支援者の対話が持たれるというユニークな活動が行われている。

今後の社会的養護が目指すものは、「自立支援」のような個人が達成すべき課題とみなされかねない目標設定ではなく、「施設経験者の社会参加」という「つながり」を重視した支援にあるのではないか。施設経験者の大学教育支援においても、高校段階から措置延長の保障を通じて施設との「つながり」を維持すること、あるいは徐々に新しい支援者（組織）や当事者の会などとの「つながり」に移行していき、施設経験者が援助のネットワーク（セーフティネット）からこぼれ落ちないようにすることが求められる。実際、ある大学の奨学金支援者にインタビュー調査をしたところ、「少なくとも一年に一度は奨学金の手続きで会うことができ、その他でもこまめに連絡をすることにしている」というエピソードがあった。施設経験者に経済的支援に偏らない支援のネットワークをどう構築していくか。高等教育機関の重要な課題である。

【注】

注１　大舎制はおおむね20名以上の子どもたちが生活する寮舎である。

注２　坪井（２０１１）のデータは２００４（平成16）年までのものなので、２０１５（平成27）年までを「社会養護の現状について」２０１６（平成28）年１月と２０１７（平成29）年12月から追加して筆者が作成した。なお、２０１７年12月のデータは厚生労働省が作成したものを一般社団法人全国保育士養成協議会で転載した

ものと思われる。厚生労働省のデータは掲載一時停止となっているが参考値として集約した。

注３　「障害」という表記は否定的な意味合いがあるなどの理由から、法律用語以外は「障碍」を使用している自治体（兵庫県宝塚市）があるが、２０２１（令和３）年2月の文化審議会国語分科会の国語課題小委員会では、追加が必要なほど頻繁に用いられていないとして常用漢字化が見送られることとなった（朝日新聞デジタル２０２１年2月26日）。なお、文化審議会国語分科会は「障碍」には歴史的に好ましくない意味もあるとする『「障害」の表記に関する国語分科会の考え方』を発表している。

注４　文部科学省初等中等教育分科会資料「平成30年度児童生徒の問題行動・不登校等生徒指導上の諸課題に関する調査結果の概要」参照　https://www.mext.go.jp/kaigisiryo/content/000021332.pdf

注５　このデータは、「児童養護施設入所等児童調査／平成29年度児童養護施設入所児童等調査」表35児童養護施設　入所年長児童（大学進学希望、学年、性）のエクセルデータから筆者が算出した。

注６　総務省のデータは、厚生労働省「社会的養護現況調査」にもとづいて作成されている。しかし、この名称の厚生労働省調査は厚生労働省ホームページでは見つけることができない。

注７　日本経済新聞電子版２０２２年6月8日付「改正児童福祉法が成立　自立支援、18歳上限を撤廃」

【文献】

・Peters, C., Dworsky, A., Courtney, M. E., & Pollack, H. (2009). The benefits and costs of extending foster care to age 21. Chicago: Chapin Hall at the University of Chicago.

・小野善郎（２０１８）社会的養護から成人期への移行支援　児童青年期精神医学とその近接領域、**59**（５）、５７７－５８７頁

・神奈川県社会福祉協議会（２０１０）かながわの児童福祉施設で生活する発達障がいを疑われる子どもたちへの調査

・厚生省児童家庭局長通知（１９８９）養護施設入所児童等の高等学校への進学の実施について　Retrieved from https://www.mhlw.go.jp/web/t_doc?dataId=00ta9067&dataType=1&pageNo=1（２０２２年3月17日）

・厚生労働省子ども家庭局（２０２０）児童養護施設入所児童等調査結果の概要（平成30年２月１日現在）Retrieved from https://www.mhlw.go.jp/content/11923000/000595122.pdf（２０２１年10月７日）
・厚生労働省子ども家庭局家庭福祉課（２０２２）社会的養育の推進に向けて　Retrieved from https://www.mhlw.go.jp/content/000833294.pdf（２０２２年１月27日）
・厚生労働省雇用均等・家庭局家庭福祉課（２０１６）社会的養護の現状について　Retrieved from https://www.hoyokyo.or.jp/nursing-hyk/reference/27-3s2-3.pdf（２０２２年１月11日）
・厚生労働省雇用均等・家庭局家庭福祉課（２０１７）社会的養護の現状について　Retrieved from https://www.mhlw.go.jp/file/06-seisakujouhou-11900000-koyoukintoujidoukateikyoku/0000187952.pdf（２０２２年１月11日）
・厚生労働省雇用均等・児童家庭局長通知（２０１１）児童養護施設等及び里親等の措置延長等について　Retrieved from https://www.mhlw.go.jp/bunya/kodomo/pdf/tuuchi-13.pdf（２０２１年８月30日）
・厚生労働省雇用均等・児童福祉局（１９９９）児童養護施設入所児童等調査結果の概要（平成10年２月１日現在）Retrieved from http://www.mhlw.go.jp/toukei/saikin/hw/jidouyougo/19/dl/01.pdf（２０２２年８月30日）
・厚生労働省雇用均等・児童福祉局（２００４）「児童養護施設入所児童等調査結果の概要（平成15年２月１日現在）」Retrieved from http://www.mhlw.go.jp/toukei/saikin/hw/jidouyougo/19/dl/01.pdf（２０２１年８月30日）
・厚生労働省雇用均等・児童福祉局（２００９）「児童養護施設入所児童等調査結果の概要（平成20年２月１日現在）」Retrieved from http://www.mhlw.go.jp/toukei/saikin/hw/jidouyougo/19/dl/01.pdf（２０２１年８月30日）
・厚生労働省雇用均等・児童福祉局（２０１５）「児童養護施設入所児童等調査の概要（平成25年２月１日現在）Retrieved from http://www.mhlw.go.jp/toukei/saikin/hw/jidouyougo/19/dl/01.pdf（２０２１年８月30日）
・柴田一匡・坪井裕子・三後美紀・米澤由実子・森田美弥子（２０１８）児童養護施設における学習・進路の問題とその支援に関する実態調査　子どもの虐待とネグレクト、**20**（２）、２２７－２３７頁
・全国児童養護施設協議会（２０１７）平成28年度児童養護施設入所児童の進路に関する調査報告書
・全社協養護施設協議会編（１９７７）全社協養護施設協議会「養護施設三十年」編集委員会編『養護施設30年

〈資料篇〉』
・総務省行政評価局（２０２０）要保護児童の社会的養護に関する実態調査結果報告書　Retrieved from https://www.soumu.go.jp/main_content/000723061.pdf（２０２１年８月10日）
・都築忠義・相良順子・宮本友弘・家近早苗・松山武士・佐藤幸雄（２０１３）児童期における知能と学力の変動パターンの検討（２）――オーバーアチーバー、アンダーアチーバーに着目して　聖徳大学研究紀要、**24**、41－45頁
・坪井　瞳（２０１１）児童養護施設の子どもの高校進学問題――非進学者の動向に着目して　大妻女子大学家政系研究紀要、**47**、71－77頁
・鶴田和美（２００１）『学生のための心理相談――大学カウンセラーからのメッセージ』培風館
・中山芳美（１９８２）養護施設児童の教育権保障についての一考察――高校進学問題を中心に　帯広大谷短期大学紀要、**19**、93－１０７頁
・ブリッジフォースマイル（２０２０）全国児童養護施設 退所者トラッキング調査 ２０２０（https://www.b4s.jp/wp-content/uploads/2021/04/report-tracking-research-2020.pdf）
・保坂　亨・村松健司・中山雪江・大川浩明・長尾真理子（２０１１）被虐待児の援助に関わる学校と児童養護施設の連携（第２報）　子どもの虹情報研修センター平成22年度研究報告書
・三菱ＵＦＪリサーチ＆コンサルティング（２０２１）児童養護施設等への入所措置や里親委託等が解除された者の実態把握に関する全国調査報告書　Retrieved from https://www.murc.jp/wp-content/uploads/2021/04/koukai_210430_1.pdf（２０２１年８月20日）
・村松健司・坪井裕子・波多江洋介・塩谷隼平・樋口亜瑞佐（２０２１ａ）社会的養護経験者に対する大学教育支援の基礎的研究３　日本福祉心理学会第19回大会発表論文集
・村松健司・坪井裕子・塩谷隼平・波多江洋介・樋口亜瑞佐（２０２１ｂ）社会的養護経験者に対する大学教育支援の基礎的研究２　日本教育心理学会第63回総会発表論文集、４５５頁
・文部科学省初等中等教育局特別支援教育課（２０１２）通常の学級に在籍する発達障害の可能性のある特別な教育的支援を必要とする児童生徒に関する調査結果について　Retrieved from https://www.mext.go.jp/a_menu/shotou/tokubetu/material/_icsFiles/afieldfile/2012/12/10/1328729_01.pdf（２０２２年４月27日）

コラム❸

社会的養護（養育）

村松健司

一般の方たちに「社会的養護という言葉を知っていますか」と尋ねると、筆者の経験では、「知っている」という反応は一割ほどに過ぎない。この用語は、今も耳慣れない言葉であるようだ。

社会的養護は、「保護者のない児童、被虐待児など家庭環境上養護を必要とする児童などに対し、公的な責任として、社会的に養護を行う」と定義され、その対象児童数は、約４万２０００人である（厚生労働省子ども家庭局家庭福祉課、２０２２）。社会的養護には「家庭養育」と「施設養育」がある。「家庭養育」は里親、ファミリーホーム（要件を満たした養育者が居宅で複数の子どもを養育する）が該当する。「施設養育」は子どもや家族のニーズ、課題に応じて複数の施設がある。そのうち、母子生活支援施設、自立援助ホームを除く各施設の特徴を記載した（表③-1）。

この10年ほどで社会的養護は大きく様変わりすることとなった。国の施策として、「家庭的養護と個別化」が社会的養護のキーワードとなり、施設ケアの小規模化が進んでいる。施設で家庭的養育を行うことは「家庭的・養育」とされ、「家庭養育」「施設養育」と区別されている。

２０１７（平成29）年には家庭養育推進を明確にした「新しい社会的養育ビジョン」が示され

表③-1　入所施設の概要

	乳児院	児童養護施設	児童心理治療施設	児童自立支援施設
対象年齢	乳児または幼児（必要に応じて就学前まで入所可能）	保護者不在、被虐待等、養護が必要な児童（必要に応じて幼児と20歳までの入所が可能）	18歳未満の児童（必要に応じて20歳までの入所が可能）	18歳未満の児童
特徴	乳児（障害児を含む）の心身の健康と発達を保障する	安定した環境の提供と、生活、学習、家族支援を行いながら、自立を支援する	心理的・精神的問題を抱えている子どもたちに、心理治療を実施するとともに、施設内の分級と連携しながら総合的な治療・支援を実施する	非行などの行動問題および「家庭環境その他の環境上の理由により生活指導等を要する児童」に対し、心の安定と自立に向けた支援を行う（保護処分としての入所措置があり、設置母体は大多数が公立）
スタッフ	医師、看護師、保育士、児童指導員、栄養士、心理士等	児童指導員、保育士、栄養士、嘱託医、心理士、家庭支援専門相談員等	医師、心理士、児童指導員、保育士、看護師、栄養士等	児童自立支援専門員、児童生活支援員、栄養士、嘱託医、精神科医師、調理員等
施設数	144	612	51	58
入所児数	2,760	24,539	1,370	1,201

＊施設数と入所児童数は、厚生労働省子ども家庭局家庭福祉課（2022）から引用した。

た。「新しい養育ビジョン」は、２０１６（平成28）年の児童福祉法改正に連なるもので、子どもは権利の主体であり、その養育支援を家庭から代替養育においても充実させること、さらに実親による養育が困難である場合は、養子縁組などによる永続的解決（パーマネンシー）と里親委託を推進することを明確にした。これにはおおむね5年以内に年間１０００組以上の特別養子縁組を成立させるなどの数値目標が設定された。

施設ケアは、年数が限定

され（乳幼児は数か月、学童期以降は1年以内。また、特別なケアが必要な学童期以降の子どもでも原則3年以内）、生活環境は小規模化、地域分散化が目指されている。今後、「小さな施設」はいたるところに作られ、その後里親委託になって地域の学校に通学することが予想される。社会的養護（養育）には、「施設養育から家庭的養育、そして家庭養育へ」という大きな流れがある。

地域住民はもとより教育関係者にとって、社会的養護はこれまでよりずっと身近になることは間違いない。より良い教育支援のために、教育関係者が社会的養護（養育）に関する知識や情報に触れる機会を増やしていく必要がある。

【文献】

・厚生労働省子ども家庭局家庭福祉課（２０２２）社会的養育の推進に向けて　Retried from https://www.mhlw.go.jp/content/000833294.pdf（２０２２年1月11日）

コラム❹

成人年齢の引き下げとグレーゾーン

保坂　亨

２０２２（令和４）年４月から、明治以来の民法改正により１４７年ぶりに成人年齢は18歳に引き下げられた。しかし、それに先立つ２０１７（平成29）年の児童福祉法の改正によって、社会的養育においてはそれまでの18歳から22歳まで保護期間が延長できることになっている。これが第５章で児童養護施設の子どもたちの大学進学への支援について取り上げた根拠でもある。さらに、現在検討中の改正案は、こうした「天井」をなくし、年齢で一律に線引きする制度からの転換を目指している。すでに、「令和３年度　社会保障審議会児童部会社会的養育専門委員会　報告書」においては、施設入所など社会的養育経験者に対しては「20歳や22歳といった年齢」ではなく、「他の福祉制度へのつなぎができる」時点まで自立支援を提供することが明記された。社会的養育のもとにある子どもたちが「大人」へと移行する過程において、孤立や経済的困窮に陥りやすい実態が明らかになったことによる政策転換である。

また、第４章でも触れたように、同時に２０２２年４月から少年法も改正されて、犯罪行為をした18、19歳は「特定少年」と位置づけられた。こうして起訴された「特定少年」の実名報道が可能となってから初めての事件で、甲府地方裁判所が19歳の被告を実名で発表して注目された。

しかし興味深いことに、全国紙はいずれも朝刊で実名を掲載しつつ、インターネット上の記事の配信については対応が分かれる事態となった。テレビでもその多くが記事も含めてすべて実名で報じ、顔写真を放映したところもあったが、ある社はテレビとネットで顔写真の対応を変えた。１９５８（昭和33）年に「非行少年の氏名、写真などは報道すべきでない」と定めた新聞協会指針も、今回の少年法改正に合わせて改定されたが、「補記」として「氏名、写真などの掲載は各社の判断において行う」とした（注１）。新聞記者として「少年」の事件史を追った川名（２０２２）は、報道機関が法律とは異なる基準で実名と匿名を使い分けてきたことを明らかにし、「少年」は時代によって変化すると論じている。

一方で、２０２３（令和５）年からは裁判員裁判となった場合に裁く側の裁判員として18、19歳が選出されることはあまり知られていない。もともと裁判員法では、裁判員の資格を「衆議院議員の選挙権を有する者」と定め、２０１５（平成27）年の公職選挙法改正で18歳に下がったが、裁判員裁判の参加年齢は例外的に附則で20歳以上に据え置かれていた。しかし、今般の少年法の改正にともなってこの附則が削られることとなったが、当然国会の審議は少年法の改正そのものに集中し、特に法律家やメディアから注目されることはなかった。裁判員制度の在り方を考える市民団体の弁護士らも知らなかったというほど、これまで十分に周知されてきたとは言い難い（注２）。

本シリーズでは、再三「子ども」と「大人」の境界が曖昧になったことに触れてきた。結局のところ、「成人年齢」の引き下げについては、1994（平成6）年の子どもの権利条約批准以降およそ四半世紀（25年）、あるいは憲法改正手続きをめぐって2007（平成19）年に成立した国民投票法以降10年以上にわたって紆余曲折の議論がなされてきたのである。『子どもと法』の著者である齋藤（2022）は、「この経緯自体、子どもと大人の区別・境界線がいかに恣意的に設定されてしまっているかを如実に表している」と指摘している。先の川名（2022）も、民法上成人となった18、19歳が、少年法では「少年」でもある「奇妙な存在になった」と記す。

結局のところ、この「子ども」と「大人」のグレーゾーンが広がり、年齢で線引きすることに無理があるということであろう。民法上は、「18歳成人」で決着したかに思えるが、実際のところは上記のようにグレーゾーン（『続・移行支援としての高校教育』第4章第1節参照）がより露わになったといえるだろう。

【注】

注1　朝日新聞2022年4月12日付記事「特定少年19歳を殺人罪などで起訴　全国紙5紙は実名報道」。毎日新聞2022年4月8日付記事「甲府夫婦殺害、19歳起訴　「特定少年」実名報道の初ケース」。朝日新聞2022年4月15日付記事「17歳以下より刑罰対象が拡大。起訴時から実名報道も可」、同2022年8月31日付記事メディアと倫理委員会「特定少年の実名報道　重い判断」など。なお、同記事のメディアと倫理委員会委員である森亮二委員（弁護士）は、この問題が「実名報道の原則」全体に対して大きな問題を提起していると述べているが、筆者も以前、同じことを論じた（保坂、2010）。

注2　朝日新聞2021年12月8日付記事「裁判員『18歳以上』周知不十分」。同12月11日付記事「18歳裁判

員　幅広い参加に向けて」など。

【文献】

・川名壮志（２０２２）『記者がひもとく「少年」事件史――少年がナイフを握るたび大人たちは理由を探す』岩波書店
・齋藤宙治（２０２２）子どもと大人の境界線を問い直す――『子どもと法』の発刊に寄せて　東京大学出版会ＵＰ、**５９５**、１‐５頁
・保坂　亨（２０１０）『いま、思春期を問い直す――グレーゾーンにたつ子どもたち』東京大学出版会

第6章 教員を目指す高校生への支援

笠井孝久

第1節　教員を目指す高校生へのキャリア支援の実際

本シリーズでは、「移行支援」という視点で高校教育を捉え、発達精神病理学や発達心理学の観点から高校教育の意義や制度の変遷、それにともなう課題などについて論じてきた。全入に近い高校進学率や社会的情勢の変化にともなう生徒たちのニーズや高校に求めるものの多様化に、高校教育が十分に対応できていない現状が指摘され、生徒の現状、ニーズを意識した取り組みを紹介しながら、その必要性や留意点にも言及してきた（小野・保坂、２０１２、２０１６）。

生徒の多様なニーズに対応した取り組みのひとつとして、教職を目指す高校生への支援がある。これまで本シリーズで取り上げられた実践例は、さまざまな理由で従来の一般的な高校教育にはついていけない生徒のニーズに応えた取り組みが多かったが、総合学科の設置や教師を目指す高校生への支援などは、それとは別の意味で生徒のニーズに応じた取り組みといえるだろう。

高校段階での教員養成（教員を志す高校生に対するキャリア支援）をめぐる動きは、生徒のニーズに応じた教育内容を提供する総合学科や特色のある学科、コースの設立の流れや少子化による高等学校の再編の動きの中で、広がりつつある。その背景には、団塊世代といわれる教員の大量退職や教員の働き方の問題による教職志望者の減少傾向の中で、社会の変化にともなって山積する教育課題に対応できる優秀で熱意のある教員が求められている状況がある。

現在行われている教員を志す高校生に対するキャリア支援は、その実施主体や実施の形態、内容など、それぞれで特徴的な取り組みが行われており、高校外で行われる高校生の移行支援の例としても検討する意味がある。本章では、実際に行われている四つの取り組み概要を紹介するとともに、教員を志す高校生に対するキャリア支援の意義について考える。

１　京都市立塔南高等学校「教育みらい科」

京都市南区にある京都市立塔南高校の教育みらい科は、２００７（平成19）年に国内初の教育

表6-1　塔南高校「教育みらい学」の履修状況（平成30年度シラバスより）

学年	科目名
1年次	【共通】人間学Ⅰ（2）、教育チャレンジⅠ（2）、言語技術Ⅰ（2）、HR活動（1）
2年次	【共通】人間学Ⅱ（1）、教育チャレンジⅡ（1）、HR活動（1）、 【文系】国語研究（2）、自然科学C（4） 【理系】自然科学基礎A・B（各2）、自然科学A・B（各4）
3年次	【共通】人間論（2）、社会科学（2）、数学研究（2） 【文系】歴史研究A・B（5）、自然科学基礎演習（2）、言語技術Ⅱ（1） 【理系】自然科学研究A・B（5）、自然科学演習（3）

＊カッコ内の数字は単位数を表す。

系専門学科として開設した。教員を志望している高校生に対して、高校段階から教職に関する専門的な内容を学習する学科である。

教育みらい科の特徴は、専門学科として独立しており、独自の教育課程で学習する点である。高校入学後に、希望する生徒が教職に関する科目を履修することができる「コース制」ではなく、受験の段階で教育みらい科を選択し、そこに合格する必要がある。教育みらい科は１学年に１クラス（40名）なので、原則３年間同じクラスで学校生活を送ることになる。

教育みらい科では、３年間で30単位程度の「教育みらい学」という科目群を履修する。教育みらい学は、「志・知性・実践力あふれる教員」を理想とする教師像と設定し、教員になるための基礎的な資質能力の向上を目指す独自の科目であり、表６－１にあるように履修することになっている。

教育みらい学を含む教育みらい科の教育課程では、三つの特徴的な取り組みが行われている（注1）。ひとつ目はさまざまな体験的活動、実践を通して行われる「教育チャレンジ（総合的な探究の時間）」の取り組みである。体験活動や見学、研究的活動等を通して、教員という仕事に関する知識や技能を身につけ、深化させることを目的としている。具体的には「教育チャレンジⅠ」（1年次）という科目で実施する海外研修旅行がある。ここでは海外の高校生との交流や教育事情を見学する経験から、日本の教育ついてこれまでと違う観点から考える経験になる。「教育チャレンジⅡ」（2年次）では、1年次の終わりから前期にかけて、各自の関心事からテーマを設定し、それを探究する「教育課題探求」を行う。探究（研究）の基礎を学ぶことから始まり、グループディスカッション、高校教員による指導などを通して、自分のテーマを掘り下げていく。7月には連携大学の教員から指導、助言を受ける機会もある。そして9月には研究をまとめ、発表会を行う。

さらに2年次後期には近隣の小学校で1週間の「学校現場実習」を行う。子どもたちと触れ合ったり、教員の仕事を見学したり、手伝いをさせてもらう機会となるが、授業をさせてもらう機会もある。1か月ほど前から準備を始め、小学校の先生方に指導をしてもらいながら、授業の作り方を学び、指導案を書き、1時間の授業に臨む。まさに教員の仕事を体験する機会となっている。

ふたつ目は専門科目である。専門科目は、教員として必要な知識・技能や教職への理解を深める内容を学習する。「人間学Ⅰ」（1年次）では、家庭基礎の内容を中心に、人の生活にかかわる内容や人の発達、特に子どもの時期の発達を詳しく学ぶ。また「人間学Ⅱ」（2年次）では、教育課題探究、現場実習への取り組みと関連づけながら、自己理解、他者・集団とのかかわり、望ましい人間関係などについて理解を深める。

三つ目はさまざまな課外活動である。高校での学習の他に、近隣小学校が放課後に開設している「放課後学び教室」や「夏休みふれあいキャンプ」にボランティア・スタッフとして参加し、勉強を教えたり、遊んだりして、子どもとのかかわりを実践したり、先生方の補助をすることで教員としての動きを学んだりする。

以上のように、教育みらい科ではさまざまな体験的学習とそれを支える専門科目の組み合わせにより、高校生の教職への理解を深めるプログラムが進められている。教育みらい科の最大の特徴は国内唯一の専門学科であることである。高校入学の段階から教職に対する強い動機を持つ生徒たちが、同じ志を持つ生徒と常に一緒に活動するという強みを持つ。クラスとしての凝集性や教職に関する科目以外の学校生活、学校行事等さまざまな場面で教職と関連づけたかかわりが展開できる。一方で、教職に対する意欲に温度差を感じたり、その後の進路変更が難しい部分があるかもしれないが、教職を学ぶ専門学科の意義を考えるうえで貴重な取り組みである。

2　千葉県立高等学校の教育基礎コース等の取り組み

千葉県では、県立学校改革推進プラン（第一次）における「魅力ある県立学校づくりの推進」の一環として、県立高校に教員基礎コース等が設置されている。2014（平成26）年に安房高校と千葉女子高校に、2018（平成30）年には我孫子高校と君津高校に教員基礎コースが設置され、将来教員になることを志望している高校生に対するキャリア支援を行っている。また、成東高校では、選択科目の中に、学校指定科目として「教員基礎」を設定し、教職に関心のある高校生が受講し、教職についての理解を深める機会を提供している。教員基礎コースではないが、教職に関心のある高校生への支援という意味では教員基礎コースと同じ役割を果たしている。

千葉県の公立高校に設置されている教員基礎コースは、入学者の中で教職に関心のある生徒が選択科目として教育の基礎的な内容を学ぶ科目を履修する形態をとっている。それぞれの高校が、特色のあるカリキュラムを展開している。以下に、各学校の活動の概要を述べる。

【安房高等学校】

安房高校の教員基礎コースは、2・3年次にかけてカリキュラムを実施する。2年次に履修する「教員基礎」では、教職に関する基礎的な理解を深める学習や近隣の小・中学校、幼稚園での教職体験実習（3日間）、大学教員による講義（土曜日、5コマ）などを行う。3年次には、「教員基礎」に加え、「教育基礎課題研究」という科目を履修する。「教育基礎課題研究」では、教員へのインタビュー、恩師への手紙、実習生から話を聞くといった教職に対する理解を深める活動やそれぞれが関心のある教育課題を選び、それについて調べたことを発表する「課題探究」を行う。

【千葉女子高等学校】

千葉女子高校の教員基礎コースは、毎年40名程度の参加者があり、1年次、2年次に各2科目を履修する。１年次の「教育基礎講座Ⅰ」では、土曜日午前の時間に大学教員による講義を受ける（２コマ×７日）。また「教育体験Ⅰ」では、夏季休業中の３日間、近隣の小学校で水泳指導の補助や宿題サポート等を行う（「お兄さんお姉さんと学ぼう」）。さらに冬季休業中の２日間は学童保育で子どもたちと遊んだり、学習の手伝いをしたりしてボランティア活動を行う（「学童保育ボランティア」）。

２年次には、「教育基礎講座Ⅱ」という科目で１年次とは異なる内容で大学教員による講義を受ける（土曜日午前、２コマ×７日）。「教育体験Ⅱ」では、特別支援学校を訪問し、子どもたちと交流したり、先生の手伝いをさせてもらう「特別支援学校ボランティア」（１日）と関心のある教育課題をグループで調べ、発表する「課題研究」を行う。

【成東高等学校】

成東高校は、２０１７（平成29）年度の単位制への移行にともない、学校設定科目として「教育基礎」が設定された。教員基礎コースではないが、教職に関心のある高校生に対して、教職への理解を深めるための取り組みを行っている。「教育基礎」は３年生が履修でき、大学教員による講座（４コマ）に加え、近隣小学校で実習体験を行う。小学校での実習は、年間10～12日（１日２時間）、学校を訪問し、児童とのかかわりや先生の補助等の活動を行う（サブティーチャー体験）。

【我孫子高等学校】

我孫子高校の教育基礎コースは、学年を問わず、希望者がその年の授業プログラムに参加することで、単位を習得していく。参加者の学年に応じて、1年次は「教育体験Ⅰ」、2年次は「教育体験Ⅱ」、3年次は「教育基礎」という科目を履修するが、内容は同一である。これらの科目は卒業要件にはなっておらず、1年間だけの履修も可能である。そのような参加のしやすさもあってか、２０１９（令和元）年度には70名を超える生徒が参加した。授業の内容は次のようなものがあり、講座、体験を合わせて必要な時間数（日数）の参加で単位が認定される。

ア　集中講義＝夏季、冬季の年2回、2泊3日の合宿形式で実施される（通いによる参加も可能）。内容は、大学教員による講座の授業であるが、講座は同一時間にふたつの講座が開講されており、参加者は興味のある講座を選択して受講する。2泊3日で10コマを受講する。

イ　高校での授業＝火曜7限に設定されている。高校教員による講義、ボランティア活動の事前指導、合宿の振り返り、現職教員や教育実習生から話を聞く、などの活動を行う。

ウ　学習ボランティア＝夏休みなどの長期休業中に近隣の小中学校を訪問し、児童生徒の学習の補助を行う。

エ　インターンシップ＝幼稚園、小学校、特別支援学校、子育て支援センター等で、子どもたちとの触れ合い、指導の補助などを通して、教員の仕事を体験する。

【君津高等学校】

君津高校の教員基礎コースは、3年間を通して、各学年で1科目（1単位）を履修する。1年次「教育総論Ⅰ」では、大学教員による講義（2回）の他に、近隣の幼稚園、小学校、特別支援学校で運動会や文化祭の手伝いをする「学校行事ボランティア」、公民館の子どもクラブの活動を手伝う「公民館子どもクラブボランティア」、中学校の夏季学習会で先生の補助として学習支援を行う「学習支援ボランティア」、小学校の授業観察、教育実習生の話を聞くなどの活動を行う。

2年次の「教育総論Ⅱ」では、大学教員の講義、教育関係の大学に進んだ卒業生の話を聞く機会の他に、特別支援学校に体験実習（1日）に行ったり、自分たちで実際に授業をつくり、小学校で実践する「お兄さんお姉さんと学ぼう」を行ったりする。

3年次の「教育総論Ⅲ」では、読書活動や教育体験活動の事前事後学習への参加、交流学集会への参加などを行う。

それぞれの高校で、特色のある取り組みが展開されているが、年に一度、千葉大学教育学部において、教員基礎コース等を持つ高校の生徒の交流学習会が開催され、生徒同士の交流や情報交換などを行う機会を提供している。２０２１（令和3）年度には、安房高校と千葉女子高校の教員基礎コース1期生が大学を卒業し、千葉県の教員になった者が複数名いることがわかっている。

3　大阪教育大　教師を目指す高校生に対する特別プログラム「教師にまっすぐ」他

大阪教育大学では、複数の大阪府立高校（府立高校教職コンソーシアム（注2））と連携し、教員を志望している高校生に向けた取り組みを行っている（表6－2参照）。活動内容は、教員を志す

表6-2　大阪教育大と大阪府立高等学校教職コンソーシアムとの連携交流事業

・高校生育成プログラム「教師にまっすぐ」

　教師になりたいという夢や志を持つ高校生に対して、その夢を膨らませ、志をより確かなものにできるように、大学教員、院生・学生スタッフが中心となって展開するプログラム。

　コンソーシアム加盟校の1、2年生から参加希望者を募り、年間4～5日のプログラムを実施。

　大学生・院生との交流、オープンキャンパス・キャンパスガイドへの参加、現代の教育的課題について探究するワークショップなどの活動を行う。

・キャンパスガイド「大教大をまるごと体験しよう!」

　コンソーシアム加盟校・附属高校の生徒・教職員が対象。教師を志望する生徒、興味のある生徒に、教師の魅力と大阪教育大学の魅力を伝えるミニオープンキャンパス。

　大学生による大学生活の紹介、学生ボランティアが案内役となって施設見学、クラブ活動紹介。特別講義、教員・大学生・高校生によるパネルディスカッション。

・作文コンクール “Leading to the Future”

　全府立高校、高等部生徒を対象として、「未来に向かって一教育・夢・希望一」をテーマとした作文のコンクールを行う。作文を書くことを通して、現在と未来の自分について思いをめぐらせ、教職への夢や覚悟をより確かなものにするとともに、府立高校、支援学校高等部生徒の思いや考えを共有、発信することを目的としている。

・メールマガジン「学びの架け橋」

　このメールマガジンは、大学から府立高校への情報の提供、連携交流事例の紹介、加盟校の先進的な取り組みの紹介等を主な目的として、大阪教育大学が年に2～4回のペースで発行している。上記の内容の他に、加盟校出身学生の紹介や加盟校校長のリレーエッセイなどで構成されている。

・教師塾「教師の学び舎」

　府立高校の全教員を対象として（コンソーシアム加盟校の教員から府立高校の教員へ拡張）、現職教員のスキルアップを目指す取り組み。毎月1回土曜日午後の時間を使って、全3回を同一テーマで学習するクール（区切り）として実施。大学院生、学部生も参加。

・出前授業「大教大レッスン」

　大学教員が高校に出向き、大阪教育大学ならではの授業を行う。

・高校訪問「大教大キューピッド」

　学生が、大学と母校をつなぐキューピッドの役割を果たす。母校を訪問して、大教大の魅力、教師の魅力などを高校生に伝える。

（https://osaka-kyoiku.ac.jp/liaison/society/schoolteaching_consortium/より）

高校生を対象としたものの他に、高大連携事業や現職教員へのサポートなど多岐にわたっている。ここでは、教員を目指す高校生を主たる対象とした活動について紹介する。

・高校生育成プログラム「教師にまっすぐ」

府立高校コンソーシアム加盟校の１、２年生を対象に、教員という同じ志を持つ高校生たちが、講義やグループワークを通じて、教職を具体的にイメージする機会と互いに刺激し合い、未来の教員をイメージすることを目的としている。

実施に先立ち、コンソーシアム加盟校に要項を送り、希望者に申し込んでもらう。初年度（２０１６（平成28）年度）は58名の高校生が参加、２０１９年度には91名の参加者があった。

２０１９年度の「教師にまっすぐ」は、７月～12月の間に、全５回（５日間）の日程で実施された（内容は表６－３参照）。

・キャンパスガイド「大教大をまるごと体験しよう！」

「大教大をまるごと体験しよう！」は、大学全体のオープンキャンパスとは別に、府立高校教職コンソーシアム加盟校に在籍する高校生を対象としたキャンパスガイドである。

内容は年によって若干異なるが、おおよそ次のような内容が実施されている。大学生によるカリキュラムや学校生活の紹介、学生応援団（学生スタッフ）によるクラブ活動の案内・学内施設

表 6-3　令和元年度「教師にまっすぐ」活動内容

第１回（7月）	（午前）オープニングセレモニー 大学生、大学教員との交流「魅力ある先生とは」 （午後）講演「教員養成大学で学ぶことの意義」 グループワーク①「なぜ学校で勉強するのか」 ワークと発表
第２回（7月）	大教大のオープンキャンパスに参加。
第３回（8月）	グループワーク②（午前）大学生、大学院生とともに、テーマを選んで現代の教育課題について「研究」する。テーマは「小学校の授業づくり――子どもを見る目を養おう――」、「グローバル時代における英語教育」、「プログラミング的思考を養う」、「君も彫刻家、１トンの粘土と格闘だ！」他 （午後）調べたこと・考えたことを、グループ全員で工夫して発表する。
第４回（10月）	キャンパスガイド「大教大をまるごと体験しよう！」 大学生による大学・学生生活の紹介、施設見学、学食体験、模擬授業 パネルディスカッション、質問コーナー
第５回（12月）	講演とワーク：「教師にまっすぐ」をふり返る 「課題研究小論文」の講評と表彰、小論文発表 修了式

（千葉大学教育学部附属教員養成開発センター，2020より）

の見学、学食での昼食、理系・文系それぞれの特別講義、作文コンクールの表彰、パネルディスカッション、高校生の質問に大学生、大学教員が答える質問コーナーなどが行われる。毎年２００名を超える参加者がある。

大阪教育大の取り組みは、教職に対する理解や知識を学ぶ機会であるだけでなく、府内のさまざまな高校の同じ志を持つ生徒同志が参加し、交流する機会としても意味があると考えられる。そして何より、教員を目指している大学生、現職教員の大学院生、大学教員等との交流により、大学の魅力を伝え、大学を身近に感じる経験を提供している。高校生にとっては、教職を目指して大学で勉強をすることが具体的にイメージできる貴重な経験になっていると考えられる。

２０２１年度はオンライン開催であったが、参加者が２８０名であった。また「教師にまっすぐ」は、２０２１年度より大阪教育大で実施される「大学入学共通テストを課す学校推薦型選抜」の出願要件のひとつとして認められることとなった。

４　奈良県立教育研究所「奈良県次世代教員養成塾」

「奈良県次世代教員養成塾」は、奈良県教育委員会が県内の関連大学と連携・協力しながら、奈良県内の高等学校等に在籍する小学校教員を目指している生徒を対象に、高校在学中の２年間（前期プログラム）と教員養成系大学進学後の４年間（後期プログラム）の６年間を通して実施されるプログラムである。高校、大学を通して実施されるプログラムは、国内初の試みで非常に珍しい。

高校生を対象とする前期プログラムは、「奈良県の小学校教員を志望する高校生の皆さんが、これからの奈良県の教育を担うために必要な資質や能力（教育観、コミュニケーション能力、情熱・人間性等）を、同じ目標を持つ仲間と共に、講座やその中の交流、体験、振り返り等を通して、身につけること」（募集要項より抜粋）を目的として、毎年10月から始まり、翌年の８月までの10か月間、およそ月1回、土曜日の午後を利用して全10回の講座等が行われる。

このプログラムの対象となるのは、将来奈良県の小学校教員になることを志望している（注

表6-4　奈良県次世代教員養成塾　前期プログラム第1期（2018年）の内容

第1回（10月）：ガイダンス・教員へのビジョン
第2回（11月）：人間理解・他者理解を深める
第3回（12月）：郷土を愛すること
第4回（1月）：外国語とコミュニケーション
第5回（2月）：先生を目指す私
第6回（4月）：私も小学生だった
第7回（5月）：「理科」は好きですか
第8回（6月）：短歌・俳句を学び、作ってみよう/絵本を紹介しよう
第9回（7月）：大学生の間にやっておくべきこと
第10回（8月）：私の理想の先生像
＊前期修了レポートの提出

（竹村・石井・河﨑，2019より）

３）県内の高等学校、中等高等学校、特別支援学校に在籍する高校２年の年齢に当たる生徒で、原則としてすべての講座に参加できること、在籍する学校長の推薦を受けること、小学校教員養成課程に進学し、「奈良県次世代教員養成塾後期プログラム」を継続して受講する強い意志があることという条件に該当する者である。高校の指定や公私立の区別なく、応募の条件を満たすすべての学生が対象となる。２０２１年度第４期前期プログラムには80名が参加している。

全10回の前期プログラムは、連携大学が中心となって運営され、回ごとにそれぞれの大学を会場として実施される。受講生にとっては、いろいろな大学の教職員とかかわったり、大学の施設を見たりする経験となる。２０１８年度に実施された第１期前期プログラムの内容は、表６－４のようなものであった。

このプログラム全体ならびに各講座の内容は、高校生のキャリアデザインに資する内容であることや各回で受講生に伸ばしたい力を明確にし、その力をつける内容にする、各回の中に必ず「交流」「体験」「振り返り」の時間を設ける、「学習者」としての多様な経験が教育観を育むという経験から、「学ぶことの楽しさ」を基盤に「教えることの楽しさ」につながる内容にする、などのポイントを踏まえて構成されている。（表6－4参照）

後期プログラムは、奈良県立教育研究所が運営を担当し、前期プログラムを修了して大学の小学校教員養成課程に入学した大学生を対象に実施される。大学1、2年次では、年間3回（1回3時間）の講座で、講義の他に、自らの読書活動、社会体験活動、インターンシップなどの題材を通して、交流、レポート、報告書の提出などを実施する。

大学3年次は、教育研究所において、講義、授業づくりの実践、模擬授業、授業づくりや人権教育、道徳教育、生徒指導等に関する研修など、全8回（1回3時間）の講座を実施する。

奈良県教育委員会の取り組みは、高校、大学を通して教職について学ぶ機会を提供する、教育委員会ならではの活動である。また、2006（平成18）年から教員コースを開設してきた奈良県立高田高校の「教育アンビシャスコース」では、この取り組みをコースのプログラムの一部として取り入れており、教員コースと県教委の取り組みの連結がどのような成果を生むのか、非常に興味深い。

第2節　教員を目指す高校生へのキャリア支援の意義

これまで見てきたように、教員を志す高校生へのキャリア支援にはさまざまな形態がある。それぞれ、実践の主体となる組織の強みを生かしたプログラムになっている。京都市立塔南高校教育みらい科や千葉県立高校の教員基礎コース等、高校が主体となっている取り組みでは、履修する単位の中にプログラムを位置づけ、一年を通して、かつ複数年をかけて計画的にプログラムを進めていく。また、近隣の幼稚園、保育所、小中学校、特別支援学校、公民館等と連携して、教育現場での実習体験なども行っている。

大阪教育大の取り組みは、高校（府立高校教職コンソーシアム）との連携で、高校生に教職の魅力を伝える活動をするとともに、教員になるための大学での学習や生活に対するイメージを喚起させるプログラムとなっている。特定の高校だけでなく、大阪府内の多くの高校の生徒が参加できることも強みである。

奈良県教育委員会の取り組みも教育委員会ならではの試みである。この取り組みでは、高校、大学の6年間を通して、学生の成長、経験に応じた学習内容を提供していく。対象は奈良県内にある高校のすべての生徒であり、前期プログラム（高校生の時期）は県内の課程認定を受けている大学が講義を担当し、受講生にはいろいろな大学の様子を知る機会にもなっている。

このような違いは、主催するそれぞれの組織の取り組みのねらいにも影響を受けていると考えられるが、いずれにしても、これらの取り組みに参加した高校生にとっては、「教員」という仕事の内容を理解したり、これまでは受ける側で見ていた「教育」を教える側の視点で見る経験をしたり、児童生徒一人ひとりの個性や個人差を理解したり、現在の自分が「教員」や「教育」に対して持っている理解や考えを確認し、それをこれからどのようにしていきたいかなどを考えたり、これらのことを同じ志を持つ仲間に発信し、共有したりする経験となっている。

筆者らは、千葉県内の教員基礎コース等を修了し、千葉大学教育学部に入学してくる学生に協力を依頼し、年に1回インタビュー調査を行っているが、そこでは、教員基礎コース等での活動が役に立っている、という意見が多い。「学習の内容は今考えると、基本的なものが多いが、当時はそれでも難しいと思った。でも入学して、一度似たようなことをやっているから、他の学生に比べれば余裕があったと思う」、「観察実習なども、子どもにかかわる経験をしているので、どういう視点で観察したらいいか、などを考えながらできたと思う」といった意見が多く聞かれた。また、「同じことを学んでも、高校のときに理解していたことと、大学であらためて学んだことは違っていた」といった答えも多かった。自信や焦らないことにつながったと答えた学生もいた。

これらのインタビューから、教員基礎コース等での経験が大学での学習に役に立っているばかりでなく、いろいろな子どもたちとかかわったことやブレイン・ストーミングをして皆で意見を出し合ったり、研究をまとめて皆の前で発表したりした経験が「こういうことをやってきた」という自信につながっている様子が窺えた。

一方、「自分には教師は難しい」、「向いていない」と思う生徒もいるだろう。しかし、それもこれらの取り組みの成果のひとつと考えられる。自分を理解する貴重な経験だと考えられる。また、たとえ教職を選択しなくても、教育について考えたり、子どもたちとかかわったり、課題を調査してまとめ、発表したりする経験は、きっと本人の役に立つだろう。

教員という仕事は、子どもたちがもっとも身近に接する職業のひとつであり、将来の職業の選択肢になる可能性も高い職業である。近年、労働環境の問題や採用者数の減少などの要因で教職に就くことを敬遠する傾向も見られ、教員採用試験の倍率や教員養成系大学の受験倍率は以前に比べれば低くなっているが、それでも教員になりたい人は一定数いる。他の領域の学科やコースのように、もっと多くの高校に教員を志す高校生を対象とした学科やコースが設置されてもよいのではないかと感じる。

しかし現実には、教員を志す生徒への支援を行っている高校は、あまり多くない。２００６年に全国に先駆けて教職について学ぶコースが設置された奈良県立平城高校は２０２２年３月廃校となった。生徒数の減少による高校再編等もあり、教職という内容から、学科やコースを設置したり、維持したりすることが難しい部分があるのかもしれない。他にも、インタビューをした学生からは入試の課題もあげられた。学校指定科目「教育基礎」が選択科目に含まれていると、受験に必要な科目が履修できなくなる場合があるという。また、教員を志望していても、入試のための勉強に時間を割きたいので、「教育基礎」を受けないという生徒もいたという。教育基礎コース等でいい経験を積んでも、それと入試は別、という現実が高校生たちに悩みを生じさせている部分もあるようだ。

教員を志す高校生へのキャリア支援は、高校生の教職に対する理解を深めたり、教員の仕事について知る機会になるだけではなく、自分を振り返ったり、他者や社会とのかかわりや子ども（人間）の発達について考える貴重な経験となる。現在、教育現場はさまざまな課題を抱えているが、これからの国をつくっていくうえで教育は非常に重要な要素であり、そこに携わる教員にも大きな期待が寄せられている。ここで示したような取り組みや機会がより多くの高校や大学、自治体でも実施され、教職に関心のある高校生の支援が広がることが望まれる。

第３節　移行支援の観点から、教職を目指す高校生へのキャリア支援を考える

教員を志す高校生へのキャリア支援を移行支援という観点から考えると、ふたつの点で特色がある。一点目は、〝教員〟という職業に焦点を当てたキャリア支援の取り組みであることである。高校教育には、ある職業に就くための専門的な知識や技能の習得を目的とする学科やコースはあるが、多くの場合、高校を卒業後、すぐにその職業に就く可能性がある。また、将来、理数系科

目や語学、国際感覚が求められる職業に就くための大学進学を目指すカリキュラムを持つ総合学科やコースなどが設置されているが、ある職業を目指すためのキャリア支援というよりは、大学に入学するための学習という色合いが濃い。そのような意味で、教員を志す高校生へのキャリア支援は、これまでの高校生へのキャリア支援の中でも独特なものといえる。

この取り組みの意義や効果は前に述べたとおりだが、一方で、高校で学んだことが進路と直結しにくいという部分もある。そのもっとも高いハードルは大学受験である。高校で教員になるための勉強をしても、なかなか希望する大学に入学できないといった声を聞く。教職について学ぶ授業と受験勉強をどう両立させるか、高校時代は受験勉強を優先したほうが良いのではないか、といった悩みや迷いを持つこともあるという。こういった悩みや迷いに現実的に対応しつつ、高校時代にそのような経験ができることの意義などをしっかりと伝えていくようなサポートが必要である。

二点目は、高校外の機関が、高校生のキャリア支援にかかわっていることである。本章では教育委員会と大学の取り組みを紹介したが、このような取り組みは、高校生へのキャリア支援（移行支援）のモデルケースとして考えることができる。

教員を志す生徒に対するキャリア支援は、高校時代で終わるものではなく、実質的な養成機関である大学、採用・研修を管理する教育委員会において継続して行われる必要がある。これまでは、高校は高校、大学は大学とそれぞれの段階でのキャリア支援が行われてきたが、本章で紹介した取り組みは、教員養成、採用にかかわる高校、大学、教育委員会等が連携し、かつ継続的にキャリア支援を行っている実践例として捉えることができる。

前述したように、高校時代に教職について勉強しても、教員になるまでには、大学入試や大学での学習、教員採用試験など、まだまだ高いハードルがある。その間、学生たちの教員を志望する気持ちを支え、実力をつけさせるためには、教育委員会や大学が連携、協力し、教員にはどのような人材が求められているか、そのためにどのような学習・経験が必要か、さらにそのような学習・経験をするためにどのような支援が準備されているかなどを高校生の時期から示していくことが役に立つだろう。

また、教員として採用する立場の教育委員会、教育界に学生を送り出す立場の大学からの意図を高校生に伝えることで、「合格しやすいから」という理由や知名度で教員養成系大学・学部を選んだり、大学に入ってから、あるいは教員になってから、「自分のやりたいことと違う」といったミスマッチを起こしたりすることを減らせる可能性もある。

キャリア支援を通して大人への移行支援を行うために、高校、大学といった枠にとらわれず、関係機関が連携・協力しながら、支援を継続させていくような在り方を検討していくことが望まれる。

【注】

注1　２０１９（令和元）年11月24日　教育フォーラム「教員を志す高校生へのキャリア支援を考える」（千葉大学）における京都府立塔南高校改革推進部部長　末房和真先生（当時）の講演による。

注2　府立高校教職コンソーシアムは、優れた資質を備えた次世代の教員を育てるために、大阪教育大学をはじめとする近隣の教育系大学と連携して、「教師になること」を具体的にイメージできる機会を提供することを目的として、２０１４（平成26）年に結成された。２０２１（令和３）年度は42校（府立高校のおよそ３割）が加盟している。

注3　対象者の要件として、募集の段階では、教員を志望しているが、小学校と決めていない者の受講も認められている。詳しくは「奈良県次世代教育委員会養成塾　募集要項」を参照のこと。

【文献】

・大阪教育大学府立高校教職コンソーシアムとの連携　https://osaka-kyoiku.ac.jp/liaison/society/schoolteaching_consortium/
・小野善郎・保坂　亨（編著）（２０１２）『移行支援としての高校教育――思春期の発達支援からみた高校教育改革への提言』福村出版
・小野善郎・保坂　亨（編著）（２０１６）『続・移行支援としての高校教育――大人への移行に向けた「学び」のプロセス』福村出版
・恩知忠司（２０１５）高大連携の新たな展開――「府立高校教職コンソーシアム」との連携を通して　大阪教育大学教職教育研究センター（編）教育実践研究、**9**、45-49頁
・恩知忠司（２０１６）高大連携の新たな展開〜その後――「府立高校教職コンソーシアム」との連携事業を通して　大阪教育大学教職教育研究センター（編）教育実践研究、**10**、69-80頁
・竹村謙司・石井宏典・河﨑智恵（２０１９）「奈良県次世代教員養成塾」の取組と教育効果の検証――受講者へ

の質問紙調査等の比較結果から　奈良県立教育研究所（編）研究紀要、（2）、１-16頁（http://www.e-net.nara.jp/kenkyo/index.cfm/21,2811,c,html/2811/20210322-080256.pdf）
・千葉大学教育学部附属教員養成開発センター（２０１６-２０２０）「教員基礎コース」等交流学習会報告書
・千葉大学教育学部附属教員養成開発センター（２０２０）教育フォーラム「教員を目指す高校生へのキャリア支援」報告書
・福永光伸（２０１８）教師をめざす高校生の学びを支援する――「大阪府立高校教職コンソーシアム」連携事業「教師にまっすぐ」の取組から　大阪教育大学教職教育研究センター（編）教育実践研究、**12**、１０１-１１１頁

※本章は、平成30年度-平成33年度文部科学省科学研究費助成金　基盤研究（C）課題番号１８Ｋ０２３８４「教員を志望する高校生へのキャリア支援――学部教員養成以前の教職カリキュラムを考える」（研究代表者：笠井孝久）による調査研究のデータの一部を使用している。

コラム❺

教員養成の開放性

笠井孝久・保坂　亨

近代国家の成立とともに制度化された公教育としての小学校（初等教育）は、大量の教員を必要としたため、その養成を目的とした官立師範学校が設立された。この師範学校の授業料無償制・学費支給制のもとで学んだ学生は、卒業後試験を受けることなく各府県の小学校に採用・配属され、服務義務期間が過ぎるまで勤務することとされていた。この閉鎖的な計画養成を担った師範学校を中心とする教員養成は、戦前の全体主義（国家主義）の温床となったという批判から、アメリカ占領軍の主導による教育改革によって大きく転換されることとなる。そして、幅広い視野と高度な専門的知識・技能を持つ多様な人材を養成するために、「大学における教員養成」と「開放性」という理念が打ち立てられ、教員養成は大学で直接に教育を行うシステムとなったのである（保坂、２０２１）。

現在、教員になるためには、教員養成系大学や総合大学における教育学部のような教員養成を主眼とした学部で単位（教員免許）を取得する場合と、教職課程として認定を受けている一般の学部で教職単位を取得する場合の大きくふたつのパターンがある。前者で教員免許を目指す学生たちには、同じ目標を持つ仲間がいるという大きなメリットがある。一方で、学習や活動を進める中で、教職に就くことが難しいと考えるようになったり、教員に対する興味や意欲をなくしたりした場合は、進路変更が難しかったり、クラスの中で居心地が悪くなったりする場合もある。また、はじめから教員を志望していない学生もいるが、皆が教員に向かって活動している中で教職に向けた圧力のようなものを感じて居心地の悪い思いをすることもある。一方後者では、自分の専門クラスというホームグラウンドがあるので、普段の生活の使い分けはしやすいだろう。しかし、教職免許のための学習や活動は「本業＋α」になる部分も多いので、負担にもなりうる。実際、教職免許の取得を途中であきらめる学生は少なくない。

教職を目指す高校生へのキャリア支援でも、京都市立塔南高校教育みらい科のように学科として設置されているタイプ（専門学科制）と千葉県立高校の教員基礎コースのように、希望者が当該コースを受講できるタイプ（コース制）がある。前者が教員養成系大学や総合大学における教育学部で、後者が教職課程として認定を受けている一般の学部で、教職単位および教員免許を目指すかたちに似ている。このような養成コースの違いは、キャリア支援としてどのような影響を持つのかは検討に値する課題であろう。

そもそも「子ども」から「大人」への移行にあたり、専門人材の育成にあたっては、医学部や法科大学院のように閉鎖的なシステムと、教職課程など開放性を特徴とするシステムが併存している。そして、少子化にともなう高等学校再編の流れの中で、高校段階で教員や医師（コラム❻）などを目指す高校生へのキャリア支援が活発化している。たとえば、千葉県教育委員会も

２０２４年度から教員基礎コース設置校を従来の４校から７校へと拡大することを決定した。こうした専門人材の育成にあたって、移行支援としての高校教育が果たす役割も検討課題である。

【文献】

・保坂　亨（２０２１）教員の養成・採用・研修について　千葉大学教育実践研究、**24**、13－22頁

コラム❻

医師を目指す高校生への支援

保坂　亨

奈良県教育委員会が小学校教員の育成に乗り出したように、医師不足に悩む地方では、地元教育委員会がその地域の医療を担う医師を育成する支援が広がっている。全国で二番目に医師が少ない（2018年人口10万人当たり）とされる茨城県では、2020年度から県立高校5校で2年生からの「医学コース」を編成している。また、北海道教育委員会は、夏休みに道内各地から高校2年生を集めて「メディカル・キャンプ・セミナー」を実施して、地域医療の担い手となる医師を育てたいとしている。さらに、医学部への進学実績がある私立中高一貫校などでは、医師を目指す生徒のために中学校段階から医科系大学と連携したさまざまなプログラムを展開している。

しかし、「教員養成の開放性（コラム❺参照）」とは対極的に位置する医師の養成は、医学部卒業が医師国家試験の受験資格となる「閉鎖性」を特徴とする。それゆえ必然的に医学部を受験して合格することが第一の関門、それも狭き門となり、大学入試の難易度を示す偏差値の上昇がそれを示している。それを踏まえると、医師を目指す高校生への支援が医学部「受験」のための「指導」に陥らないようにしなくてはならないだろう。

専門人材の育成という視点からは、もうひとつ費用の問題が生じている。すでに地方の医師不足を解消するために、地方自治体と大学医学部が地元地域で医師として働くことを前提にした入試枠を設けている。文部科学省によると2020年3月時点で、全国80大学（自治医科大学を除く）の医学部のうち70大学が設けており、定員は総定員の18％に当たる1679人となっている。この背景として、2004年度からスタートした、医師が研修先を選びやすくした臨床研修制度によって、地方の医師不足が問題となったことがあげられる。このため厚生労働省が「地域枠入学試験」への参画を各自治体・大学に呼びかけ、2003年度44人にすぎなかった地域枠の定員が拡大されていった。

この制度には、在学中の奨学金が支給される場合もあって、医師免許取得後に決められた一定期間その地域で働かない場合に「ペナルティ」を課すという問題が生じている。たとえば、2021年度から山梨県は、山梨大学医学部の地域枠の学生に対して、「県内で9年間働くという約束を守らない場合」に最大で約800万円の「違約金」を求める制度を設けた。これにより受け取った奨学金と利息を含めて最大2000万円を一括で支払う場合もあるという。また、厚生労働省も、2017年から全国の医療機関に地域枠の医学部6年生の実名リストをメールで配信するなど、地域枠の学生が事実上県外の研修先を選べなくする措置を講じている。さらには、日本専門医機構が、都道府県の「同意」を得ずに研修を始めた「離脱者」を専門医として認定しない方針を打ち出した。出身県内の指定公立病院等に勤務することを条件に学費免除となる自治医科大学や、自衛隊医官を養成する防衛医科大学でも同様に、決められた就業期間途中で退職して費用を返還するケースが少なくないという（注）。

これは、地方の人材育成、とりわけ教員・医師などの専門家の育成に際して、その費用はどこまで個人が負担するのか、そしてどこから公（国・地方自治体）が負担するのかという大きな問題を含んでいる（保坂ら、２０２２）。

【注】

朝日新聞２０２１年12月27日付記事「医学部地域枠　締め付け『厳しすぎる』」

【文献】

・保坂　亨・林　陽一・佐々木結花・増沢　高（２０２２）人材育成に関する調査研究――専門職の養成と任用後の育成に関する研究　子どもの虹情報研修センター２０２０（令和２）年度研究報告書

第７章　定時制高校生への卒業支援

大塚朱美

第１節　ある定時制高校の実態

１　在籍状況

（１）入学検査と入学者

定時制高校の入学検査は、一般に、定員が満たされるまで４回すべての検査が行われることが多い。ある公立定時制高校（１９４８（昭和23）年代開校の全日制併置の夜間定時制）のＸ年度のある

表 7-1　ある定時制高校の入学検査

検査回	時期	科目	受検者	合格者	入学者	検査実施の有無	
						定時制	全日制
1回目	2月中旬	面接・作文	14	14	14	○	○
2回目	2月下旬	国語・数学・理科 社会・英語	3	3	3	○	○
3回目	3月中旬	面接・作文	11	11	10	○	※
4回目	3月下旬	面接・作文	1	1	1	○	※

○検査実施多い　※検査実施少ない

クラスＥ（学年1学級、40人定員）の入学検査は、表７－１・表７－２のように、１回目は第一希望校を推薦で受検する検査で、検査科目は面接と作文であり、受検者は14人であった。受検者の背景は、１年間１００日以上の欠席（以下、長期欠席）および30日以上の欠席（以下、欠席）のある８人、過年度４人（重複）、経済的困窮２人、外国籍２人、欠席および評定の記入のない１人、成人１人であった。２回目は従来からある一般的な検査で、検査科目は国語・数学・理科・社会・英語であり、受検者は３人と少なかった。受検者の背景は、長期欠席および欠席のある２人、外国籍１人であった。３回目は定員に満たなかった場合に行われる検査で、全日制高校ではほとんど実施されないため２回目で合格しなかった生徒が受検することが多く、検査科目は面接と作文であり、受検者は11人であった。受検者の背景は、欠席のある１人、特記事項がない10人であった。４回目はこの年度の最後に行われる定時制高校では多く実施される検査で、検査科目は面接と作文であり、受検者は１人であった。受検者の背景は、欠席および評定の記入のない１人であった。最終的には、受検者29人全員が合格し、そ

表 7-2　4 年間の在籍状況と進路

No	検査回	中学 3 年間の欠席	1 年	2 年	3 年	4 年	転機	進路
1	1 回目	21・158・55	→	→	→		退学	
2		122・34・10	→	→			退学	
3		2・107・81	→	→	→	→	卒業	就職
4		7・7・1	→	→	→		退学	
5		76・199・191	→	→			退学	
6		3・10・1	→				退学	
7		7・89・141	→				転学	
8		159・20・0	→				退学	
9		63・28・12	→	→	→	※1 三修制	卒業	専門進学
10		2・69・188	→	→	→	三修制	卒業	進学浪人
11		/・27・7	→	→	→	→	卒業	就職
12		17・6・0	→	→	→	→	卒業	就職
13		/・/・/ 注1	→	→			退学	
14	成人※2	/・/・/	→	→			退学	
15	2 回目	11・19・68	→	→	→	三修制	卒業	専門進学
16		181・92・63	→				退学	
17		/・/・0	→	→	→	→	卒業	就職
18	3 回目	12・22・37	登校せず				退学	
19		0・4・0	→	→	→	→	卒業	未定
20		注2	入学せず					
21		6・0・0	→	→	→	→	卒業	未定
22		9・12・5	→				退学	
23		0・1・0	→	→	→	→	卒業	進学浪人
24		6・3・26	→	→	→	→	卒業	就職
25		6・11・7	→	→	→	三修制	卒業	専門進学
26		8・10・5	→				退学	
27		0・1・4	→				退学	
28		4・4・0	→	→	→	三修制	卒業	進学浪人
29	4 回目	/・/・/	→	→	→		退学	
30	転入			→	→		転学	

注 1　書類の欠席欄が未記入であった
注 2　把握することができなかった
※ 1　3 年間で卒業する制度
※ 2　No.14は成人であった

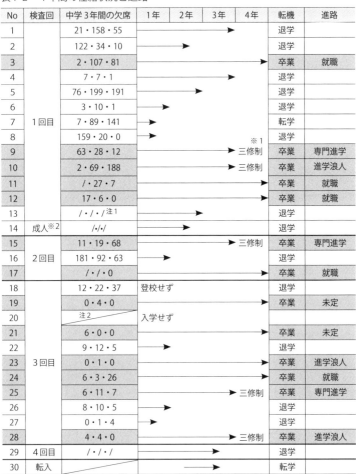

表 7-3　中学時代の欠席と評定　　入学者 28 人中

欠席日数による分類	人数（人）	率（%）
①欠席 30 日未満の生徒	15	53.6
評定の記載がある生徒 評定の記載がない生徒	再掲（12） 再掲（3）	（80） （20）
②欠席 30 日以上の生徒	11	39.3
100 日以上の長期欠席がある生徒 3 年間すべてに 30 日以上の欠席がある生徒 3 年間のいずれかの学年に 30 日以上の欠席がある生徒	再掲（8） 再掲（2） 再掲（1）	（72.7） （18.2） （3.6）
③欠席および評定の記載がない生徒（成人 1 人含む）	2	7.1

の中で１人が入学辞退し、入学した生徒は28人であった。

入学者の中学時代の欠席と評定については表７－３のように、①は欠席が１年間で30日未満の生徒で、15人（53・6％）であった。内訳は、評定の記載がある生徒は15人のうち12人（80％）、評定の記載がない生徒は15人のうち３人（20％）であった。②は欠席が１年間で30日以上の生徒で11人（39・3％）であった。内訳は、長期欠席がある生徒は11人のうち８人（72・7％）、１年間30日以上の欠席が３学年すべてにある生徒は11人のうち２人（18・2％）、３年間のいずれかの学年に30日以上の欠席がある生徒は11人のうち１人（３・６％）であった。③は欠席および評定の記載がない生徒で２人（７・１％）であった。内訳は、成人の受検のため欠席や評定を記載する用紙がない１人と、欠席と評定の記載がないことから中学では不就学と考えられる１人であった。

（２）４年間の在籍状況

〈１回目検査〉

１回目検査を受検した生徒は長期欠席のある生徒が多く、他

表7-4　入学検査別の中退・転学者率（人）

検査回	入学者	中退・転学者	率（%）
1回目	14	9	64.3
2回目	3	1	33.3
3回目	10	4	40.0
4回目	1	1	100

に過年度および経済的困窮、日本語に困難のある外国籍や成人であった。このことから、検査科目が面接と作文のみのため学習習熟度が問われないこと、人数の少なさから人との接触やクラスの圧迫感が少ないこと、夕方からの登校であるためきょうだいの世話や仕事と両立できることなど、それぞれの生徒の困難をカバーできるという理由で定時制高校を受検していると考えられる（稲垣・和気、2007：佐野、1999）。

中退は転学も含めて表7-4のように、1年次、2年次、3年次とも3人ずつで合計9人（64.3%）と、他の回の検査を受検した生徒に比べて人数がもっとも多かった。転学は1年次に1人であり長期欠席の生徒であった。高校の中退は1年次に多い（青砥、2009）といわれているが、長期欠席がある生徒は、1年次は他の学校への転学も含めて多いが、2年次と3年次にも多くの生徒が退学している。このことから、不登校経験のある生徒は、心機一転高校では頑張ろうと入学するが、学習面や心理面、経済面等の家庭の事情などで乗り越えなければならない困難が大きく、何らかの支援がなければ高校生活を卒業まで継続するのは難しい（古賀、2015：朝比奈、2008：本間、2003：生田、2000：佐野、1999）と考えられる。

卒業は5人（35.7%）であり、その中の2人が三修制で卒業している。進路内訳は、進学1

人、就職3人、進学浪人1人であった。卒業した生徒は少ないが5人の進路が進学か就職であり、その中の2人が三修制を選択していることから、卒業した生徒は入学時から目的を持って高校生活を過ごしていたことが考えられる。

〈2回目検査〉

2回目検査は5教科の科目試験の成績で評価されるため、長期欠席で低学力の生徒はこの回の検査の受検を避ける傾向があるが、3人のうち2人は長期欠席等があっても受検しているため、学力の問題は少なかったことが考えられる。また、受検者の中の1人は中学3年次に来日した外国籍の生徒で、働きながら学べる定時制高校を受検したと考えられるが、検査科目など受検制度の理解が十分ではなかった可能性がある。

中退は、1年次に長期欠席のある生徒1人（33・3％）のみである。卒業した2人（66・7％）の進路は、三修制で1人進学し、もう1人は四修制（4年間で卒業する制度）で就職をしている。三修制は学年途中から選択することはできず、入学した時点から他の生徒より1時間早く登校し授業を受け、検査科目も多くなるような負担を認識して選択している。また、中学3年次に来日した外国籍の生徒も、日本語や学習の困難がありながら卒業して就職している。これらのことから、入学時点から目的を持って学校生活を過ごしていたことが考えられる。

〈3回目検査〉

合格後に1人が入学を辞退し、合格者10人のうち唯一欠席が多めだった生徒が入学後に1日も登校せず中退している。中退は4人（40・0％）であり、退学時期は全員が1年次であった。このことから、希望していた高校に合格することができずに、やむを得ず定時制高校を受検したと考えられる。また卒業した生徒6人（60・0％）の中で進学浪人2人、進路未定2人が進路を確実にすることができなかった。この受検で入学した生徒は、定時制高校には不本意入学という思いを強く抱き高校生活を有意義に過ごせなかったのではないかと考えられる（本間，２００３）。

卒業した6人中、三修制利用は2人であり、この制度を利用した人の進路は進学1人、進学浪人1人であった。その他卒業した4人の進路は、就職1人、進学浪人1人、未定2人であった。三修制で卒業した生徒の1人は進学浪人であるが、この三修制利用の2人は入学時から3年で卒業することを認識し、目的を持って学校生活を過ごしていたと考えられる。しかし、その他の生徒の1人は就職できたが、他の3人は進路を決定できなかったことから、不本意入学である場合は入学後の目標設定には混乱や時間がかかることが考えられる。

〈4回目検査〉

4回目の検査で入学したのは1人であり、その生徒が高校3年生の夏休みに中退したため中退率は１００％である。中学は不就学であっても高校の2年半は問題がなかったことから、高校には行きたいという希望や意欲があったと考えられる。

クラスE全体の4年間の在籍状況は、表7－2のように入学時は28人、1年次で1人が転学し7人が中途退学（以下、中退）、2年次で1人が転入し5人が中退、3年次で1人が転学し2人が中退した。三修制で卒業したのは５人。４年間でクラスEに29人が在籍し、卒業したのは13人（44・８％）であった。

不本意入学の場合は１年次に多く、中学時代に欠席が多かった場合は２年次・３年次にも中退が多く、入学検査ごとの背景により中退時期に違いがあった。全体としては４年間にわたって中退が続き、中退したのは16人（55・２％）と大変に高い中退率となっている。

三修制利用で中退した生徒はおらず、卒業した生徒は５人（17・９％）で、入学背景の違いは見られず卒業後は全員が進学を志向していた。このことから、定時制高校に入学しても卒業を意識し、特に進学をするという目的があることで、全日制高校と同様に意欲的に３年間の学校生活を送れたのだと考えられる。

正規採用で就職した５人は高校時代のアルバイトを含む職業体験を行った職場であったことから、働くという体験は非常に有効であるといえる。働くという経験は、社会の中の役割を担い報酬を得ることで自己有用感につながり人間的成長が図られる（大塚、２０１９）。また、定時制高校の始業は夕方であることから、日中に働くことへの支援が可能となる。そこで、思春期のテーマである自立にとって体験を通して内省を深めることが新たな学びとなっている（小野・保坂、２０１６）。

進学浪人３人と卒業時点で進路が未定の２人は、卒業時点で確実に進路決定できなかったといえる。これに中退者14人を合わせると、入学者29人中19人（65・５％）である。このクラスEで

表7-5　ある定時制の3年間の中退率（人）

	1学年（充足率%）	2学年	3学年	4学年	合計	中退率
X年度	28（70%）	12	8	8	56	
X+1年度（前年度差）	39（97.5%）	21（-7）	10（-2）	6（-2）	76	11/76（14.5%）
X+2年度（前年度差）	16（40%）	23（-16）	15（-6）	5（-5）	59	27/59（45.8%）
X+3年度（前年度差）	7（17.5%）	12（-4）	21（-2）	8（-7）	49	13/49（26.5%）

は、入学した生徒のうち約3分の2の生徒が進路決定できなかったといえる。青砥（2009）や古賀（2015）が述べるように、高校から社会への移行がスムーズにできない場合にはさまざまな困難が生じることが予測される。

（3）中退率と非卒業率

文部科学省の定義による中途退学率（以下、中退率）は、その年度の5月1日現在の在籍者に占める中退生徒の割合であり転学生徒などは含まない。これをある定時制高校に当てはめてみると、表7－5のように、X年度とX＋1年度の差により、中退総数11人（7＋2＋2）とX＋1年度の生徒合計76人から14・5％となる。その次の年度は、X＋1年度とX＋2年度の差により、中退総数27人（16＋6＋5）とX＋2年度の生徒合計59人から45・8％となる。さらに次の年度は、X＋2年度とX＋3年度の差により、中退総数13人（4＋2＋7）とX＋3年度の生徒合計49人から26・5％となる。この3年間の中退率の平均は、28・9％である。

一方、非卒業率は、ある年度に入学した生徒が卒業に至らない

表7-6　X年度に入学したクラスEの4年間の非卒業率（人）

	1学年	2学年	3学年	4学年
X年度在籍数	28			
X+1年度在籍数		21		
X+2年度在籍数			15	
X+3年度在籍数				8（+三修制5）
在籍率／卒業率 （在籍数／総数）	96.4% （27/28）	72.4% （21/29）	51.7% （15/29）	44.8% （13/29）
転入数	0	1	0	0
転出数	1	0	1	0
退学数	0	7	5	2
非卒業率 （転出数・退学数／総数）				55.2% （16/29）

生徒の割合であり転学生徒も含まれる。これをクラスEに当てはめてみると、表7－6のように、X年度に入学したクラスEの4年間の非卒業率は、中退総数＋転出数16人（1＋7＋6＋2）と入学および転入の総数29人から55・2％となる。このように、定時制高校の場合、入学定員数を満たすことが少なく、年度により入学生徒数も大きく異なる場合、中退率と非卒業率は大きく異なってくる。

2　さまざまな背景を持った定時制高校の生徒たち

（1）中学時代に不登校があったが三修制で大学進学したF

Fは中学時代に不登校で病院に入院歴があり定時制高校に入学した。日中は飲食店で調理のアルバイトをしながら登校していたが、高校2年の途中から徐々に欠席が続くようになった。そのときに、同じクラスに経済的理由で定時制高校に入学し、アルバイトの収入で学費や生活費、その後の進路の費用を賄わなければならないクラスメートGと行動を共にすることが多かったことから、卒業後の進路を考える機会をつくるために、教員の勧めでキャリア研究部を立ち上げ卒業後の進路にふたりで取り組むようになった。その後は、欠席することは無くなり、飲食系に関心があったために栄養士を目指して大学調べを行い、ＡＯ入試にて大学進学した。大学では、勉強がはじめはわからないことが多かったが、コツコツと勉強を続けたことで成績が下位から徐々に上位になった。大学祭では人との関係なども学びたいと考え、大学祭の実行委員も行ったりした。大学卒業後は、地元の病院に管理栄養士として就職した。

（2）中学時代に母親の死と経済的困難があったが三修制で授業料免除で専門学校に進学したG

中学時代に母親が死亡し、その後に父が再婚した継母との関係がうまくいかず、経済的困難が理由で定時制高校に入学した。明るく元気で、成績優秀な生徒であった。日中は食べ物関係の販売のアルバイトをし、その収入で学費や生活費、その後の進路の費用を賄わなければならないため、はじめは進学を考えていなかった。高校２年の途中からクラスメートFとキャリア研究部で進路を考え始めた。関心のある分野は飲食系であったが、進学となるとその学費は支払えないため授業料免除の学校を探し、栄養士の免許が取得できる専門学校の寮の食事を作ることで授業料免除になる定員１名に合格し進学した。専門学校卒業後は、障害者施設に栄養士として就職した。

（3）中学時代の不登校や小児慢性特定疾患があり高校入学後に治療や大人の介入拒否をしたH

小学校時代に小児慢性特定疾患にり患し、中学時代は不登校ぎみで保健室登校であった。母親は不在で父親が定職に就いておらず、経済的困難があったため定時制高校に入学した。中学時代までは治療や大人の介入は素直に対処していた。しかし、高校入学と同時に、友だちの家に入り浸るようになり、治療を支援してきた看護師や保健師、養護教諭の介入を拒否するようになり、「なぜ自分だけが」と言い治療も中断し、疾患の受容ができずにイライラした毎日で、遅刻・早退・保健室休憩などが多くなった。友人との関係もトラブルが多く不安定で問題行動があり、はじめはアルバイトも続かなかった。その後、保健室での受容的なかかわりにより徐々に現状が受け入れられるようになり、卒業間際の長期欠席などにより成績や欠席日数がぎりぎりであったが卒業した。卒業できるか最後までわからなかったため、進路は未定のまま四修制で卒業した。卒業後はアルバイトで生計を立てている。

（4）問題行動が多く学習に集中できなかったが四修制で職業訓練校に進学したI

中学時代に問題行動により学習に集中できなかったため、希望する高校の入学検査に合格できず定時制高校に入学した。高校でも、学校には学習道具は一切持参せず、集中して授業を受けることは難しかった。また、何度も喫煙や非行行動で家庭謹慎や特別指導を受けた。高校３年のときの特別指導によりひとりで考える時間ができ、そのときにスクールカウンセラーや教員が話を聞いてくれたことがきっかけで頑張ろうと思い進路を具体的に考えた。父親を尊敬していたため、父親と同じ自動車の整備の資格を目指して進路を決めた。進学した職業訓練校では、計算問題が苦手で授業も厳しかったが、目標に向かう強い気持ちであきらめずに何度も取り組んでいるうちにわかるようになり、他の学習にも集中して取り組むことができたため卒業することができた。職業訓練校卒業後は、地元の自動車販売店で車の整備士として就職した。

（5）きょうだいの世話や経済的困難により中学時代はほぼ全欠席であったが高校は皆勤であったJ

高校3年次末で中退した。中学では経済的困難があっても年齢的にアルバイトはできず、親に代わってきょうだいの世話をせざるを得なく長期欠席となっていたと考えられる。定時制高校では学校が夜間のため、日中にきょうだいの世話も行い、アルバイトもしながら登校ができるようになった。中学時代は長期欠席であったため学力に困難があったと考えられるが、高校ではアルバイトを行い欠席なくクラスメート数人と楽しそうに学校生活を過ごしていたことから、人間関係には問題はなかったと考えられる。高校の中退要因は、担任との相性が合わなかったこと、および、担任との調整に親が介入できなかったことが考えられる。

（6）中学時代来日し、働きながら定時制高校に入学した日本語がほとんどできない外国籍のK

高校3年次途中で中退した。親は日本で労働することを目的に来日していたが、日本で働かせる目的で中学3年のときに生徒を日本に呼び寄せたと考えられる。学力と日本語に問題があったと考えられるが、高校生活に困難性は感じられなかった。高校の中退要因は、日本との文化の違いで18歳時に自己決定が尊重される文化を持つ国の出身のため、自国へ帰る選択をした。

（7）中卒では給料の昇給がないため定時制高校に入学した成人L

高校2年次途中で中退した。高校卒業の資格を得ることを目的に入学した。高校の中退要因は、仕事をしながら結婚による新しい家庭を築くことと学校生活とを両立させるには大きな困難があったと考えられる。

第2節　定時制高校の卒業支援

1　定時制高校を卒業した生徒（生徒Ｆ～Ｉ）の語りから見えてきたこと

(1) 友だちとのかかわり

Ｆ「頑張っているクラスメートの存在で頑張れた」、Ｇ「受け入れてくれる友だちとの関係性ができ楽しく、うれしい」「ちょっとしたことでも一緒にいることで関係が深まり、深い話をする機会が増える」「少人数で良かった」「ありのまま受け入れる関係は高校の友だちだから、卒業後の連絡も取り合っている」「友だちはひとりでも欠けたら成り立たない家族」、Ｉ「ひとりでいる子やグループができるが、友だちの存在は大きい」。

これらの語りから、高校時代の友だちの存在の影響は大きく、友だちとの交流や、友だちの頑張っている姿に刺激を受けている。また、友だちとの関係性は、ありのままを受け入れてくれるような関係性であれば、飾らない本来の自分として自己を見つめられている。そして、支え合う信頼関係を礎に、将来に一歩踏み出す原動力になっている。このように、卒業後も関係が継続していることからも、高校での友だちとのかかわりは、その後の人生に大きく影響する要因となっている。

F「アルバイトがうまくできないときの指導を厳しく感じ、だんだん嫌になった」「しかし、引き止めて支えてくれたことで、期待を感じアルバイトを続けられた」「認められてうれしく、頑張ったことで続けられ自己効力感を感じた」、G「学校の給食では、顔が見えて、個を理解し、親のような目線で寄り添う調理の人とのかかわりは楽しく、意味がある」、H「将来を深く考えるきっかけは、停学時にひとりで考える時間が持てたこと」「深く考えたときに、スクールカウンセラーや教員が話を聞いて励ましてくれたとき、頑張ろうと思った」「将来を考え始めたのは、今まで育ててくれた親は偉大で尊敬できる存在で、一生世話にはなれないので親孝行したいと感じたとき」「サポートしてくれた人の思いを支えに頑張った」、I「挫折しそうなときは、中学の先生・親戚・親の『絶対卒業するんだよ』の言葉を思い出した」。

（2）大人とのかかわり

これらの語りから、高校時代に頑張れるのは、横のつながりの友だちだけでなく、縦の関係であるアルバイト先の上司・給食の調理員・スクールカウンセラー・教員・親などとのかかわりが大きく影響している。具体的には、子どもは、親を尊敬できると思える場合は大人のモデルとしての認識が持てるようになる。アルバイト先の上司に、期待されている・認められたという体験から自己肯定感を感じられるようになる。給食時の調理員が個別な話題で関心を持ち心配をしてくれる体験が、親身に寄り添ってくれていると充実感を抱くようになる。教員は生徒に対して話をよく聞き、適時に対応をしたことが前に進む原動力となっている。また、高校時代以前の大人の期待や励ましも、間接的に高校時代に頑張れた要因となっている。

（３）働く経験

Ｆ「定時制でのアルバイト経験から進路を見つけられた」、Ｇ「勉強との両立は大変だが働く経験や部活経験は大切で、社会人への抵抗が消失した」「貯金が進路決定に役立った」、Ｈ「アルバイトは自分の小遣い稼ぎでもあったが、家計のためにも続けた」、Ｉ「アルバイトと学校の両立は大変だが、失敗などが社会経験になるので絶対やったほうが良い」「定時制は仕事ができるので、自分のお金は自分で稼いだ」。

これらの語りから、働く経験から自分のやりたいことの探索、適性、やりがい、働くことと勉強などとの両立の工夫、自由になるお金の管理など、自己理解や自己管理の仕方を学んでいる。また、仕事を継続することや失敗体験から、社会人としてのマナーや常識などを身につけ、課題への対応能力を高めている。さらに、自分で収入を得るということは、家族とのつながりや社会的自立につながる経験となっている。

（４）高校継続への動機づけ

Ｆ「進路との関係がわかれば高校の勉強に力を入れられた」「高校では早めに進路を考える時間を与えると良い」、Ｈ「将来に不安を感じたとき、前から興味のあった親と同じ道に行こうと思った」「進路を決めたのは卒業の年度の前の年度の冬で、１・２年のときは将来はどうにかなると何も考えなかった」、Ｉ「就職の条件が高卒だから、高卒の資格を持っていることは良かった」「自分でも高卒は自立できる最低ラインと思っていた」「友だちがいなくても、テストができなくて辞めたくなっても、辞めなければなんとかなる」「停学が続き退学勧告されたとき、危ないところまで来ていると振り返る時間が持てた」。

これらの語りから、生徒は、定時制高校へ将来の展望も持たずとりあえず入学し、退学率が高いが、将来仕事をするには高校卒業は最低条件と考えていた。そして、入学した時点から、将来への展望を持たせる働きかけが必要である。将来を展望できたときに、具体的な仕事や役割を認識し、そのためには今何をすべきであるかを考える動機づけになっていた。また、卒業でき仕事に就けたことが達成感となっていることから、卒業と職業をどのように意識づけていくかは非常に重要な視点である。

(5) 生き方に向き合う機会の設定

Ｆ「仕事するうえで最低条件は高卒だからとりあえず高校に進学した」「働くことも視野に入れた高校選びができれば良かった」「不登校で中学に行ってなかったので自分で考えることは難しかった」、Ｇ「自分の好きなものと学校での給食での体験から職業を選択した」、Ｈ「高校時代は将来を考えていなかったため、勉強は意味がないと思っていた」「やればできるようになり、学ぶことの楽しさを知り自信が持てた。高校時代にもっと勉強しておけば良かったと思った」、Ｉ「高校の先生は、生徒に平等に接し、しっかり話を聞いて欲しい」。

これらの語りから、生徒は、今後の生き方に向き合う機会を得ることを期待している。機会は、進学・進級などの新しい節目のそのときや、年度の途中であっても生活状況や心理状態に変化が起こったそのときが適時である。内容は、どんな職種があるのかや具体的な仕事内容を調べ、興味ある職場を直接体験して学ぶことである。また、その職種や資格取得に関連する科目がわかれば、勉強が効果的に行え、成果が上がれば勉強の自信や意欲につながっている。

2　定時制高校の卒業支援に必要なこと

(1) 柔軟な高校受験と思春期の不安への対応

クラスＥの55・２％は高校の卒業という資格を有しておらず、正規就労の機会を奪われ労働市場から排除され（東京都，２０１１）たり、正規就労していても昇給しないという不利益が生じている。また、進路未定と進学浪人および中退者を合わせて65・５％もが確実に進路決定できなかったことになる。高校までほぼ全員が学校という社会組織に所属しているが、高校を中退や卒業しても確実な進路決定ができていない場合、どの社会組織にも属さない可能性が高くなる。このクラスＥの場合約７割もの生徒が該当することになり、このことから高校から社会への高い壁が存在しているといえる。

高校での支援は、文部科学省（２０１６）、関ら（２０１７）、小野・保坂（２０１２）が述べているように、社会で生きていくために必要となる力を身につけることであり、中学までの義務教育の修得状況により、大人として社会参加したり生活に必要な力を養ったりするものである。その内容は、精神的・身体的健康へのリスク（小野・保坂、２０１２）、心理社会的な課題（青砥、２００９）、学習面・行動面、家庭環境、就学に関すること（関ら、２０１７）などである。そして、その支援は専門的な包括的教育となることから、関係機関の関与が必要となる。

定時制高校は多様な生徒が多く入学し、中退率が高い。したがって、高校を卒業し、社会へ移行するためには、一人ひとりの中学までの修得状況がどのようであり、どのような教育的ニーズがあるのかを把握することが、支援を行う前にまず重要である。そのため、対象は関ら（２０１７）も述べているように、診断があることを前提としたものではなく、定時制高校の場合は全員を対象とすることが特に必要であると考える。

高校の中退要因の心理的・環境的不安については、入学背景による違いはなかった。つまり、さまざまな事情や背景があっても、皆がある一定程度に不安は生じるのであろうと考えられる。このことは小野・保坂（２０１６）が述べるように、中学生や高校生の思春期は精神発達の観点から精神的に不安定であるということにもとづいているといえる。さらに、中学生は誰しも受験というタスクに取り組まなければならず、ほぼ全員が高校に進学するのはあたりまえという社会通念が中学生にとっては高校進学という圧力となっていると考えられる。これらのことから、中学や高校での精神保健上の対応や、受験時のさまざまな背景に応じられるよう高校受験に多様な選択肢と柔軟性が必要であると考える。また、高校入学にあたっては、すべての生徒に対する不安に関する理解と対応は、高校生活を円滑に進めるための基本的な事項であると考える。

外国籍の生徒は28人中４人（14・３％）であり３人（75％）が１回目の受検であったことから、外国籍の生徒は働くことを前提に高校を選択していると考えられる。進路については、入学した４人中２人（50％）が不本意入学を背景に中退し、他の２人は進学という選択肢はなく、高校時代に働いていた職場に就職をしている。また、中学で来日している生徒は日本語があまりできなかったことから、高校で新たな知識を学ぶことを目的に入学したとは考えにくい。しかし、高校教育の目的は、教育基本法第１条に「人格の完成を目指し、平和で民主的な国家及び社会の形成者として必要な資質を備えた心身ともに健康な国民の育成を期して行われなければならない」とある。クラスＥの実態を鑑みた場合、高校にほぼ全入している実態や国際化している現代社会においては、高校教育の多様化が課題であると考えられた（小野・保坂，２０１２）。

（２）入学後の支援内容

中学時代にきょうだいの世話をしなければならない経済状況や家庭環境であり長期欠席であったＪは、定時制高校では年齢的にも時間的にも働くことができ、日中にきょうだいの世話もできるため定時制高校に入学した可能性があると考えられた。その理由は、中学時代ではできなかった、同年代の人との交流やさまざまな体験を求めていたのではないかと考えるからである。実際、高校では欠席がなく皆勤であり、放課後の部活も意欲的に行っていた。このように、中学時代で長期欠席があっても、高校ではほとんど欠席しない事例も多かった。このことから、中学校までにはできなかったことを高校ではやってみたいという、夢や希望を持つ可能性が高校進学という機会には存在しているのではないかと考える。また、中学校で長期欠席があっても約34％は卒業し、全員が進学や就職を確実なものにしている。進学した生徒全員が三修制を選択していることから、これらの生徒は入学時から卒業後の進路の夢や希望を強く持っていたと考えられる。どの回の受検であっても入学時から卒業後の進路を意識することが進路決定を確実なものにしていることから、入学時に自分の人生をどう生きるかという目標や卒業後の進路などを意識づけることが重要であると考える（大塚ら、２０１５）。

さまざまな背景を持つ定時制高校の生徒は、友だちや大人とのかかわりが、心理的支えとなって高校時代に頑張ることができ、卒業後も継続して役割を見出していくというキャリア発達に影響していた。友だち形成や関係づくりを支援する内容として、行事の時期や回数、内容を意図的に企画すること、また、日々の生活が学級であることから、学級経営や学級づくりは生徒同士の関係の調整を図りながら行うこと、などが重要であると考える。

社会の中で役割を担い報酬を得るという働く体験から、実に多くの学びや満足が得られ人間的成長が促され、役割認識を持つというキャリア形成につながっていた。このことから、働くことを支援することは有意義である。具体的には、アルバイト場所の見つけ方、面接や試験の受け方、話し方やマナーの支援や、人間関係や学校との両立などアルバイト継続に関する相談支援が考えられる。また、キャリア教育では、勤労観・職業観等の価値観を自ら形成し確立することが重要とされているように、アルバイト以外にもインターンシップや職場体験など、実際の体験を重視する内容を取り入れていくことは効果的であると考える。

【文献】

・青砥　恭（２００９）『ドキュメント高校中退――いま、貧困がうまれる場所』筑摩書房
・朝比奈なを（２００８）進路指導室の椅子（２）　様々な退学理由　月刊高校教育、**41**、56－59頁
・生田純子（２０００）学校教育相談の進め方――スクールカウンセラーや教育相談コンサルタントを経験して　東海女子大学紀要、**20**、89－１０３頁
・稲垣卓司・和気　玲（２００７）不登校生徒の通信制高校適応状況の検討　児童青年精神医学とその近接領域、**48**（２）、１５５－１６０頁
・大塚朱美（２０１９）定時制高校で経験したことから考える社会への移行支援　千葉大学教育実践研究、**22**、37－46頁
・大塚朱美・真田清貴・保坂　亨（２０１５）不登校経験とその後の生活との関係――定時制高校で適応的に過ごしていた事例から　千葉大学教育学部研究紀要、**63**、１０５－１１０頁
・小野善郎・保坂　亨（編著）（２０１２）『移行支援としての高校教育――思春期の発達支援からみた高校教育改革への提言』福村出版
・小野善郎・保坂　亨（編著）（２０１６）『続・移行支援としての高校教育――大人への移行に向けた「学び」のプロセス』福村出版
・古賀正義（２０１５）高校中退者の排除と包摂――中退後の進路選択とその要因に関する調査から　教育社会学研究、**96**、47－67頁
・佐野雅一（１９９９）学費が払えず高校をやめなくてはならないのはおかしい!!――全国私教連・京都私学教職員組合の「経済的理由での退学・学費滞納調査」結果より　部落、**51**、60－65頁

・関あゆみ・姫野完治・安藤　潤・近藤健一郎（２０１７）高等学校における特別支援教育の現状と課題（１）――北海道の高等学校を対象とする実態調査から　子どもの発達臨床研究、**9**、13－22頁
・東京都（２０１１）平成23年度版都立高校白書　東京都教育委員会
・保坂　亨（２０１９）『学校を長期欠席する子どもたち――不登校・ネグレクトから学校教育と児童福祉の連携を考える』明石書店
・本間友夕巳（２００３）高校生の登校を規定する要因と中途退学者への評価意識――中学生との比較　教育実践研究紀要、**3**、１１１－１１８頁
・文部科学省（２０１６）高等学校における通級による指導の制度化及び充実方策について　高等学校における特別支援教育の推進に関する調査研究協力者会議報告

コラム❼

外国にルーツがある高校生

保坂　亨

文部科学省が、外国に育つなどして日本語が十分にできず、「日本語教育」が必要な公立高校生の9％超が中退していたと発表した。同調査では、卒業後に進学も就職もしなかった生徒は約2割（高校生全体では6・7％）、また就職者のうち非正規就職率4割（同4・6％）も明らかにされた（注1）。こうした児童生徒が小中学校に多く在籍していることは、「日本語指導が必要な児童生徒」に関する調査で明らかになっていた。実際、第7章の事例のようにその多くが高校に進学しながら十分な支援がないまま中退してしまったり、卒業しても正規職員にはなれなかったのである。

そもそもこうした児童生徒の高校進学率は6割程度と推計されているが、公立高校入試において一定の条件を満たした生徒のみが受験できる特別枠よって進学しているものも多くいる（注2）。公立高校の入試制度は、各都道府県等によって異なるが、入試に際して辞書持ち込みなど何らかの特別措置が取られている。

一方で、こうした生徒たちに入学後に日本語や教科の支援を実施しているところは少なく、サポートが十分でないことが指摘されてきた。小中学校段階においても、外国にルーツがある子どもたちが多い自治体では、関連支援団体が数多く活動する一方で、数少ない自治体との地域間格差があることがわかっていた。そのため小中学校では、２０１４年から個別に行う日本語指導を「特別の教育課程」として正規の教育に位置づけた。しかし、高校では認められておらず、授業後に別室で補習などとして実施されている。

今回の調査を契機に文部科学省は、その支援の充実を図ってきた。たとえば、千葉県の定時制高校２校では、日本語指導の講師を配置して学校設定科目として「日本語基礎」（2単位）が実施され、日本語が必要な高校生の教材などを開発してきた。両校とも「外国につながる生徒」が全体の２割前後にもなっていて、必要な支援を模索してきた（千葉県教育委員会、２０２０）。

こうした試行の延長として、高校における日本語指導も「特別の教育課程」と位置づける制度化が検討され、２０２２年3月31日に学習指導要領改正が告示（令和4年文部科学省告示第55号）された。これによって、ようやく２０２３年度から高校も、生徒に個別の指導計画を作成して目標を達成すれば単位を認定し、21単位を超えない範囲で卒業の履修単位（74単位以上）に含められることになる。なお、その実施形態として、「他の学校に週に何単位時間か定期的に通学し、指導を受ける」ことが提案されており（文部科学省「学校教育法施行規則の一部を改正する省令等の公布について（通知）」令和4年3月31日）、各都道府県教育委員会がこうした形態をどのように具体化していくかは注目に値しよう。

【注】

注1　朝日新聞 2018年9月30日付記事「日本語教育必要な生徒　高校の中退率9％超」

注2　朝日新聞 2021年6月27日付記事「日本語指導の充実　高校でも外国ルーツの子に『単位認定』文科省検討」

【文献】

・千葉県教育委員会（2020）定時制高等学校における日本語指導を必要とする生徒への支援体制の構築（個に応じた日本語指導の充実に向けた学校の教育力の向上）千葉県立生浜高等学校・千葉県立市川工業高等学校　令和元年度　文部科学省委託事業「高等学校における次世代の学習ニーズを踏まえた指導の充実事業」報告書（第2年次）

第8章　地域貢献人材を生み出すために

西野功泰

はじめに

本格的に少子高齢社会が到来し、ここ北海道でも地域社会の解体が進んでいる。地域力の維持発展に貢献する人材の確保が全国的に課題となる中で、地域の担い手としての「資質・能力」を高めることが教育課題のひとつとなっている。そのために、地域資源と連携することにより、多様な大人の価値観に触れながら本物の体験をすることで、地域貢献人材としての「資質・能力」

の高まりと、自らが何を通じて社会に貢献するかという子どもたちの思考の深まりを呼び覚ますことができるのではないかと考えている。学習課題として、生徒たちに「地域に貢献できることを何か考えましょう」と問うのでは、真の地域貢献人材が育つことはない。なぜならば、他者を思う前に、自分を認められない、自分を好きになれない、あるいは気持ちにそんな余裕がない若者があまりにも多いからだ。

私は教師としてどのような教育活動を行えば良いかと考える際、いつもあるひとりの生徒が頭に思い浮かぶ。Ｍさんである。Ｍさんの高校生活を通じた物語の中に、解決への手がかりがある気がしている。高校に入学した当初、学校生活になじめず、周囲の大人から「大丈夫かい」と声をかけられ続け、学校を休みがちになり、休学までしたが、数年後には、自分の住む地域に貢献したいと教師を志した。なぜそのような変化が生まれたのであろうか。

これから紹介する実践は、困難な状況にありながらも、多くの可能性を秘めた生徒たちと接する中で、目的を共有した者たちとつくりあげた「私たちの実践」である。「私たち」とは、学校の教職員であり、保護者であり、地域の大人たちである。そして、そうした人びとをつなぎ合わせる存在が、次代を担う子どもたちである。子どもたちの成長が大人の希望となり、まちの活力となっていく。

第１節　安心で安全な居場所の必要性

１　居場所を探す子どもたち

私は、一昨年（２０２１年）の春から10年以上勤めた市立札幌大通高等学校（以下、大通高校）を離れて、教育行政職員として市立高校教育改革の仕事に携わっている。夕方までに事務仕事を終えて向かった先は、札幌市立高校学校間連携指定事業（以下、学校間連携プログラム）のひとつ「まちづくり」を題材にしたプログラムに参加する高校生たちの中間成果発表会である。学校間連携プログラムとは、札幌市立高校に在籍している生徒たちが、時間割にある授業以外に参加することができる学修プログラムである。もともとは市立高校数校で生み出された教育プログラムを、生徒間交流ができて、学校外の学修の成果として単位認定できるものとして８校で共有することになったものだ。生徒たちは誰かに強制されたわけではなく、自分たちの意思で参加している。この年は、まちづくりの他にも、食農体験やＳＤＧｓにかかわるプログラムを開講した（注）。すべてのプログラムに共通しているのは、多様な大人の価値観に触れながら、擬似体験ではない、地域を教材とした「本物の体験」ができる点である。

札幌の夏は短い。まちの木々がきれいに色づき始め、そろそろ薄手のコートが必要になった10

月の中旬、外には雪虫がそこかしこに舞い始める。この時季の札幌は、夕方５時を過ぎるとあたりはすっかり暗くなってしまう。中間成果発表の会場は小学校の廃校跡地を活用した地域のコミュニティスペースと案内された。そこは、子育て環境の充実と地域コミュニティの維持向上を図るために、子どもを中心とした多様な連携や交流が生まれる場を創出することを目的として活用されている。

目的地に到着し、建物がある敷地内を歩いていくと、一か所だけ電球色のあかりが灯っていた。どうやらそこにはキッチンカーが停車し、子どもたちに温かい食べ物を配っているようだ。これまで教師としてさまざまな家庭事情を抱える生徒たちと出会う中で、自然と「普通」「一般的」という言葉を避けるようになっていたが、日常的に子どもたちとかかわってきた身としては、この時間、家族と一緒に食卓を囲みながら夕食をとっていてほしいと願っている。事情を知らなければ、薄暗い道を歩く子どもたちの姿を見て、遅くまで遊んでいるとしか感じない人もいるかもしれない。政令市である札幌に、１台のキッチンカーがつくり出すぬくもりを求めて集まってくる子どもたちが存在している。そこに集う子どもたちには、そこにいる、そうせざるを得ない事情があるのだ。

キッチンカーを運営しているのは、若者の社会参加活動・交流の拠点として開設している札幌市若者支援施設〝Ｙｏｕｔｈ＋（ユースプラス）〟（以下、Ｙｏｕｔｈ＋）である。キッチンカーは、金銭的な事情によりＹｏｕｔｈ＋への来館が困難な若者や、その存在を知らない若者と出会うために、「食」を通した交流の機会を展開しているという。しばらく様子を見ていると、子どもたちとスタッフの信頼関係が築かれており、家庭の食卓で生まれるような笑顔がそこにあった。「また来るね～」とスタッフが子どもたちに告げてその場を去っていく。その様子を見届けてから、中間成果発表の会場である体育館へ向かった。

2　世代や立場を超えた交流

会場には、プログラム参加生徒の他に多くの大人たちの姿があった。このプログラムには区長をはじめ、地域の大人が大勢かかわっている。高校生、教員、行政職員、町内会の住人や団地で暮らすお年寄りたち。世代や立場を超えた交流から生まれる実践である。実践を支えるスタッフが目指すのは、活動を通して、多様化する社会で「誰かが」解決してくれるのを待つのではなく、「誰もが」より良い未来へ向けて次の一歩を進むきっかけをつくりだすことである。

プログラムでは、この日までに定例の集まりの他、参加者が組んだチームごとに何度か打ち合わせを行ってきたようだ。すべてのチームが、「誰のために」「何のために」「何をやる」「その後どうなる」という、四つの要素を明確にしながら多世代参加型のイベント企画を考えていた。中には、学校の垣根を取り払い、別々の高校に在籍する生徒たちがひとつのチームを形成している。

発表を聞いてふと気がついた。とにかく生徒たちの表情が明るい。声に抑揚があり、言葉が軽快に発せられているのだ。プログラムが開始された数か月前の不安そうな表情はそこにはない。

さらに、協力している大人たちへの感謝の気持ちや、まちの課題、今後どのように継続、活性化していきたいかが自分の言葉で語られる。実行したいことは自分たちだけでは達成できないから、「助けてください！」「協力してください！」と、真剣な眼差しで言葉を発している。生徒のひとりが、「自分たちの願いを大人がこんなにも真剣に受け止めてくれると思っていなかった」と口にした。生徒たちは、自分たちをあたたかく受け入れてくれる大人が存在することを知った。知っているから助けを求めることができる。助けてもらいたいことは、自分のためでもあるが、誰かのために自分たちでもできることをしてあげたいという純粋な思いから生まれたものばかりだった。そこにいる大人たちもまた、こんなにもまちのことを考えて、自分たちに勇気や力を与えてくれる若者が存在することに喜びを感じていた。それは、生徒たちの発表を見守る大人たちの表情から窺えた。

地域貢献人材はつくるものではなく、生まれるものではないだろうか。生み出すためには、ありのままの存在をあたたかく見守り、心と体に栄養を与え、自らの力で動き出すのをじっと待たなければならない。周囲の大人が子どもたちを包み込み、安心で安全な居場所を確保して、初めてそうした気持ちが若者一人ひとりの中に芽生えていく。人のぬくもりに触れ、他者とのつながりを実感した人は、もうそれを知らなかった頃に後戻りできないだろう。自分の弱さを認める強さや、他者を思いやることができる新しい自分を発見したのだから。

3　居場所

居場所とはどういう意味を持つのだろうか。生徒たちにとって学校はどのような場所なのだろうか。

「居場所」という言葉にはふたつの意味があると考えている。ひとつは「心安らげる場所」であり、もうひとつは「活躍できる場所」である。生徒たちが、後者の意味の居場所を見つけ出していけるようにするためにも、まずは、ありのままの存在が受け入れられ、ほっと一息つける場所、「助けて」と声を発することができる場所が必要である。

オルデンバーグ（２０１３）は、「『人生を豊かにする場』『生きる意味を獲得する場』『他者と共に生きることに責任を持つことを学ぶことができる場』が必要である」と述べている。それが彼の言う「サードプレイス」である。生徒たちとの会話から、学校が安心・安全で、心安らげる場所になっていないと感じることがままある。では、学校を「サードプレイス」にすればよいのだろうか。そう単純なことではない。「サードプレイス」という概念から、学校や学習活動の場の在り方、つくり方を学ぶ必要がある。学校という場を、生徒が活躍できる場所である前に、心安らげる場所にするのである。高校在学中の生徒一人ひとりの存在を受け止め、送り出し、戻ってきたらまたあたたかく迎え入れる。

学校の外はどうだろうか。外に出たからといって、必ずしも多様な大人の価値観に触れられる、本物の体験に出会える保証はない。オルデンバーグは、「お粗末な都市計画のせいで、新興住宅地からは、若者と大人がかつてたびたび、思いがけなく、非公式に出会っていた場所が排除されてしまった。大人の世界から若者を追放する動きは、まるでそれを食い止めるすべがないかのように今もどんどん進んでいる」（オルデンバーグ、２０１３）と述べている。多様な大人の価値観に触れるとは、言うは易く行うは難しだ。学校から外の世界へ一歩踏み出す小さな挑戦を実現させるには、残念ながら、手放し、野放しでは立ち行かない。行き先を用意したり、大人とつながるきっかけをつくる手助けをしたりする必要がある。難しく考えることはない。なぜなら、ここ「札幌」というまちには、生徒たちとつなげたい魅力的な大人が存在するからだ。

この２００万都市札幌には、問題・課題が山積している。他方で、教育活動に協力的であり、現状の問題・課題の解決を人任せにせず、自分たちで解決していこうとする大人が存在するＹｏｕｔｈ＋のように、子どもたちの居場所を、責任を持ってつくり出そうとしている大人たちにも出会ってきた。行き場がある面白さや大切さを知っている大人は、子どもの居場所はどうあるべきかを知っている。

さまざまな大人とつながりながら教育活動を展開していくことは、けっして生徒たちだけのためではない。大人たちの社会不安を取り除くことでもあり、教師がこれからの教師として生きていくための試みでもある。大人も深刻な問題をたくさん抱えている。だからこそ、子どもの居場所、大人の居場所という分断を生むのではなく、子どもからも大人からも求められる、共に心安らげる場所、共に活躍できる場所が必要なのである。今後は、そのような場所を生み出すために力を発揮していくのもまた、教育現場に身を置く私たち教師の新しい役割なのかもしれない。

第２節　社会に近い、開かれた学校

私が一昨年度まで勤めていた大通高校は、札幌市民の期待を受け、２００８（平成20）年に開校した。勤労青少年のための教育機関としての役割に加え、多様な生徒の学習ニーズに柔軟に対応する高校である。定時制高校であり、１日４時間授業の４年間の学校生活で、ゆるやかに、じっくりと学習して卒業することができる。午前部・午後部・夜間部の「三部制」を生かして、自分の所属する部以外（他部）で授業を受けることにより、３年で卒業することもできる。また、さまざまな事情を考慮して、最大で６年間在籍できることが保障されている。カリキュラムは単位制を採用している。年齢や生い立ちなどさまざまな人たちが学ぶ大通高校では、三部すべての生徒が、「自立」という目標に向かって充実した学校生活を送れる環境を大事にしている。札幌市をはじめとする地域社会で活動されている人材や団体にも協力してもらいながら、教育環境の充実に取り組んでいる。

学校教育目標は、「目標に向かって挑戦し、主体的に自己の生き方や進路について探究し、豊かな人間関係を築ける生徒を育てる」である。さらに、「社会に近い、開かれた学校」をスローガンとしている。この言葉にはさまざまな意味が込められている。

「社会に近い」にはふたつの意味がある。第一に、生徒自らが、自分は社会で役立つことができるという自信を育てるという意味である。これは、「社会で生きる可能性を引き出す」という意味と、「社会の中で自分の役割を果たしながら、どのように自分らしい生き方を実現するか」という人生観の形成である。第二に、「学校が小さな社会」であるという意味である。学校には多様性が存在する。多様性と触れ合いながら交流することが「小さな社会」としての学校ということである。多様性を実現したり、保障したりするためには、学校の力だけでは足りない。社会の力を借りなくてはならない。その力を学校に導入するために、学校を社会に「開く」必要がある。そうして、社会の多様な大人と共に教育実践を行うことにより、地域や社会で生きていく生徒を育成することが可能になる。こうした教育実践をつくり出すためには、教師にもつなぐ力やつくり出す力が求められる。

言葉には物事を強く意識させる力がある。私自身、「社会に近い、開かれた学校」というスローガンがあることにより、学校外に連携先を築くことを自然と意識できた。しかし「社会に近い、開かれた学校」と言っているだけでは理想とする連携は実現しない。「そうですか、ではつながりましょう」と言って、学校外から地域の人びとが押し寄せてくることはない。理想の学校、理想の教育実践をしっかりと思い描き、時には客観的に現状を観察することが必要となる。「何を目指していくのか」「何のためにあるのか」そして何より、「生徒たちの現状を受け止め、どのような学びを提供すればよいのか」。それらについて理解を深めなければ、スローガンを実現する学校や教育実践をつくることはできない。

大通高校では、キャリア教育を柱として教育活動を進めている。新入生向けの「進路ガイダンス」では、「あなたたちはこの学校を卒業して就職しますか、それとも進学しますか」と問いかけていた。生徒たちは、顔を上げてじっくり教師の話を聞いていた。しかし、ガイダンスが終わる頃には、目を瞑《つぶ》ったり、床を眺めたり、心ここにあらずという様子で静かに時間が経過するのを待っていた。さまざまな期待や思いを胸にやっとの思いで入学してきたのに、さらに先のことをすぐに問われるなんて……。今思い返すと、なんて酷いことをしていたのだろうと思う。教師はこの段階では、生徒一人ひとりのこれまでの背景を把握できていない。入学したての多くの生徒が、卒業後の自分の姿まで思考が及ぶはずがないのである。

そこで私は、同僚と相談し、内容を再考した。キャリア教育を捉え直したのである。そもそも「キャリア」とは、ラテン語で「轍」を意味する。車輪が通った跡をたどり直すように、生徒一人ひとりの過去を振り返り、現在の自分を見つめ、大通高校で今何ができるか、考え、行動する。そうした先に、将来につながる新しい道が現れる。心と体が健全で何かに挑戦できるような状態にあるのかを確かめることも必要である。目的が明確になれば自ずと手段も変わっていった。

第３節　キャリア探究

１　自立した札幌人

札幌市は教育目標として「自立した札幌人」の育成を掲げている。「自立した札幌人」とは、「未来に向かって創造的に考え、主体的に行動する人」「心豊かで自他を尊重し、共に高め合い、支え合う人」「ふるさと札幌を心に持ち、国際的な視野で学び続ける人」のことである。さまざまな事情を抱えて大通高校に入学してきた生徒たちに、自ら立ち上がり、社会を生き抜く力をつけてほしいということである。

この教育目標の実現のために各教師が実践を積み重ねている。私の実践もそのひとつであった。私は「自立した札幌人」を育成するにあたって、生徒たちの「受け入れられたい」「自分を変えたい」「何かに挑戦したい」という気持ちに応える活動の場を整え、支え、導いていくためふたつのことを大事にした。

ひとつは、生徒の自己効力感を高めるために、他者と協働して学習活動に取り組む機会をつくることである。ふたつ目は、生徒自ら自立に向けて行動できるよう、多様な大人の価値観に触れながら、本物の体験ができる機会をつくることである。キャリア探究とは、生徒たちの「挑戦したい」という気持ちを引き出すことを大事にした実践である。大通高校には、探究的な各種プロジェクトやボランティア求人を掲示したキャリア探究掲示板を設置している。「何かやってみたい」という生徒の気持ちを刺激し、その要望に応えられるようにする仕掛けである。各種プログラムは、学校外の地域資源を活用しながら、学習を積み重ねることができる。何かちょっとやってみたいという気持ちで参加する生徒から、今までの自分を変えたいという生徒もいる。時間割にある授業も学びながら、部活動や委員会活動に励む生徒がいるように、学校外の学修活動に挑戦し、普段の授業を捉え直したり、自らの進路を切り拓くことにつながる取り組みがあっても良い。いや、必要なのである。

2　食農体験プログラム「アニマドーレ」

農業は北海道経済の大部分を支えている。北海道で暮らすわれわれにとっては大切な産業であり、農業の担い手を育成することもこれからの重要な課題である。農家にならないから関係ないということではなく、見方を変えれば、農業には、流通、加工、販売、料理等、ありとあらゆる職種の人びとがかかわっており、農業を通じて多くの「仕事」「働く」に触れることができる。「生産者と食卓をつなぐ」というスローガンを大切にして、そこにかかわる職業に触れられるプログラム「アニマドーレ」を地域の大人たちとつくりあげた。農業体験を通じて土に触れ、人に触れ、新しい知識や技術に触れる。生徒たちの「やってみたい」という意欲を喚起し、自らの主体性を発揮しながら学ぶことができる学修活動の「場」が誕生したのである。

このプログラムには、多くの生徒たちが参加している。「普段口にしている食べ物がどうやってできているか知りたい」「農家の人の思いや、商品開発をしている人の思いを聞いてみたい」「なんだか面白そう！」参加動機はさまざまである。この実践の中で、私に多くの気づきを与えてくれた生徒のひとりが、冒頭にあげたMさんである。私は彼女が大通高校に在籍していた1年目と5年目に担任を務めている。高校を卒業したMさんは大学に進学し、教育について学んでいる。高校生のため、地域のためになるような実践にも取り組み、その活動の延長線上に将来につながる新しい道を見つけ出そうとしている。

３「変わる」とは何か？　Mさんの人生曲線

Mさんが卒業してから数か月が経った頃、他県のある高校の先生から、「私の講座で大通高校を紹介したところ、もっと詳しく知りたいという生徒がいるので、卒業生を紹介してほしい」という依頼を受けた。私は数名の生徒が頭に思い浮かんだ。その中にMさんもいた。３名の女子生徒にお願いしたところ快諾してくれた。紹介するだけでは面白みがないので、オンライン交流会を設けることにした。卒業生たちには、自分の人生曲線を準備してもらい、道外の高校生に「自分の物語」を語ってもらうことにした。彼女たちにとって大通高校がどういった場であったのか、私自身も知りたかった。

Mさんは、大通高校に入学する前、別の高校を半年で退学している。大通高校に入学してからも目的を見出せず、日々の生活に困難を抱えていた。そのような状況にあった彼女が、キャリア探究のようなプログラムに参加した。Mさんが参加するに至ったきっかけは何だったのだろうか。参加した先にどのような変化があったのだろうか。彼女が何を学び、今の彼女にどのように結びついているのだろうか。私は道外の高校生と一緒に彼女の語りを聞き、あらためて理解を深めることができた。

「私の『人生曲線』についてお話しします。最初の高校を退学した後はバイトをしながら就職先を探していました。でも、『高校に通う』という憧れを捨てきれなくて。『普通』の高校生活に憧れていたので、就職せずに高校を探し始めたんです。」

前に在籍していた学校は進学校で、毎日大量の宿題が出されていたようだ。部活を休んで取り組んだがどうしても宿題を提出できなかった際、教科担任の先生から「寝る暇があったらできたよね」と言われたという。Mさんは、人としての生活を失ってまで勉強する意味が理解できなかった。その後、親に体調不良であると嘘をついて学校を休んだことをきっかけにそのまま不登校になってしまった。

「大通高校は不登校の経験があっても受け入れてもらいやすい高校だと思ったので、推薦入試を

受けることにしました。だけど、合格してもまったくうれしくなかったです。自分から受験しておきながら、学校には本当に行きたくありませんでした。人とかかわることも避けていました。４年次くらいまでは、体調が悪いせいで週の半分くらいしか学校に行けませんでした。欠席日数は三桁を超えていました。」

Ｍさんの言う「普通」の高校生活とは、しっかり勉強して友だちと一緒に昼食をとり、部活に参加してから帰宅するという日々を過ごすことだった。それができないことに劣等感を感じ、自分を責め続けた。私はＭさんが入学してきたときの担任だった。当時は見るからに顔色が青白く、学校に登校してきてもやっとの思いで席についているという様子だった。私は「大丈夫かい」という言葉を繰り返しかけていた。のちにＭさんは、あのとき周囲からかけられた「大丈夫」という言葉が一番辛かったと話している。周囲に心配されてもどうすることもできない自分が嫌で仕方がなかったそうだ。

「何もできませんでした。やるせなくて、悔しくて、どんどん気分が落ち込むし、気分が落ち込めば体調も悪くなって、４年次の終わりになっても卒業の目処が立たなくて……。絶望感があって、このままじゃだめだなと思いました。」

４年間ずっと、なんとか「自分を変えよう」と人に相談して、自分なりの挑戦を繰り返していた。何もできていないわけではなかった。違う学校に通う親友の存在も大きかった。彼女の言う「普通」の学校生活は送れなくても、友人の前ではありのままの自分、「普通」で居られたのだろう。そうした人とのかけがえのないつながりが、彼女を救い続けた。思いどおりにいかない現実を目の前にして、何度も「このままじゃだめだ」と自分に言い聞かせ、学校とつながり続けた。自分の居場所になっていない学校に通うという「挑戦」を彼女は４年間もし続けていたのだ。その後、彼女はどうしたのだろうか。

「どうにもならなかったので、『自分を変えるのではなく環境を変えよう』と、思い切って４年次後期に休学して、首都圏に行きました。自分のことを知らない人の輪の中に飛び込んで新しい環境で頑張ってみようと住み込みで働きました。」

Ｍさんは新たな挑戦をした。思い切った行動だった。気分が落ち込む原因を自ら突き止めようと行動した。原因を知ったうえで、「普通の学校生活」を送れる「普通の人間」になろうとしていた。保護者も教師も、彼女をどう支えればよいのかわからなかった。どうしてよいかわからず悩み続けた。Ｍさんは休学した。何かが変わったのだろうか。

「何も変わりませんでした。でも、友人から、『環境を変えても何も変わらないことがわかって良かったね』と言ってもらいました。行動した意味があったと自分で納得しました。あまり良い人間ではないけど、人を傷つけるわけじゃないし、悪い人間でもないので、そのままの自分でいいかなと思い始めて、それからいろんなものに対して執着がなくなりました。」

Mさんは無理に変わろうとすることを止めた。人づきあいが苦手なところも、体調を崩しがちなところも、自分の嫌な面を受け止めた。Mさんは変わった。頭の中で思い描く「普通」からの解放だった。ありのまま、そのままの自分を受け止めることができた。彼女を首都圏へ送り出した当時の担任は、変化した彼女を再びあたたかく学校に迎え入れた。

「5年次になり、休学が明けて復学したら、私の気持ちの変化に気づいてくれた先生が大通高校の特色ある学習活動を紹介してくれました。勉強するモチベーションもなかったんですけど、さまざまな体験を通じて学校外のいろんな方の話を聞くうちに、知らないことを知るのが好きになって、もっといろんなことを知りたいと思い始めました。」

「大丈夫」という問いかけが一番辛かったと話していた彼女が、ここでは「私の気持ちの変化に気づいてくれた」と語っている。私は「大丈夫かい」と言葉をかける際、どこまで彼女の気持ちを想像してあげられていただろうか。過去の自分を振り返り、反省した。こうして生徒たちは教師を成長させてくれる。彼女がつながり続けようとした大通高校は、教職員や外部人材と連携しながら、何かを強制するのではなく、生徒一人ひとりを見取りながら励まし、支え、見守ることを大事にしている。私はMさんの高校生活最後の一年に担任として、そして授業担当者として出会い直すことができた。Mさんは新たな出発点に立っていた。この年彼女は一度も学校を休むことはなかった。

4　地域課題で学ぶ

「大通高校はいろんなチャンスがあって、私が参加したプログラムのひとつがアニマドーレです。特に刺激を受けたのは、バスで生産者の畑を回って話を聞く企画でした。自分の価値観が180度変わるような体験をしました。大きく変わったのは、人と話す楽しさに気がついて、人と話すことが怖くなくなったことです。もっと自分から話したいと思うようになりました。その後もさまざまなプログラムに参加して、いつの間に私は一日をこんなに楽しく過ごすことができるようになったのかと思いました。」

Mさんはさまざまな重圧から解放され、本来の姿を取り戻した。その姿を見て、人と話すことも、新しいことに挑戦することも、もともと好きな生徒だったのだと感じた。その力をMさんに見失わせていたのが、不登校という経験だった。Mさんはプロジェクトの中で、単に何かを人から教わり続けたのではなく、周囲の生徒や大人たちにも良い影響を及ぼした。活動の中で、与えられる側にも与える側にもなりながら、本来持っていた力を発揮していった。

「生産者のたった一言で、『英語を学びたい』と思ったり、『仕事』についての価値観が変わりました。人は皆それぞれ異なる人生で異なる体験をし、違った考えを持っています。誰からどのように影響を受けるかによって、人生が変わることもあるかもしれません。私は初めて、一つひとつの出会いの価値を実感しました。」

生産者から言われた「たった一言」は「日本基準で考える時代じゃない」であった。Mさんは、「日本の内側だけを見ていてはもったいない。世界はとても広い。日本にはない物や人、考え方が海外には沢山ある」と思ったという。私たち教師は生徒たちに日々さまざまなことを伝えようと努力している。同じ内容でも、言葉を変え、語り手を変え、場所を変えることで生徒の心に響くことがある。キャリア探究では、大人に裏切られて心に傷を負った生徒たちが、新しく出会った大人にその傷を癒してもらうという場面をよく目にする。こうした大人との出会い直しからも、「人って捨てたもんじゃないな。信じてみよう。頼ってみようかな」という思いが芽生え、その思いはやがて、「私もこんな大人になりたい」というかたちで生徒の心の中に表れてくる。

Mさんには、アニマドーレに参加するまで、生まれ育った地域への執着や思い入れといったものがなかったそうだ。彼女にとって「地元」「札幌市」は、単に生まれ育った「場所」でしかなかった。しかし、今は、この地域に貢献したいと思っているという。それは、「価値」を感じる出会いを、学習活動を通じて、この土地で経験したからである。アニマドーレでの体験を通じて、大人の新しい価値観に触れ、生産者からもらった言葉を自分の経験と重ね合わせた。それらを通してこの地域への強い思い入れが生まれ、私が生まれ育った土地は素晴らしいところなのだという自信になった。彼女は高校在学中、学習の振り返りで、「素晴らしい土地は日本中、世界中にあると思うが、私がその素晴らしさを、自信を持って語ることができるのはこの札幌だけだ」と語ってくれた。

今まさに、自分の住むまちや地域の課題を取り上げた学習が求められている。キャリア探究プログラム「アニマドーレ」は、そうした学修活動を具体化したひとつである。Mさんの語りは、そのような地域と連携した学修活動が成立するために必要な要素がどこにあるかを教えてくれた。地域の人と連携するだけでは不十分なのである。これらはすべて手段のひとつである。Mさんにとって、札幌の意味づけが変わった。何がそうさせたのだろうか。

第４節　地域貢献人材とは

Ｍさんの語りは、あらためて地域や自分のまちについて考えることの持つ普遍性を教えてくれた。「学ぼうという意識さえあれば、無意味なことなどひとつもない」とＭさんは語っている。教師の仕事は、それが可能であることを示すものである。こうした事例からもわかるとおり、地域連携を人生観の形成を支え促す手段として位置づけ、自分の役割を思考することで、社会に自ら貢献しようという自覚が生まれると同時に、自ら何を通じて、進路選択をしていくべきかという自覚も生まれてくる。地域と連携した学習において必要になるのは、今、ここで、この場を生きる者としての意味を、ひとりではなく、他者と共に考えるということである。「素晴らしい土地は日本中、世界中にある」とＭさんは語っている。彼女にとって自分の住むまちがかけがえのない場所となり、人にとって地域の持つ意味を捉え直したことで、他の地域に住む人と比較しつつも、互いを理解し、自らのまちを盛り上げようとする力の萌芽を認めることができた。

こうした実践を紹介する際、「その実践に何人かかわっているか、全員参加しているのか」と問われてきたが、生徒たちの中からひとりでも挑戦したいと動き出す者がいれば、その気持ちに応えてあげたい。挑戦する場に行き着くまでの安心で安全な居場所を確保してあげたい。生徒一人ひとり、ありたい自分、なりたい自分に近づくために行動し始める時期は違う。

Ｍさんと久しぶりに再会して、「地域とは、地域貢献とはなんだと思う」と尋ねてみた。すると彼女は、少し考え込んだ後、「地域とは〝人〟です」、そして「地域貢献は〝人とつながること〟です」と答えてくれた。

地域は多様な人の集まりである。そのつながりを実感し、自分もその一員であることを自ら認めることで、何のために、何をして、何者になっていくかを生徒たち自身が考え始める。ともすれば、これからの学校や教師の役割のひとつは、子どもと地域を「つなぐ」ことである。子どもからも大人からも求められる、共に心安らげる場所、挑戦できる場所をつくり出すことが、地域貢献人材を生み出し、育成することにつながるのではないだろうか。

人にしてもらったりしてあげたり、与えたり与えられたり、一方通行ではなく、自分も人から何かをしてもらうことで相手も得るものがある。教師や大人も、生徒たちにしてあげる、与えるばかりの存在ではない。学校や地域を心地よい居場所にすることは、教師自身を救うことにもつながっている。互いに認め合い、必要とし合う関係性づくりが、「社会に開かれた学校」から「社会を共につくる学校」への進化を後押しすると考えている。

Ｍさんは大通高校のことを「やさしい学校」と表現している。「合格してもまったくうれしくなかった」学校は、彼女の居場所になっていた。彼女にとって大通高校は、「心安らげる場所」であり、「活躍できる場所」になったのである。やさしい学校から巣立ったＭさんは、他県の生徒にこう語りかけた。

「私も、教師になったら生徒に信頼してもらえるようになりたいし、そういう学校づくりをしていこうと思いました。生徒が自分の考えを発信さえできれば、ちょっと手助けするだけで、すごく伸びていくんだろうなと。そのことを高校生活の中で実感したので、そこを大事にしたいです。」

この言葉を聞いて、過去は変えられないというが、過去の経験の意味づけによって未来を変えることができると感じた。彼女にとって教師になることは目的ではなく、手段である。人にしてもらったりしてあげたり、与えたり与えられたりできる生き方を探し求める中で、現時点でたどり着いたのが、教師になるという道である。他県の生徒もこう語ってくれた。

「楽しかったです。自分の人生の糧になると思って。私もどこか情緒不安定になる部分があるんですけど、もっと自分の人生を頑張らないといけないなと思いました。人とかかわるのは難しくて、しんどいけど、自分の人生をもっと楽しくするために……。今日は、単純にうれしくて、いろんな話を聞けたのが良かったし、大通高校が羨ましかったです。ありがとうございました。」

うなずきながらこの言葉を聞いていたMさんのうれしそうな表情が目に焼き付いている。私には、他県の生徒と、かつて生産者の話に真剣に耳を傾けていたMさんの姿が重なって見えた。他県の生徒の瞳には喜びの涙があふれていた。きっとこの人なら弱い自分も受け入れてもらえると実感したのだろう。安心して本音で語り、Mさんとこれまでの自分を照らし合わせ、自分の人生をもっと楽しくするために、今何をして、今後どのような未来を描いていくのかを考えているようだった。互いにとっても、ふたりの対話に耳を傾けるわれわれにとっても価値ある時間となった。

おわりに

ある異業種交流会に参加した際、コロナ禍（新型コロナウイルス感染症の世界的大流行）を経験した京都の老舗菓子屋の三代目がこんな話をしてくれた。「売上が下がったり、仕事がない辛さがあったりもしたが、一番辛かったのは、自分たちが人や社会に必要とされていないと感じたときだ。しかし、緊急事態宣言下で迎えた母の日に、諦め半分で閉めていた店舗を開け、ケーキを用意した。すると開店前にケーキを買い求めるための行列ができた」。その光景は生涯忘れられないと言う。必要とされていた。生活必需品ではないけれど、〝幸せ必需品〟だと気がついたそうだ。

人は人に生かされている。地域貢献人材は、人に何かをしてもらい、自分も何かをしてあげられる関係性を生み出し、つくることができる人材であるのではないだろうか。地域貢献人材が増えることで、人と人がつながり、生きがいや幸せを感じられる世の中が広がる。すべての子どもたちが、社会における幸せをつくり出すために〝欠かせない存在〟なのである。そのことに誰もが気がつくことができるきっかけをつくり出すため、学校はどのような場であるべきか。公教育はどうあるべきか。どうしたら小さな電球色のあかりではなく、もっと明るい光で子どもたちを包み込むことができるのか。今まさに学校の存在意義、社会的役割が問い直されている。

【注】

札幌市立高校各学校で開発された、地域資源を活用した学習プログラムを２０２０（令和２）年より市立高校８校で共有し、教育委員会が管理・運営を一部補助している。

【文献】

・レイ・オルデンバーグ（忠平美幸訳、２０１３）『サードプレイス――コミュニティの核になる「とびきり居心地よい場所」』みすず書房
・小出達夫（２０１９）教育と公共性（８）――市立札幌大通高等学校の教育改革　公教育システム研究（北海道大学大学院教育学研究院教育行政学研究室・学校経営論研究室）、**18**、47-82頁
・田中孝彦（２００３）『生き方を問う子どもたち――教育改革の原点へ』岩波書店
・西野功泰他（２０１７）「ミツバチプロジェクト報告書」№２
・西野功泰（２０２０）「本物の体験」を創り出す教師となるために――私の中にある「北極星」を探し求めて　学校改革実践研究報告（福井大学大学院・福井大学・奈良女子大学・岐阜聖徳学園大学連合教職開発研究科）、**382**

※本章は、（西野、２０２０）をもとに再構成したものである。

コラム❽

地域連携による人材育成の今

江森真矢子

「小さなコミュニティの集まりで世界はできていることに気づいた。小さな集まりから行動を広げていけば、大きなことも動かせると思う。」

「生徒が積極的になった。地域の人たちが生徒のスイッチを押してくれる。」

地域をフィールドに学ぶ学校を訪れると、このような生徒、教師の声を聞く。筆者は岡山県立和気閑谷高校で地域連携のコーディネーターを務める傍ら、全国で地域と高校の連携による教育実践を取材してきた。

和気閑谷高校が和気町と連携を始めたのは2014年。当時モデルにしたのは全国からの生徒募集や公立塾の設置、カリキュラム改革により廃校の危機を脱するのみならず、人口増や地域活性化にも貢献している島根県立隠岐島前高校だ。

島前地域では2008年に「島前高校魅力化プロジェクト」がスタートし、自治体が資金と人員を用意して、高校と人材育成のビジョンを共創する仕組みや、高校生が地域課題解決に取り組む授業をつくってきた。全国募集のPRで伝えていたのは「島まるごとがキャンパス、ここでしか学べないことがある」「少子高齢化や財政難など、〝課題先進地域〟であるこの地域で挑戦し、学ぶことで、世界のどこにいても未来を切り拓ける力を培うことができる」という学校の特色である。

高校生にとって手触り感のある事柄に取り組み、自分が動くことで地域が動く実感を持つこと。地域の大人たちとかかわり合う中でロールモデルに出会ったり、自分自身の得意不得意を知り、目指したい生き方が見えてくること。このような経験を積んだ生徒たちは、進路実現においてもそれまでにない結果を出し、同校の取り組みは注目されるようになった。

離島中山間地域における地域連携

隠岐島前高校をモデルに高校魅力化を進め、地域とともに人材育成を行っている学校の例は離島中山間地域に点在するが、「ここでしか学べないこと」を追求していくとそれぞれの地域・高校独自の実践が生まれることになる。その例のひとつとして瀬戸内海にある広島県立大崎海星高校を紹介したい。

同校の総合的な探究の時間では、1年次に同級生や島の人びと、自分自身との対話によって自分を知る「羅針盤学」に取り組む。続く2年次は島をフィールドにチームで課題解決に挑む「潮目学」、3年次は自分自身の興味関心にもとづきプロジェクトを行う「航界学」というカリキュラムだ。島の人びとをよく知るコーディネーターらに併走されて生まれたのは、チームでは「漁師カレンダー」制作、車の修理メンテナンス体験、個人では島の民話の絵本化、島の医療についての調査といったプロジェクトだ。

また、正課外では高校生が地域の大人にインタビューして冊子を作る「島の仕事図鑑」の実践がある。はじまりは２０１４年。大崎上島町の移住定住施策として商工会が島の仕事を紹介する冊子を発行することとなり、高校生がＵ・Ｉターン者への取材・執筆を担った。島の人びとが登場する冊子は島内全戸に配布されて評判を呼び、以来、造船・海運、地域福祉、事業・文化継承などテーマを変えて毎年発行が続いている。

高校生は制作を通して人とかかわる力や表現力をつけ、島民はその成果物から地域の魅力を再発見したり、課題を考えるきっかけを得る。人づくりと地域づくりがプラスの方向に循環しているのが大崎上島町だ。

大都市圏における事例

高校では２０２２年度に本格実施となった学習指導要領の理念「社会に開かれた教育課程」は「『よりよい学校教育を通じてよりよい社会を創る』という目標を学校と社会が共有し、連携・協働しながら、新しい時代に求められる資質・能力を子供たちに育む」こととされているが、「社会」を「地域社会」に置き換えると、ここまで紹介してきた学校の姿にぴたりと重なるのではないだろうか。

ただし、こうした連携・協働の在り方は離島中山間地域特有のものではない。たしかに現状、基礎自治体が県立高校とタッグを組み、ヒトもカネも知恵も出す例の多くは中山間地域におけるものだ。高校と地域が人口減少という共通の根を持つ活力低下、存続への危機感を共有し、隠岐島前高校のような成功例が牽引しているのもその理由のひとつだろう。しかし、「校外学習に協力してもらう」レベルを超えた協働は今、大都市圏でも私立学校でも行われている。

たとえば、東京都立日野台高校・日野市・日野市青年会議所は2019年から、SDGsを高校生視点で考え、達成に向けたチャレンジを後押ししている。参加した高校生の発案により、活動は身近な地域と大きな社会課題を結びつけていくことに興味があれば、日野台高校生以外も参加できる有志団体「ひのミラ（持続可能な日野の未来を創る高校生チーム）」として発展。毎月の定例会や、身近な地域を知るバスツアー、発表・提言の場を提供している。

地方都市での事例

地方都市の例としては、人口約11万人の山口県防府市にあるコミュニティ・スクール、防府商工高校を紹介する。同校が目指すのは、学校や生徒は地域社会の一員であるという意識を持ち、地域も教育の視点を持って互いに影響を与え合う関係だ。

「課題研究」「総合実践」「実習」といった正課内で、生徒がテーマ別のゼミに分かれ地域で活動するが、内容は多岐にわたる。事業所でのインターンシップもあれば、市役所職員のアドバイスを受けながら市の課題改善施策を市長に提案する「防府市高校生職員」、地元企業との商品開発もあるといった具合だ。まちの人とかかわりながらキャリアを形成していくことに加え、ただ地域に愛着を持つのではなく市民としての当事者意識や参画意欲を育てることをねらいとし、学校と関係者の日常的な連絡・相談のもとに実践されている。

都市部には種々雑多な事業体、劇場や美術館といった文化施設、高等教育機関などが集積しているので多様なプレイヤーとつながりやすい。一方、人口規模が小さければキーマンとつながりやすく、地域全体を巻き込むこともできる。こうした違いはあるものの、地域との連携による人材育成は、置かれた条件にかかわらず意志ある地域、意志ある教員のいる場で行われている。そして、取り組みが広がっているのは、そこで地域・学校双方にとって明るい未来を感じられるような子どもたちの成長が見られるからではないか。

社会への移行という視点に立ったとき、学校が高校生にできることは、自分を取り巻く人間、社会、自然を含めた世界を自分なりに掴み、他者という鏡を通して自分を知る機会をつくることだと筆者は考える。また、キャリア教育とは自分を社会のどこにどう位置づけていくかを考え、世界の中で自分の良さを生かす力をつけることだと考えている。

学校教育の要である教科教育は人類が長い時間をかけて積み重ねた学問をもとに人間、社会、自然のありようを教えてくれるが、身近な事象から学ぶ小学校段階から抽象度の増す高校段階にかけて、学ぶことの本来の意味が希薄になっていく傾向も指摘されている。地域連携による人材育成の現場では、もう一度、身近な事象にかかわり、身近な事象を自ら生み出していく経験によって、教科の知と自分自身、自分自身と世界とのつながりを取り戻し、学びを社会で生かす力が培われているのではないだろうか。

【文献】

・江森真矢子（2015〜2018）地域課題解決型キャリア教育（連載）キャリアガイダンス、**407**〜**425**、リクルート

・江森真矢子（2019〜2021）地域で育むキャリア教育（連載）キャリアガイダンス、**427**〜**441**、リクルート

・大崎海星高校魅力化プロジェクト（2020）『教育の島発　高校魅力化＆島の仕事図鑑――地域とつくるこれからの高校教育』学事出版

・地域教育魅力化プラットフォーム（2019）『地域協働による高校魅力化ガイド――社会に開かれた学校をつくる』岩波書店

第9章

解題——「子どもの貧困問題」という視点

保坂　亨

第1節　学校プラットフォームとスクールソーシャルワーカーの配置

この第2部では、これまでに展開されてきた「移行支援としての高校教育」の多様性を実践報告というかたちで紹介した。それを受けてこの解題では、これらの実践を「子どもの貧困問題」という視点から論じてみたい。

日本の子どもの貧困問題は、２０００年以降に再発見されて「子ども貧困率」が注目されるようになった。その後、各地で「子どもの貧困」調査が行われ、中でも沖縄県の「子ども貧困率29・９％」は社会に衝撃を与えた（沖縄子ども総合研究所、２０１７）。この問題は、今日では最重要課題となっているが、その背景として、「家族の経済的困難・社会的脆弱性と関わる子どもの問題が表面化・深刻化してきたこと、それらが経済的情勢の悪化や格差の拡大、社会福祉・教育などの公共政策の後退と連動していること」が指摘されている（松本、２００９）。しかし、この「公共政策の後退」のひとつである、２０１３年から２０１５年に段階的に実施された生活保護の切り下げについては、さまざまな統計疑惑が明らかになる中で、厚生労働省が生活保護切り下げの根拠とした算定方法にも疑問が出されていた。実際先頃、横浜地方裁判所が、国が生活保護基準額を２０１３年から３年間にわたって引き下げたのは、生存権を保障する憲法第25条に反するなどとして、減額決定を取り消した。同様の訴訟は全国29都道府県で起きているが、「減額決定の取り消し」は大阪・熊本・東京地裁判決に続いて４件目となる（注１）。

こうした状況の中で、２０１３年に「子どもの貧困対策の推進に関する法律」が成立し、２０１４年には「子どもの貧困対策に関する大綱」が閣議決定された。これによって、47都道府県と政令市すべてが子どもの貧困対策に関する計画を作成することとなった。そして、この「大綱」において、学校は子どもの貧困対策における「プラットフォーム」と位置づけられて教育の支援が総合的に推進されることになったのである。

さらに、２０１９年度には同法および大綱が見直されて、ひとり親世帯・生活保護世帯・児童養護施設の子どもに限定されていた対象が、「ふたり親世帯を含む困窮世帯」に拡大され、またヤングケアラーや外国籍で日本語が不自由など「困窮層は多様であることに留意する」ことが加わった。また、具体的な数値改善目標は見送られたものの、子どもの貧困に関する指標はそれまでの25から39項目へと拡大されたのである。中でも教育に関連する指標（２０１８年度）として、生活保護世帯の中退率（４・１％）に加えて全世帯の高校中退者率（１・４％）と中退者数（４万８５９４人）があげられていることに注目しなければならない（内閣府、２０１９）。

同時に、「子どもの貧困問題」を放置することによる社会的損失は無視できないという認識にもとづいた「社会的損失推計」が提示されるようになった。そのひとつとして、貧困世帯の高校進学率の低さによって７兆円を超える、また高校中退率の高さによって10兆円を超える所得損失が生まれているとの推計は重く受け止めるべきであろう（日本財団子どもの貧困対策チーム、２０１６）。この結果からは、「高校へ進学すること」のみを支援するのではなく、「高校を卒業するまで」を支援することの重要性が示されたことになる。そして、上述のように子どもの貧困に関する指標として高校中退者数（率）が示され、「高校中退を防止することは、将来の貧困を予防する観点から重要」と指摘されるようになったのである。

一方、中央教育審議会答申「チームとしての学校の在り方と今後の改善方策について」（２０１７）以来、「チーム学校」という取り組みが重要視されている。そして、この答申を受けて、学校教育法施行規則において「児童の福祉に関する支援に従事する」スクールソーシャルワーカーの職務が明記され、当面中学校区に1名のスクールソーシャルワーカー配置が目標となる。こうして子どもの貧困対策において学校をプラットフォームと位置づけ、その対策のトップにスクールソーシャルワーカーがあげられることになったのである。より具体的には、スクールソーシャルワーカーの雇用を正規雇用・安定化させ、質の高い人材が学校運営に参画することによって、学校プラットフォームとして福祉や医療と連携しながら機能していく中期ビジョンが提案されるようになる（末冨，２０１７）。

しかし、実際のスクールソーシャルワーカーの導入は、現在でも中学校区に１人配置という当面の目標に遠く及ばない。直近の文部科学省調査（２０２２）では、中学校区ですら17・５％が未配置、３分の１が週１日未満の配置という状態である。高校においてはさらに厳しい状況で、56・９％が未配置、年間１６８日以上はわずかに16校（０・３％）となっている。先の大綱では、指標として高校中退に続いてスクールソーシャルワーカーの配置状況が示されているが、小中学校だけで高校に関しては触れられてもいない。残念ながら、学校が子どもの貧困対策のプラットフォームと位置づけられていることを意識せず、身近にスクールソーシャルワーカーもいないという教員が多いであろうが、とりわけ高校教員がそうした状況に置かれている。

第２節　高校における「子どもの貧困問題」

もともと「無償」である義務教育の経済的支援（就学援助制度）と違い、授業料が有償の高校教育では、従来減額・免除制度があった。意外に知られていないが、この中等教育後半に当たる高校教育が有償であることは国際的に見るときわめて珍しいことなのである。それが、いったん授業料無償化となったものの、その後の政権交代によって低所得者世帯への支援の充実や公私間格差の是正等を図るため所得制限が導入され、現行の新しい「就学支援金」制度へと変更された（注２）。

こうした制度変更もあってか、高校における「子どもの貧困問題」は、その実態があまり知られていない。しかし、無償化以前の「授業料減額・免除」は、中退が多い学力底辺校に集中していた。たとえば、埼玉県公立高校の授業減免率は偏差値最上位のグループで５％以下に対して、最下位グループでは約20％。また、大阪府公立高校では、最上位およそ８％に対して最下位はおよそ34％（青砥、２００９）、千葉県立高校全体の平均８・６％に対して、学力底辺校７校はおよそ22％というデータが報告されている（千葉県教育委員会、２００９）。名古屋市立高校（全14校）で調査した小島（２０１１）は、「偏差値の高い高校にはほとんど減免者がおらず、偏差値の低い職業高校・定時制高校には減免者が集中していることが、はっきり判別できる」と述べている。それゆえ早くから高校中退とこの「子どもの貧困問題」の関連を指摘してきた青砥（２００９）が、『続・移行支援としての高校教育』（第2部第3章）においても、「貧困と孤立の中で生きる若者たちを支えきれない学校の現実」を指摘した（青砥、２０１６）。

一方、こうした「授業料の減額・免除」が学力底辺校に集中する一方で、卒業生が全員大学に進学するような国公私立を含めた進学校では極めて少なかった。現在の就学支援金制度においても同じような実態があるが、あまり知られていない。つまり進学校の保護者の多くが経済的には豊かだからであり、逆にある学力底辺校では9割の生徒が制度を利用していて、しかも残り1割のおよそ半数（5％程度）は、保護者が「日本語が十分に読めない」などの理由で手続きもできていないという実態がある。こうした中で、高校における「子どもの貧困問題」は次のようなかたちで表面化したと考えられる。

高校の授業料無償化以前に、出席日数・成績等の卒業要件を満たしているにもかかわらず、授業料およびそれ以外の学校教育費（教科書・教材費など）滞納を理由に、卒業式後に卒業証書を回収したり、卒業式への出席を認めなかったりした事例が調査され、このような経済的理由により卒業できない状況が「高校生の卒業クライシス（危機）問題」と報道されたことがある（注3）。これについて文部科学省は、やむを得ない事情による授業料の未納は、生徒個人の責任ではないので、授業料減免制度、奨学金制度を利用したうえで、生徒の心情を最大限配慮した対応をとることが望ましいとの考え方を示した。しかし、その一方で、「授業料滞納による出席停止処分、退学処分も違法ではない」ともしており、授業料以外の学校教育費については問題としてこなかった。なお、文部科学省の調査によれば、高校の「学校教育費（授業料以外）」は公立で約25万円、私立で48万円（2016年度）だったが、この額はここ10年で約2万円増えているという。

それゆえ先の制度変更の中で、経済的困難から家族全員が行方不明など、「登校の実態がないのに学校に在籍する生徒」が問題になったのであろう。2017年1月に突然、大阪府教育委員会は、こうした「登校の実態がないのに学校に在籍する生徒」が2016年4月時点で400人と発表した。これを2017年度からは、退学処分にする方針で、3月末までに運用ルールを定めるとされた。府教委がすべての府立高校を調査したところ、籍だけが残っている生徒は全日制で260人、定時制で140人いた。一校で30人以上の高校も複数あり、中には2009年度以前に入学した生徒が在籍するケースもあった。こうした生徒は、所在不明で本人のほか保護者とも連絡が取れないことが多く、そのままになっていた。2017年4月からは住民票などで住所を把握し、電話や家庭訪問、書類送付で接触を試みて、4か月間出席しない場合は退学処分予告状を送り、退学処分とすると報道された（注4）。

おそらく大阪府立高校では高校無償化になって以降、経済的困難から家族全員が行方不明（夜逃げ）などにより、連絡がつかなくなった生徒をそのまま在籍させていたということだろう。ポイントは授業料で、それ以前にも、こうした連絡がつかなくなる生徒はいたはずだが、授業料未納を理由にある時点で退学処分にしていたと考えられる。大阪府では2006年度から先の

「授業料減額・免除」認定のハードルを高くして受けにくくなっており、授業料未納の生徒が増加していた。そのため「財政当局から厳しい指摘を受けている府教委」は、「授業料の徴収率を上げるために必死」だったとされ（青砥、２００９）、文部科学省の「違法ではない」という判断にもとづき、授業料未納による退学処分としていた可能性がある。しかし、そうした退学処分が無償化によってできなくなってしまったため、退学にならずにそのまま在籍していたのではないだろうか（注5）。つまり、高校の授業料が無償化されてから、連絡がつかない生徒が増加したのではなく、連絡がつかなくなった生徒を退学にしなくなったというのが実態ではないかと筆者は推測している（保坂、２０１９）。

さらには、高校の授業料に対する支援だけでは十分ではないことや、こうした実態を十分に分析することなく、就学支援金と同時に「奨学給付金」制度を拙速に導入した結果、制度理由が十分でないことが明らかになる。周知不足のため「申請漏れ」は私立高校だけで推計2万人、国公立高校生徒の対象者に至ってはわからないという事態に、文部科学省が国公立別のリーフレットを作成しサイトに掲載することとなった。この「奨学支援金」は、授業料以外の教育費（教科書費、教材費、学用品費、通学用品費、教科外活動費、生徒会費、PTA会費、入学学用品費、修学旅行費など）の負担を軽減するため、高校生等がいる低所得世帯（生活保護世帯・非課税世帯）を対象に支援を行うものである（文部科学省リーフレットより要約。なお、各都道府県において制度の詳細は異なる）。

これは会計検査院が調査するような事態にも発展した。調査されたのは、保護者の代わりに学校が給付金を受け取る「代理受給」を認めていない高校（12府県）で、給付金を受けながら学校に授業料以外の教育費を支払えていない生徒が約１０００人、この中には教育費未納を理由に卒業証書の保留、除籍処分などの生徒がいたことが判明する。これについて会計検査院は、文部科学省に対して「代理受給」を認める制度の整備などを求めたとされる（注６）。

奨学給付金の周知徹底はもちろんのこと、その「代理受給」が必要なことに考えが及ばないこと自体、いかに高校教育において「子どもの貧困問題」に目を向けてこなかったかを示している。個人情報保護という問題はあるものの、こうした問題に対しても大塚報告（第７章）のような学校単位での中退事例、とりわけ学校教育費未納など経済的問題による中退を、「子どもの貧困問題」という観点から捉えて分析することの必要性を強調しておきたい。なお、発表されている高校の「事由別中途退学者数」で、「経済的理由」は５３２名、うち授業料滞納はその半数以上（２７５名）と報告されている（２０２２年度データ）。就学支援金制度のもとでなぜ「授業料滞納」があるのかなど、さらなる分析が必要であることは言うまでもない。

第3節　高校教育としての取り組み

もうひとつ、高校関係者以外に知られていない高校の転学の実態について触れておきたい。文部科学省調査の中退には含まれない転学は、ごく一部の教育委員会を除きそのデータが公表されていない。しかし、通信制高校在籍の高校生の増加からも、転学者、それも全日制から通信制への転学が増加していることは明らかであろう。この転学を学校単位で見ると、先に述べたように進学校の保護者には経済力があるため、転学する場合の選択肢として私立の通信制高校が想定される（こうした高校は、そもそも卒業率が１００％近く、転学する生徒自体が少ないが、いないわけではない）。一方、卒業率が低くなる学力底辺校（卒業生が大学進学以外も多い進路多様校）では、狭義の中退者は減少しているものの、転学（広義の中退）するものは増えている。が、その多くは経済的な負担を考えて公立の通信制高校への転学となる。つまり、大学進学という偏差値的な序列にともなって卒業率が下がっていく中で、狭義の中退だけでなく転学者も多くなっていくのだが、保護者の経済力を反映してその転学先も私立通信制から公立通信制へと入れ替わっていく実態がある（「狭義の中退」「広義の中退」については、『続・移行支援としての高校教育』第１章第１節３参照）。

ここで確認しておきたいのが、本シリーズ『続・移行支援としての高校教育』（第１部第１章）で示した私立通信制の卒業率が９割を超えるのに対して、公立通信制は５割程度であるというデータである。川俣報告（第３章）における私立通信制高校（およびサポート校）の丁寧な対応が、こうしたデータと結びついている。ここでも保護者の経済状況が高校卒業まで、さらにはその後の進路に大きく影響する格差が存在している。

こうした視点から富樫報告（第４章）を補足しておきたい。そもそも少年院の中の通信制教育は、１９６１年に富山少年院で始まり（１９７６年閉庁）、１９７４年に喜連川少年院での導入がそれに続いた。そこからさらに広まらなかった理由はさまざま考えられるが、少年院出院後の修学継続が困難であることが大きい。その困難さのひとつが経済的負担（先の授業料以外の学校教育費）であり、もうひとつが都道府県を越えた通信制高校間の転学を認めない制度の問題である。公立高校間の転学は、多くの府県で「原則として、保護者の転勤又は転居した場合等により、在籍校に通学できなくなる生徒が対象」となっていて、少年院出院後に出身地の公立通信制高校への転校も認められない場合が多い（注７）。また、在院中の通信制教育課程にかかる費用は公費で賄われるが、私立通信制高校への転学は当然自己負担となるためあきらめるケースが多いという。さらに仲野（２０２１）は、保護者が「働いて家計を助けてほしい」となって修学をあきらめるケースをあげて、家庭の経済状況による「支援格差」問題があり、「経済的虐待」とまで厳しく指摘している。このため現在、少年院で行われている社会復帰支援としての修学支援は、高等学校卒業程度認定試験の指導が中心になっている。現在、全国47のうち13施設において「高等学校卒業程度認定試験重点指導コース」が実施されており、２０１９年度には全国の少年院で５０２人の受験が報告されている。なお、少年院では、２００７年度から高等学校卒業程度認定試験の受験が可能になり、さらに２０１５年度に改正された少年院法を契機に「高等学校卒業程度認定試験の合格を目的とした教科指導」が開始されている（田中ら、２０２１）。かならずしも通信制高校の卒業まで少年院に在籍することにはならないことを考えれば、通信制高校への修学継続に対する支援は制度的な課題があると言わざるを得ない。２０１９年度の少年院入院者のうち、中学卒業が２割程度、高校中退が４割であること、またその保護者の経済力が厳しいことを考えれば、ここにも「子どもの貧困問題」から捉え直さなくてはならない課題がある。

なお、最後に休学についても同様な課題があることを指摘しておきたい。「子供の貧困対策に関する大綱」には、「生活の支援では、親の妊娠・出産期から、社会的孤立に陥ることのないよう配慮して対策を推進する」と記載されている。これにもとづけば、女子生徒の妊娠問題にも、こうした観点からの支援が必要なことは言うまでもない。しかし、医療現場で10代の妊娠・出産に取り組んでいる保健師の幸崎（２０１７）は、「学校によっては出産＝退学という暗黙のルールがある」と指摘するように、実際各地の妊娠窓口には妊娠を契機に学校から「排除」されたという声が寄せられているという。これについては文部科学省が、２０１５～２０１６年度妊娠した女子生徒の在籍状況について公立高校を対象に調査を行った結果を発表している（文部科学省、２０１８）（注８）。それによると、この２年間で高校が生徒の妊娠を把握したのは２０９８人（全日制１００６件、定時制１０９２件）。さすがに「懲戒による退学」はなかったが、退学勧告による「自主退学」は32人、このうち生徒や保護者が「通学、休学や転学」を希望したにもかかわらず、学校側が退学を勧めて自主退学に至ったケースが18人と報告されている。一方で、「産前産後を通じて全期間通学」という生徒（コラム❾参照）も７７８人、「課程変更・休学・転学」も４０１人いる。つまり、本来の意味での自主退学６４２人と勧告による自主退学32人を含めても退学したのは６７４人、およそ３分の１にもなる。高校中退の防止が、将来の貧困を予防する観点から重要という以上、高校教育は、こうした問題における「転学」および「休学」制度の見直しや、通信制高校の託児所設置推進にも取り組まなくてはならない。その前提として、高校における「子供の貧困問題」にかかわる指標（中退）との関連から、転学と休学の実態を調査し、さらには先に述べたような学校単位の事例分析が必要であろう。

「子ども」から「大人」へと成長・発達していく養育環境はさまざまであり、中にはその移行期間に十分な保護を受けられない、つまりは移行が困難な子どもたちがいることを忘れてはならない。より具体的には、村松報告（第５章）が取り上げた児童養護施設で育つ子どもたちであり、経済的に不安定な保護者の下に育つ子どもたちである。これらの子どもたちは、これまでのさまざまな分析によって、高校へ進学できなかったり、中退してしまったり、中には行方不明となっていたと考えられる。しかし、先に触れた高校の「事由別中途退学者数」では、「経済的理由」は全体の１・４％（文部科学省、２０２２）にすぎない。多い「事由」は、「進路変更（44・２％）」と「学校生活・学業不適応（30・５％）」で、このふたつで４分の３を占める。この調査は、回答する教員が「主たる理由」をひとつ選択する方法を取っており、中退問題の背景にある貧困問題が表面化しにくい構造になっている（酒井、２０１７）。

ようやく高校改革が進み、本書シリーズの実践に見るように「移行支援としての高校教育」が多様に展開されるようになって、西野報告（第８章）のように高校教育として、さらには村松報告のように社会全体としての取り組みとなりつつある。しかし、教員や医師を目指す高校生への支援（笠井報告：第6章およびコラム❻）に比べ、こうした「子ども」から「大人」への移行が困難な環境にある、つまりは十分に保護されていない子どもたちへの支援は十分とはいえない。今後は「移行支援としての高校教育」の実践が、「子どもの貧困問題」という視点から、より困難な環境にある生徒（子どもたち）への支援の充実に向けて、制度的な見直しを含めた具体的な取り組みが進むことを期待したい。

【注】

注1　朝日新聞２０１９年３月18日付記事「危機の統計①　政策の根幹　ほころび次々」。および朝日新聞２０２２年５月26日付記事「『ブラックボックス』認めず　生活保護費引き下げ　国の手法批判　熊本地裁判決」、同６月25日付記事「生活保護減額『違法』３件目　東京地裁　決定取り消し」、同２０２２年10月20日付記事「生活保護減額は『違法』　取り消し判決、４件目　横浜地裁」。

注2　国際人権Ａ規約第13条は、初等教育に限らず、中等および高等教育においても「無償教育の漸進的導入」を締約国に義務づけているが、この国際社会の原則を先進国で唯一日本は留保している。いったん２０１０年「高校無償化法」により公立高校の授業料は無償となったが、２０１４年改正されて高等学校等就学支援金制度になった（『続・移行支援としての高校教育』26－29頁、「コラム１高校無償化問題」参照）。

注3　朝日新聞２０１０年２月７日付記事、毎日新聞２０１０年３月３日付記事など。なお、現在も管理規則で授業料未納を退学事由にあげているところ（沖縄県、神奈川県など）とあげていないところ（千葉県）がある。

注4　産経新聞２０１７年１月20日付記事「４００人登校せずに在籍　大阪府立高校　21年以前入学も　４月からは退学」。大阪府教委によると、近畿２府４県で運用ルールを設けている教育委員会はないが、京都府教委では、規則で在籍期間を定めているという。また、同じくこれを取り上げた記事（朝日新聞２０１７年４月24日付記事「連絡つかぬ高校生、半年欠席で退学も　大阪府教委」）も、「平成26年度に、高校の授業料が無償化さ

れてから、連絡がつかない生徒が増加したという」と記し、その数（おそらく連絡がつかない生徒）が「昨年度末には320人に上る」としている。

注5　筆者は当時、大阪府以外の高校関係者からこうした相談を受けたことがある。

注6　朝日新聞2018年7月4日付記事「奨学給付金2万人申請漏れ　高校生対象　低所得者向け周知へ」、および朝日新聞2018年10月3日付記事「高校生向け奨学給付金受給したが　教育費1000人分納められず」より内容要約。

注7　例外的に、東京都教育委員会は転住以外の転校を認めている（東京都教育委員会ホームページ）。

注8　この調査について男子高校生が対象にもされなかったと指摘する今井（2021）は、少年院における「父親教室」の展開を報告している。そして、そのリーディングケースのひとつである多摩少年院が年長少年を収容しているため近い将来父親になりうる、あるいはすでになっている少年の割合が相対的に高いこと、自身が観察した「父親教室」に「すでに実子を有しており、虐待防止の教育的意図を主眼として、受講対象とされた少年も含まれていた」ことを報告している。

【文献】

・青砥　恭（2009）『ドキュメント高校中退――いま、貧困がうまれる場所』筑摩書房
・青砥　恭（2016）居場所を失った子どもたち――子どもの貧困と高校中退　小野善郎・保坂　亨（編著）『続・移行支援としての高校教育――大人への移行に向けた「学び」のプロセス』福村出版
・今井　聖（2021）少年における父親教室――その意義と課題　少年院の社会復帰に関する研究会（編）『社会のなかの「少年院」』作品社　129-146頁
・沖縄子ども総合研究所（2017）『沖縄子どもの貧困白書』かもがわ出版
・幸崎若菜（2017）10代女子の妊娠出産の現状と課題　ちば思春期研究会2017月2月資料
・小島俊樹（2011）高校生の世帯にどれだけ貧困層が拡大しているか　人間文化研究（名古屋市立大学大学院人間文化研究科）、**14**、177-190頁

・酒井　朗（２０１７）高校における中退・転学・不登校――実態の不透明さと支援の市場化　末富　芳（編著）『子どもの貧困対策と教育支援――より良い政策・連携・協働のために』明石書店　１９３－２１５頁
・末富　芳（２０１７）『子どもの貧困対策と教育支援――より良い政策・連携・協働のために』明石書店
・田中奈緒子・藤田武志・伊藤茂樹（２０２１）少年院における修学支援　少年院の社会復帰に関する研究会（編）『社会のなかの「少年院」』作品社　１７５－２０１頁
・千葉県教育委員会（２００９）新時代に対応した高等学校教育改革推進事業資料「地域連携アクティブスクールの考え方」（未発表）
・中央教育審議会（２０１７）チームとしての学校の在り方と今後の改善方策について（答申）
・内閣府（２０１９）子供の貧困対策に対する大綱――日本の将来を担う子供たちを誰一人取り残すことがない社会に向けて
・仲野由香里（２０２１）少年院の中の高校教育――『つながりを断ち切らない』社会復帰モデル　少年院の社会復帰に関する研究会（編）『社会のなかの「少年院」――排除された子どもたちを再び迎えるために』作品社　１０３－１２８頁
・日本財団子どもの貧困対策チーム（２０１６）『徹底調査　子どもの貧困が日本を滅ぼす――社会的損失40兆円の衝撃』文藝春秋
・保坂　亨（２０１９）『学校を長期欠席する子どもたち――不登校・ネグレクトから学校教育と児童福祉の連携を考える』明石書店
・保坂　亨他（２０１６）エピソードとデータから見る高校生の『学び』の実態　小野善郎・保坂　亨（編著）『続・移行支援としての高校教育――大人の移行に向けた「学び」のプロセス』福村出版、16－57頁
・松本伊智朗（２００９）子どもの貧困を考える視点――政策・実践と関わらせた議論を　子どもの貧困白書編集委員会（編）『子どもの貧困白書』明石書店、12－13頁
・文部科学省（２０１８）公立の高等学校（全日制及び定時制）における妊娠を理由とした退学に係る実態把握結果
https://www.mext.go.jp/a_menu/shotou/seitoshidou/__icsFiles/afieldfile/2018/11/16/1411217_001_1.pdf
・文部科学省（２０２２）令和３年度　児童生徒の問題行動・不登校等生徒指導上の諸課題に関する調査結果について

コラム❾

中途退学・原級留置・転学・休学など

保坂　亨・重　歩美

高校の中途退学者の中には、再び在籍していた学校へ入学する者（再入学）、他の学校へ入学する者（編入学）がいる。さらに、文部科学省の定義による中途退学に加えて他の学校へ籍を移す者（転学）も数多く存在する。

２００６年度から文部科学省が調査している高校生の長期欠席（年間30日以上）では、全員とはいえないが、中途退学に至る生徒が存在することが明らかになっている。一方で、長期欠席しながら、中途退学しない生徒たちには、原級留置のほかに休学、あるいは転学へと至る場合が多い。これらの事柄を一目で確認できるベン図を、２０１９年度の文部科学省データから数値に合わせておおよそのサイズを計算して作図した（図⑨－1）。なお、長期欠席をしたのちに中途退学に至った者はそれらふたつの円が重なっている部分に含まれる。

その他の場合も一人ひとりの追跡調査をしないことにはわからないが、中にはいくつもの円が重なる者もいるだろう。このうち「転学・休学など」については、全国データがないため推測値で示したが、東京都教育委員会など「転学」を調査しているところもある。しかし、ある一定数が確認されているこの「転学」に対して、データも含めて「休学」の実態は明らかにされていな

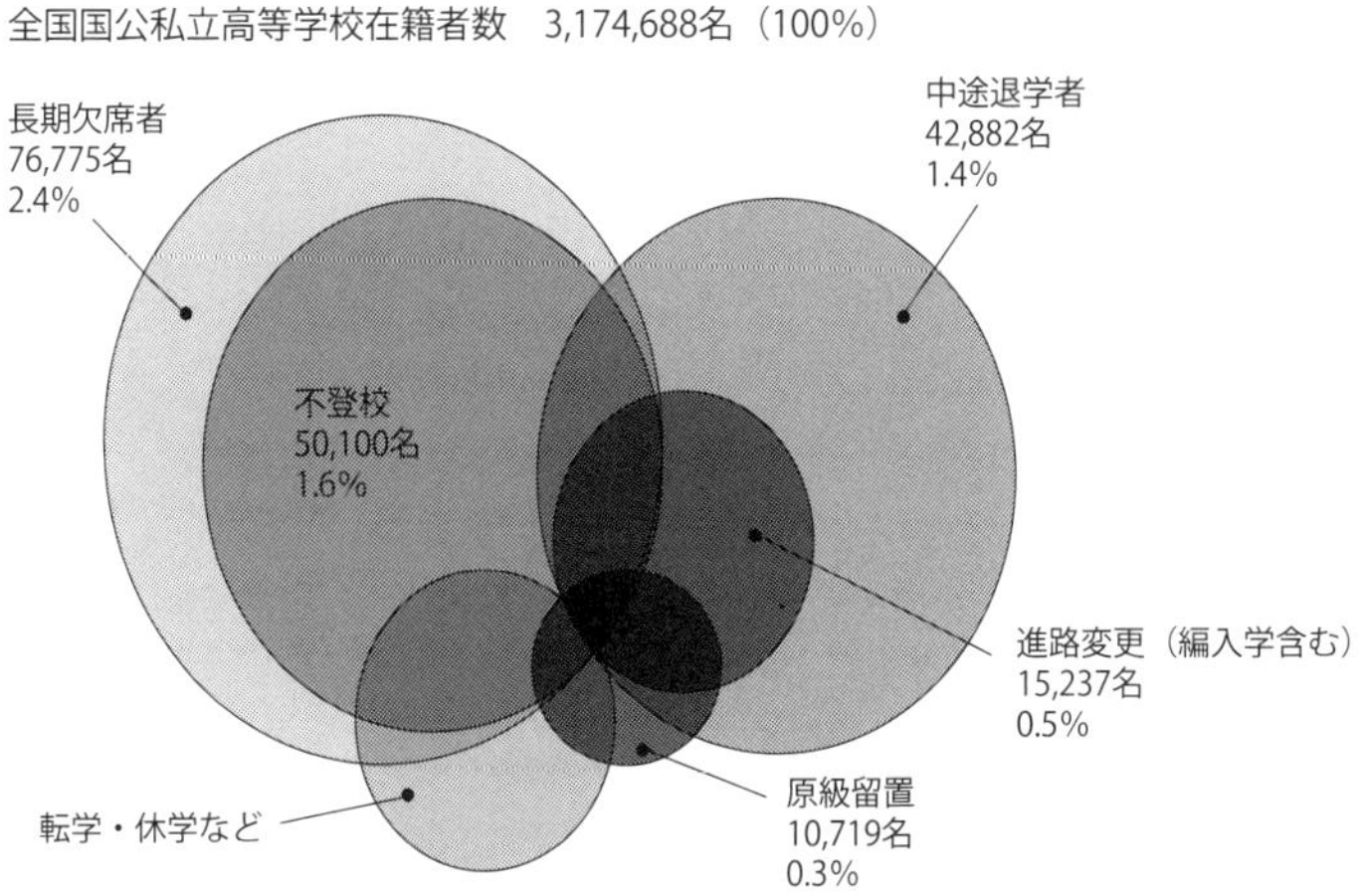

図⑨-1　2019年度不登校、長期欠席、中途退学、原級留置等の関係

（文部科学省，2019より重作成）

い。なお、1980年代の文部省（当時）が公刊している指導集には、「登校拒否」の高校生で「休学中の生徒の指導事例（登校拒否から休学、立ち直った事例）」と「休学期間中に学校と教育センターが連携して指導に当たった事例」が掲載されている。また、作家の三田誠広が高校時代に休学をしたエピソードを語っている（2022）。さらに加えるならば、第8章のMさんが休学経験者である（190－191頁参照）。

そこで、あまり注目されない「休学」について、文部科学省（2018）の「公立の高等学校（全日制及び定時制）における妊娠を理由とした退学に係る実態把握結果」から考えてみたい。この調査（2015～16年度）によると、高校が生徒の妊娠を把握したのは2098人、うち休学した者が433人

（約20％）と報告されている。これ以外におそらく「転学」および「課程変更・休学・転学」の中にも休学した者がいたと考えられる。一方、「産前産後を通じて全期間通学」した生徒が７７８名（およそ3分の1強）、中途退学（退学勧告によるものを含む）した生徒が６７７名（およそ3分の1弱）となっている（保坂、２０１９）。その実態としては、高校卒業までさまざまな支援がなされたケースがある一方で、保護者など関係者が「休学」も含めて学校に「残る」という可能性を十分に検討することなく自主退学させてしまうケースが少なくないようだ（担任学研究会、２０２１）。

新聞記事（注）だが、在学中に生徒が妊娠するケースが過去にもあった大阪府立西成高校が、「休学の選択肢を含め、学校と両立する方法を、生徒の意志を尊重しながら考える方針」を取るとして、次のような実践例が紹介されている。「体育は見学、代わりにリポート課題を出す。出産予定日の5週間前から出席停止。休み中は各教科の先生が課題を出す」。なお、当該生徒は、1年生の春休みに妊娠がわかったが、このような対応により2年生で出産し、母子生活支援施設で暮らす道を選ぶ。その子どもを保育園に通わせながら学業を続けて3年間で卒業を迎えたことが報告されている。このように移行支援としての高校教育の中に、妊娠した高校生への支援を位置づけるために、制度としての「休学」があることを周知して選択肢として示すことや、また別に通信制高校への転学を考えるならば、その託児室設置を検討すべきであろう。なお、上野（２００７）の調査では通信制で託児室を備えている高校は14校と報告されたが、現在11校が託児室の情報をネット上で公開している。

【注】

朝日新聞２０２２年3月20日付記事「（いま子どもたちは）西成高生の巣立ち：１　先生がいたから頑張れた」、同3月21日付記事「（いま子どもたちは）西成高生の巣立ち：２　団長に挑戦　いつか娘に話せたら」

【文献】

・上野昌之（２００７）通信制高校の託児室と学習権の保障――全通研加盟校アンケートを中心に　埼玉学園大学紀要、**7**、１９３‐２０４頁

・担任学研究会（２０２１）妊娠した生徒＝退学か？（あのときの生徒指導はこれで良かったのか……）月刊生徒指導、**51**（２）

・保坂　亨（２０１９）『学校を長期欠席する子どもたち――不登校・ネグレクトから学校教育と児童福祉の連携を考える』明石書店

・三田誠広・池田　健（２０２２）『こころって、何？』岩崎学術出版社

・文部科学省（２０１８）公立の高等学校（全日制及び定時制）における妊娠を理由とした退学に係る実態把握結果 https://www.mext.go.jp/a_menu/shotou/seitoshidou/__icsFiles/afieldfile/2018/11/16/1411217_001_1.pdf

・文部科学省（２０１９）児童生徒の問題行動・不登校等生徒指導上の諸問題に関する調査

第3部

高校教育の新たなパラダイム

第10章　移行支援としての高校教育の未来図

小野善郎・田邊昭雄・保坂　亨

第１節　高校教育と少子化問題

現在、高校等進学率は99％超という高水準を維持し、事実上の高校全入時代になっている。しかし、高校教育がユニバーサルな教育になった足下では、急速に進行する少子化により中学校卒業生徒数は減少の一途をたどり、高校教育の規模は縮小局面に入っている。中学校卒業生徒数は、１９８８年の２０４万人をピークに減少に転じ、学校数もピーク時（１９９０年）から２０２０

年までの30年で1割以上減少した。しかし、こうした縮小局面が続く一方で、依然として入学者選抜制度は存続している。その結果、当然のこととして入学志願者が入学定員に満たない「定員割れ」が、地方の公立校を中心に常態化している。2019年度入試についてNHKが全国の教育委員会に取材したところ、全日制公立高校の4割以上で定員割れ（18道県では半数以上）であったことが明らかになった。こうした定員割れは、大都市部でも私立高校との競合の結果生じてきており、各地で公立高校の統廃合が進められている。所得制限はあるが私立高校の授業料も実質無償化されたことで、都市部の公立高校の定員割れはさらに拡大することが見込まれる（注1）。

表10-1　高校（全日制・定時制課程）の学校数のピーク時（1990年度）と2020年度の比較

	1990年	2020年	増減
高校数	5,506	4,874	△632（-11.5%）
公立	4,177	3,537	△640（-15.3%）
私立	1,312	1,322	10（+0.8%）
私立%	23.8%	27.1%	

＊国立を含む高校数

この高校教育の縮小は、公立と私立とでは大きく様相が異なっている。表10－1に示したように、全国の高校の学校数は、2020年度にはピーク時の1990年度よりも632校（11・5%）減少しているが、そのほとんどは公立高校の減少である。逆に私立高校は10校増加し、高校全体の私立の割合は23・8%から27・1%に拡大、高校教育における私立高校の比率が高まっている。生徒数についても、同期間に約560万人から310万人に減少しているが、やはり私立よりも公立の減少率が高く、結果的に私立高校の生徒の割合は29・3%から33・7%へと増加した。こうして高校教育の縮小は、いわば公立高校が「調節弁」の機能を果たしている。

高校の市場原理にもとづく生徒の争奪競争は最近になって始まったことではない。高校教育の評価基準が大学（特に国公立や有名私立）への進学実績になると、私立高校は受験に特化したカリキュラムやコースを設定するなど、常に先行して生徒や保護者のニーズに応えてきた。高校から入ることが多かった大学の附属および系列の高校が増え続け、さらには中学を併設するようになったのもこうした方向性といえよう（注２）。公立高校も、中高一貫教育や進学に特化したコースを設置するなど、私立高校の教育モデルを導入して追随することで、高校教育全体に民営的手法（民営化）が進むこととなった（小林、２０２３）。

こうした地方での公立高校の統廃合が進む中で、千葉県南部地域では私立高校のスクールバスを「人さらいバス」と呼ぶ人たちがいる。そのバスが、「朝になると若者をみんな連れていってしまう、それで昼間は年寄りばかりになる」という理由からだ。その中のひとり、元公立高校の教員だったある寺の住職は、次のように語る。「その後、高校生は地域にほとんど残らないで、進学にしても就職にしても、みんな都会に出て行く。だから寺は檀家がすっかり減って火の車、どうにもなりません」。またかつては大会で多くの受賞者を出した実績のある書道塾の塾長も、児童生徒数の減少を嘆く。「今は小学生の数は少ないし、昔は中学生や高校生も通ってきていたけど今はいません。高校生はそもそも地元にいないので経営としては成り立ちません」。

公立高校の統廃合にともなって、「地元の高校」と呼べるほど身近な高校が消滅した地域では、偏在している公立高校への進学となると、交通の便の悪い中での遠距離通学となってしまい、通学に多くの時間と労力を使うことになる。また、いわゆる入学難易度の低い歴史の浅い高校となれば最寄りの駅からは遠いといったハンデが追い打ちをかける（田邊、２０１２）。結果として生徒は、遅刻や欠席が増えるなど、就学の継続に困難をきたすことになる（古賀、２００４）。

高校教育自体は公立でも私立でも公教育であることには違いないので、高校教育の民営化が一概に否定されるものではない。公立と私立の違いは設置者が都道府県や市町村であるか民間の学校法人であるかの違いにすぎず、私立学校の教育が「私的」な教育であるわけではない。公教育とは、一部（私学助成費）もしくは全体が公費によって運営され、広く一般国民が受けることのできる学校教育を指し、学校教育法第１条の「幼稚園、小学校、中学校、義務教育学校、高等学校、中等教育学校、特別支援学校、大学及び高等専門学校」による教育である（中澤、２０１８）。したがって、公立高校と私立高校は設置者が異なるだけであり、どちらも公教育ということになる。たしかに、公立高校に比べて私立高校は独自の教育方針や特徴があって、だからこそあえて私立を選んで進学することがある。とはいえ、あくまでも文部科学省の学習指導要領に準拠した高校教育を行っているという意味で、公立高校とは同じものでなければならない（注３）。設置者による高校教育の違いは、教育内容というよりも学校運営に大きく表れる。もっともわかりやすいのは、多くの私立高校では土曜日も授業が行われているが、公立高校では土曜日は休業日で授業は行われていない。

公立高校は都道府県または市町村の教育委員会によって運営されている（注4）。特に都道府県立の場合には数多くの学校があり、それぞれの地域における教育ニーズに応えながらも「教育機会の均等」や「公平性」など、まさに「公共性」を踏まえた運営管理がなされている。当然、公設公営、つまり税金を財源としていることからアカウンタビリティが問われることになる。その際に、評価基準が学力や大学進学実績であるとすれば、必然的に私立高校と競合することになり、公立高校はより一層市場原理に巻き込まれることだろう。こうして公立高校に私立高校の学校運営が導入されること自体は否定されるものではなく、教育以外にも行政サービスに民間のノウハウが活用されることは多くなっている。しかし、学校教育に市場原理が優勢になれば、市場規模の小さい地方はどうしても不利になる。実際に、人口の少ない地方の高校教育は公立高校への依存度が高い。経済的に余裕がある家庭であれば、保護者のもとを離れて生活（寮・下宿）するなどして都市部の私立高校に進学することもあるが、それが地方の公立高校をさらに衰退させる悪循環にもつながる。さらに、「より良い教育」を求めて、もっと早い段階から都市部に転居することもあり、高校教育の市場原理は義務教育段階の教育にも影響が及ぶ。ここにもまた第2部第9章「解題」で取り上げた「子どもの貧困問題」という経済格差が影を落とすことは言うまでもない。

また、公立高校は基本的に大学区制なので、建前上は義務教育である小中学校のように子どもの生活圏内に学校を設置する必要はない。過疎化が進む地方では、高校は規模の縮小を経て、やがて統廃合され、結果的に実質的な生活圏内に高校がなくなりつつある。必然的に、生徒は高校教育のために地元を離れなければならなくなり、地域から若者の姿が消えることになる。自宅から通学する場合でも、通学に多大な時間と労力をかけなければならないことで、生徒と家族の負担は増大し、この間隙に先の私立高校のスクールバスが登場するなど、高校教育の「均等」はけっして保障されていない。

第2節　公立高校減少の実態

先に、人口の少ない地方の高校教育は公立高校への依存度が高いと述べたが、これをデータ（２０２０年度）で確認しておこう。先に示した表10－１（全国データ）を補うためでもある。

まず東京都（人口約１４００万人）は、全高校４２８に対して私立高校は２３７と半数以上（55％）を占めて全国第一、それでもこの10年間で都立高校は４校減っている。千葉県（約６２０万人）は、全高校１８２に対して私立高校は54（30％）、この10年で県立高校は３校減っている。和歌山県（約91万人）は、全高校47に対して私立高校は９（19％）、県立高校が４校減り、私立高校が１校増えている。なお、その１校というのが本シリーズでも紹介した２０１６年度に高等専修学校から高等学校へと変更した「りら創造芸術高等学校」（小野・保坂、２０１６）である。三重県（約１７７万人）は、全高校70に対して私立高校は13（19％）、この10年で県立高校が２校、私立高校が１校減っている（注５）。島根県（約66万人）は、全高校47に対して私立高校は10（21％）、この10年で県立高校が３校減っている。他に、東京都に続き、京都府・大阪府では私立高校の割合が４割を超えるが、地方では２割程度に過ぎない。しかし、共通していることは、この10年間で減っているのは公立高校であり、それによってすべての都道府県で私立高校の占める割合が増加している。

また、高校入学者数（２０２１年度）を見ると、全国約１００万人に対してその１割（10万人）を東京都が占め、千葉県は約４万６０００人、三重県は約１万４０００人だが、和歌山県は８０００人を、島根県に至っては６０００人を下回る。この入学者が生まれた頃の出生者数は、およそ１１０万人、少子化はこの15年間に急速に進み、２０２１年度は81万人と発表されたところである（厳密には出生者数は１～12月の合計、入学生は４～３月生まれなので同じデータではない）。この急速な少子化を踏まえながら、移行支援としての高校教育の未来図を描くことが課題であることは言うまでもない。

第１部第１章で述べた通信制の高校生が増加していることに加えて、ここではその公私の割合についても触れておきたい。注目されるように、この20年間通信制の生徒数は増加し続けているが、実態は公立通信制の生徒は半減する一方で、私立通信制の生徒が倍増することによって増え続けているのである。その結果、２０２０年度約20万人（全高校生の６％）の通信制高校生のうち私立通信制の生徒がおよそ４分の３を占めるまでになっている。今後もこの割合は増加していく可能性が高い。

なお、のちの議論のために記しておくが、公立高校には都道府県立に加えて市立・町立・村立高校、および組合立高校が含まれる。このうち組合立高等学校は、地方自治法第284条により複数の市町村が共同で設立した高校である。複数の自治体が共同で行政サービスを行うことを目的としており、教育領域においては他に不登校の児童生徒のための適応指導教室（教育支援センター）が組合立として存在する地域がある。

第3節　公立高校の再編（統廃合）計画

こうした少子化＝生徒数の減少が進む中、全国の教育委員会において今後の中学校卒業者数の減少を踏まえた高校再編計画を策定する作業が進められている。たとえば、和歌山県では、2020年に中学校卒業生徒数がこの30年で半数を割り込むことが明らかになった段階で、地域とともに持続可能な高等学校の在り方を有識者に諮問し、29校ある県立全日制高校を20校程度に再編する整備計画の策定に着手した（注6）。

こうした再編計画のもととなっているのが、「公立高等学校の適正配置及び教職員定数の標準等に関する法律」である。財政負担よりも行政サービスとしての面を重視することによって、適正規模とは言い難い小規模校を存続させ、少人数教育（学級）も可能としている。2021年度入学者数が８０００人を割り込んだ和歌山県では、高校の小規模化によって教員数が限られて専門的な授業ができなくなったり、学校行事や部活動等の制約が大きくなることから、学校規模は1学年6学級を適正規模としながらも、地域で通学可能な高校がひとつしかない場合などは、この基準にとらわれないとしている。

また、三重県教育委員会（入学者数1万４０００人）も「県立高等学校活性化計画」（２０１７年）で、地域に必要とされる高校は小規模であっても残るような枠組みを提示した。しかしながら、こうした計画においてはっきりとしたことは、地域において必要な高校は小規模校であっても残す枠組みの提示というよりは、そのための条件提示という意味合いが強いということである。活性化という名のもとにそれぞれの高校が実績を上げれば残ることになるが、そうでなければ残れない。この間の各高校の取り組みの検証状況に応じて、学級減・統廃合を視野に入れた新たな活性化の取り組みを協議することとされた（注7）。

結局、現在の状況は維持できないので、各地域の県立高等学校活性化協議会において公立高校の統廃合に関する丁寧な協議を開始するということである。つまり、検証結果から高校をキーステーションとして地域の活性化と高校の生き残りを期するというのは難しいと言っているに等しい。もちろん、各地で地域の活性化と高校の生き残りが一定の成果を上げている成功事例は存在している（地域・教育魅力化プラットフォーム、２０１９：阿部・喜多下、２０１９、２０２２：注8）。それにしても地域の高校をキーステーションとする取り組みは限界にきているのではないだろうか。

第4節　地域社会における高校の機能としての生き残り ——物理的存在から機能的存在へ

上記のような三重県の検証結果を踏まえて、あくまでも思考実験として大胆な問題提起をしてみたい。それは、それぞれの地域に高校という物理的建物が必要なのか、言い換えれば高校という教育的機能さえあればよいのではないかという検討である。地域に「地元の高校」と呼べる建物と組織は本当に必要なのだろうか。高校という物理的建物がなくても、その機能を持つネットワークができれば、「移行支援としての高校教育」の目的は十分達成されるのではないだろうか。

コロナ禍（新型コロナウイルス感染症流行）の影響により一気に加速された文科省のGIGAスクール構想、すでに従前から構想されていた経産省の「未来の教室」構想やEdTech研究会は、学びの形態そのものが大きく変化する可能性を秘めている。つまり、現在の「子どもたちが学びに学校へ行く」というかたちから「学びが学校から子どもたちに来る」というかたちへの転換である。もちろん、学校での対面による集団的な取り組みの必要性を否定するものではないが、今後学びはますます多様化しながら、学校の在り方や学びの在り方は変化し続けていくだろう。その先にある姿、つまりは学校の未来図をわれわれはまだ描き切れてはいない。

産業革命以前は、農業に代表されるように自宅でモノを生産し、それが人の手を介し消費者にわたるというようにモノが動く社会であった。それが産業革命後は生産設備や資本の整った生産拠点（工場等）に人びとがやって来てモノの生産を行うようになった。つまり、効率よく動くのは生産物から生産者である人に変わった。この産業革命と並行して、学校教育も子どもたちに効率よく（つまりは安く、かつ早く）「読み書きそろばん」を教える場所として整備され、「子どもたちが学びに学校へ行く」というかたちが始まった（柳、２００５）。そのためのインフラ基盤となったのが印刷革命による本（教科書）の登場である。それが再び、ＩＴ革命という大きな技術革新によって、「学びに学校へ行くのではなく、学びが学校から来る」という大転換が起きつつある。そんな中で従来どおりの物理的な建造物は必要かというのが以下の思考実験である。

地域に必要なのは、高校生という人と高校教育という機能だけでもよいのではないか。こうしたネットワークという視点からは、キーステーションとしての高校が物理的に存在するとしても、それは各地域にひとつある必要はなく、もっと広域に存在する高校と各地域に点在するアドホックなネットワークがつながっていればよいと考えられないだろうか。「このアドホックなネットワークが地域の教育機能であり、それを担うのが高校生という人である」という考え方になる。オンラインで授業や話し合いを行う、あるときは学校に通ってさまざまな活動を行う。そして自分の地域で生活する高校生が、所属の高校に関係なくアドホックなネットワークで結ばれ、地域課題解決型の教育をコーディネートする、それを行政（教育委員会等）や関係組織がサポートするという仕組みである。そして、その活動を高校教育が必要に応じて単位認定（第11章参照）していく。

具体的な例としては、地域課題解決型キャリア教育モデルの一環としてアルバイトを高校が単位化する試み（国吉、２０１５）がある。労働力の不足している地域で、その地域で生活する高校生がアルバイトをする。そこに行政の担当者が介在して、雇用主と労働者としての高校生の間の調整を行う。学校は契約や労働条件などのアルバイトで派生するさまざまな問題について、オンライン（時には対面）で授業を行う。授業は高校の教員だけではなく、司法書士、行政書士、社会保険労務士、あるいは教育委員会等にスクールロイヤーがいれば弁護士の力も借りる。この授業に参加すれば、その地域でアルバイトをしている高校生が対象の単位認定科目となる。あくまでも活動主体はアルバイト先での実務であり、それには当然対価が支払われることになり、経済的な理由での中途退学を防ぐ意味合いも生じることになる。雇用先にも行政の目がしっかりと行き届くことになるので、いらぬトラブルも減るだろう。現行制度の中でも学校設定科目を活用すれば、十分に可能な取り組みだろう（注9）。

第5節　移行支援としての高校教育の未来図

地方の高校の消滅は、その地域の衰退に直結する。高校進学の段階だけでなく、有利な大学進学を意図した義務教育段階からの子どもの流出によって、地域の活気が失われるだけでなく、さらに地域が衰退する悪循環になりやすい。その典型が公共交通の衰退である。地方の鉄道の経営状況は厳しいが、大きな赤字を出しながらも運行しているのは、高校生の通学手段としての公共性があるためといえる。もし通学する高校生がいなくなれば、運行列車は減少して利便性が損なわれ、さらに利用者が減って廃線につながる。２０１６年3月に北海道遠軽町にあった石北本線旧白滝駅が、たったひとりの利用者だった高校生の卒業とともに廃止されたのは、過疎地の鉄道の存在意義を象徴する出来事だったといえよう（注10）。

ここで問題とされているのは、高校が消滅した地域社会において、さらなる人口減少や公共交通網の縮小と、それにともなう地域産業の一層の衰退が生じることであり、それは同時に高校生の移行支援そのものを難しくする。本来、これらは別の問題であるのだが、地方再生や地方創世の名の下においては、個別に対応できる問題ではなく密接に絡み合った、地域における包括的な問題となっている。こうした中で、地域に若者が集う場としての高校を残すという方向性が模索されているのである。常に地域コミュニティを中心的に支えてきたのは、神社仏閣であり学校であったのだから、これは当然の帰結といえるのかもしれない。

日本には多くのへき地や離島があり、たとえ義務教育ではなかったとしても、希望する者がすべて高校教育を受けられるためには特別な配慮が求められ、地域の事情に応じて小規模校（分校や村立高校・組合立高校）を残す努力が続いている。それゆえ文部科学省（２０２０）は、ＩＣＴの活用など複数の高校が教育課程の共通化や相互互換をしたり、授業を配信したりすることで小規模校での教育の質の向上を目指そうとしている。いずれにせよ自宅から通学可能な唯一の高校であるかぎり、多様な生徒と多様な進路に対応する高校ということになり、それは事実上の小学区制、総合制、そして言うまでもなく男女共学の高校教育であり、まさに戦後の新制高校発足時に目指した「高校三原則」と一致しているのは皮肉なことである。

繰り返しになるが、地方の公立高校の消滅は、移行支援の場を失うことにもなる。それゆえ離島や中山間地域の「地域で唯一の高校」を存続させるための取り組みは、都市部からの生徒を受け入れること（留学事業）で高校を存続させるためだけでなく、地域の活性化に一定の効果を上げてきた。こうした実践を踏まえて内閣府地方創生推進室は「高校生の地域留学の推進のための高校魅力化支援事業」を2018年から創設し、高校生の「地域留学」を推進している。高校の存続と活性化は、まさに地域創生の中核であり、単なる教育機関としてだけではない存在意義が広く認められようとしている。このように地方の高校の存続は地域再生（地方創生）の鍵を握っており、もはや単なる教育問題ではなくなっている。こうなると地域の高校の存続は、地域活性化だけではなく、地域再生（地方創生）につながるものでなければならない。たしかに、高校は地域の人材を育成する場であることから、地域再生（地方創生）の要であることは間違いない。しかし、ただ知識やスキルを身につけるだけの「実用的」な教育訓練機関ではなく、高校は今では実質的に唯一の「子ども」から「大人」への移行の場であり、どんな大人として生きていくのかを模索していくことも保障されなければならない。大人への移行が子ども集団の中だけではなく、大人との交流がなければならないのと同様に、地域の担い手を育てるためには、地域の中で育つことが大切である。しかし、この方向性だけで十分なのだろうか。

これまで述べてきたとおり、すでに多くの地域で高校再編の作業が進められているが、あくまでも公立高校の再編であり、同じ地域にある私立高校の今後の運営方針にまで踏み込んではいない。つまり、国立、公立、私立を含めた地域内のすべての高校教育の定員を再編しているのではなく、私立高校の規模を規定するものではない。義務教育である小中学校は基本的に公立学校によって提供されてきたが、義務教育に準じて整備されてきた高校教育は、通信制を筆頭に、地域差はあるものの私立への依存がますます高まっている。義務教育は公立学校によって保障されたとしても、義務教育ではない高校は必ずしも公立である必要はないのだとすれば、現在の公立学校の衰退は、高校教育はすべての子どもに保障されるものではない、あくまでも選択的な教育であることを強烈に突きつけている。

このまま公立高校の再編（統廃合）だけが実施されていくならば、多くの地域で私立高校の存在がますます大きくなっていくことになる。今後は、国公私立という枠組みを超えて、また普通・定時・通信制という制度も超えて、さらには市町村立・組合立という基盤をも超えて、移行支援としての高校教育の未来を検討しなければならない。

【注】

注1　公立高校の「定員割れ」がもっとも低かった東京都は10％であったが、この東京都でも2022年度入試では二次募集でも欠員（定員割れ）が生じ、三次募集の定員は1000名を超えることになる。また、2019年度入試で25％だった大阪府も2022年度入試では3割が定員割れ、同じく30％だった愛知県も約半数が定員割れとなる。こうした定員割れが続く危機感から、熊本県立高森高校（普通科全日制）では漫画学科が設立される。町で唯一の高校である同校は、定員80人、2011年から入学生徒が半分以下という定員割れが続いた（朝日新聞2021年11月3日付記事「県立校に漫画学科　切磋琢磨の場に　定員割れで存続危機　阿蘇の町に出版社協力」）。

注2　現在、全国で大学の附属・系列校は563校、うち200校が首都圏（東京・千葉・神奈川・埼玉）にある。また、1985年度入試において、東京大学合格者ランキングの上位10校から公立高校が消えた。ちなみにその3年前、1982年度入試で134人の合格者を出して1位となった開成高校は、この後も合格者数トップを続けることになる（小林、2023）。

注3　例外として、小中学校で「特別な教科」となった道徳は、高校では「公民・倫理」や「総合的探究の時間」などを含めて全教育活動を通じて行われるが、私立学校では宗教をもって代えることができる。そのため多くのミッションスクールでは道徳の代わりに「宗教」「聖書」「キリスト教」という科目で学んでいる。

注4　教育基本法第8条においては、「私立学校の有する公の性質及び学校教育において果たす重要な役割にかんがみ、国及び地方公共団体は、その自主性を尊重しつつ、助成その他の適当な方法によって私立学校教育の振興に努めなければならない」となっている。そして、私立学校法にもとづき、私立学校は、各都道府県の私立学校審議会のもとにある。この私立学校審議会は、私学の自主性を担保し、所轄庁の私立学校に対する行政の適正を期するため、私立学校の代表者を主な構成員（委員の4分の3以上）とし、学校新設の認可など一定の事項に関する諮問機関として各都道府県に置くこととされている。

注5　三重県で2017年に閉校したのがヴィッツ青山学園高等学校（株式会社立・通信制）は、学習指導要領

違反や就学支援金の不正受給などの不祥事があった。また、最近和歌山県の和歌山南陵高校では、教員への給料未払い問題などでストライキが行われ、これによって副校長が解雇されるという問題が起きている。このような両校の事態は、私立学校審議会が十分に監督できているのかという問題を提起した。

注６　ニュース和歌山２０２０年10月31日付記事「動き出した和歌山県立高校再編」。なお、その後県教委は、具体的な校名をあげて今後の方針を発表し、定時制を含め今ある32校を可能なかぎり存続させつつ、全国募集などで入試の枠組みを広げるなど高校の魅力を向上させるとした（朝日新聞２０２１年12月１日付記事「県教委が高校再編の方向性を発表」）。また、これより以前の大阪府では、「３年連続して定員割れした府立高校は廃止」とした「教育基本条例案」に対して、議論が続いて最終的には「３年連続して定員割れし、改善の見込みがない学校は再編整備の対象となる」と修正された（志水、２０１２）。

注７　その条件とは以下のとおりである。

１　高校を中心に関係者、関係機関で構成する協議会をつくる。

２　協議会で高校活性化のための計画をつくり実行する。

３　活性化の取り組み期間は３年間とし、毎年成果の検証をする。

４　規模によって、取り組み期間の３年後、あるいは「県立高等学校活性化計画」最終年度に総括的な検証を行う。

そして、２０１７年度からの各学校における取り組みに対して総括的検証結果が以下のように示され、新たな「県立高等学校活性化計画」が策定された。

○現行の高等学校の配置を継続していくのは難しい状況にある。

○1学年3学級以下の高等学校は統合についての協議も丁寧に行う。

○他の高校で担うことが難しい県内唯一の学科等を有する高校は引き続き活性化に取り組む。

○入学者が2年連続して20人に満たず、その後も増える見込みのない場合は、募集停止とする。

注８　このレポートは、高校が存続している地域（市町村）では、２０１５年から２０２０年にかけての15～17歳人口減少率のゆるやかな傾向が見出された。これによって、高校生を対象とした留学事業が、人口動態に影響

を及ぼしているという興味深い分析をしている。なお、県外からの入学者を認める対応（留学事業）をしている公立高校は年々増加し、現在では300校を超えている。もっとも積極的な取り組みを行っているのが島根県であるが、この全国からの生徒募集は2010年度から島根県が高校魅力化事業として始めて各地に広がった（朝日新聞 2021年6月28日付記事「地方留学　個性伸ばす高校生」）。

注9　国吉（2015）も触れているが、神奈川県の新しい公共支援事業について黒川（2018）が詳細に述べている。これは、公立高校で行われている、インターン（無給）とアルバイト（有給）を合体させた職業訓練（教育的枠組みにおける就労支援システム）で、在学中にインターン（同時に有給アルバイト：インバイト／バイターン）として働きながら、卒業後の正規雇用につながった事例が報告されている。なお、スタートとなった高校には、2012年度からスクールキャリアカウンセラーが配置され、2017年度から同じクリエイティブスクール全校への配置となった（長島、2022）。

注10　2018年度全国の地方鉄道の半数以上で、通学定期の利用者の割合が全利用者の3分の1を超えるという。しかし、割引分を負担しているのは民間事業者であるため、JRと私鉄・バスとでは割引率に差がある。交通経済学者の宇都宮は、出発点が教育政策（家計の費用負担軽減）であったことを指摘し、国予算での手当実施を提案している。ちなみにオーストラリアでは政府の補助金によるため、鉄道とバスの間で割引率の差はないという（朝日新聞 2021年9月2日付記事「公共交通を支える　通学定期割引分を国予算で」）。実際、北海道の鹿追町にある道立鹿追高校では、町からの支援としてバス通学者への運賃補助や寮も用意されている（長島、2022）。教育の機会均等を保障する原点を思い出せば、これもまた「子どもの貧困問題」から検討すべき課題だろう。

【文献】

・阿部剛志・喜多下悠貴（2019）高校存続・統廃合が市町村に及ぼす影響の一考察——市町村の人口動態からみた高校存続・統廃合のインパクト　三菱UFJリサーチ&コンサルティング

・阿部剛志・喜多下悠貴（2022）高校存続・統廃合が市町村に及ぼす影響の一考察②——市町村の人口動態か

らみた高校存続・魅力化のインパクト　三菱UFJリサーチ&コンサルティング
・小野善郎・保坂　亨（編著）（2016）『続・移行支援としての高校教育――大人への移行に向けた「学び」のプロセス』福村出版
・国吉恵一（2015）アルバイトを単位認定する試み――柔軟な発想から「やる気」を評価する　田邊昭雄・富樫春人・高橋閑子（編著）「いじめ予防と取り組む――精神保健の視点から」千葉県高等学校教育研究会教育相談部会報告書、64-72頁
・黒川祥子（2018）『県立！　再チャレンジ高校――生徒が人生をやり直せる学校』講談社
・古賀正義（2004）『学校現場の知とエスノグラフィーの実践　学校のエスノグラフィー――事例研究から見た高校教育の内側』嵯峨野書院
・小林哲夫（2023）『改訂版 東大合格高校盛衰史――1949年～最新ランキング徹底解剖』光文社
・志水宏吉（2012）『検証　大阪の教育改革――いま、何が起こっているのか』岩波書店
・田邊昭雄（2012）A高校の現場から　小野善郎・保坂　亨（編著）『移行支援としての高校教育――思春期の発達支援からみた高校教育改革への提言』福村出版、188-216頁
・地域・教育魅力化プラットフォーム（編）（2019）『地域協働による高校魅力化ガイド――社会に開かれた学校をつくる』岩波書店
・中澤　渉（2018）『日本の公教育――学力・コスト・民主主義』中央公論新社
・長島佳子（2022）社会と共に生徒を育てる高校事例　キャリアガイダンス、**441**、20-28頁
・文部科学省（2020）新しい時代の高等学校教育の在り方ワーキンググループ（審議まとめ）――多様な生徒が社会とつながり、学ぶ意欲が育まれる魅力ある高等学校教育の実現に向けて　中央教育審議会初等中等教育分科会・新しい時代の初等中等教育の在り方特別部会・新しい時代の高等学校教育の在り方ワーキンググループ
・柳　治男（2005）『〈学級〉の歴史学――自明視された空間を疑う』講談社

第11章　高校教育の進級・卒業問題

保坂　亨

第1節　履修主義と修得主義

コロナ禍（新型コロナウイルス感染症流行、以下、コロナ禍）において発表された「『令和の日本型学校教育』の構築を目指して」（中央教育審議会、２０２１）では、「新時代に対応した高等学校教育等の在り方について」が10頁にわたって取り上げられた。そして、義務教育段階（小中学校）の進級・卒業要件は年齢主義（学年学級制）を基本とする一方で、高校は、「これまでも履修の成果を確認して単位の修得を認定する制度が採られ、また原級留置の運用もなされており、修得主義・課程主義の要素がより多く取り入れられていることから、このような高等学校教育の特質を踏まえて教育課程の在り方を検討していく必要がある」とされた。これを踏まえて、本章では「履修主義」と「修得主義」が意味するところを確認して、高校における進級と卒業をめぐる問題について考えてみたい。

「履修主義」と「修得主義」を説明するために、具体的に学校の「欠席」とそのグレーゾーンとなる「保健室（別室）登校」の実態から考えたい（保坂、２０２２）。小中学校では、授業に出られない児童生徒が、「保健室（別室）登校」をしている場合は「出席」となる。ところが、高校の場合、生徒が「保健室（別室）登校」していても、さらにどの授業が欠席、厳密には「欠時間数（欠時）」となるかが問題となる。高校では、それぞれの科目（単位）の「履修」と「修得」が進級・卒業要件として重要であり、ここが小中学校の出席・欠席と大きく違うところになる。

「履修主義」をとる高校の「履修」とは、科目（単位）ごとに「履修の成果」を確認する必要がある。したがって、各教科・科目の年間授業時数（法定時数）の3分の2以上の出席（成果）をもって認定され、欠席が3分の1を超えてしまうと「欠席時数（欠時）超過」で「未履修」となる。この「履修」が認定、つまりは出席3分の2以上（成果）が確認されたうえで、ある一定水準以上の評価を得ることによってその科目（単位）の「修得」となる。これが修得主義である。つまり、高校における進級・卒業の基本となる「単位認定」とは、「履修」と「修得」が両方確認されて初めて「認定」される。学習指導要領においても「学校においては、生徒が学校の定める指導計画に従って各教科・科目を履修し、その成果が教科及び科目の目標からみて満足できると認められる場合には、その各教科・科目について履修した単位を修得したことを認定しなければならない」（第1章総則第4款1）と明記されている。

そのため高校では、小中学校では使わない進級、卒業のために必要な教科・科目を数える「単位」（たとえば国語4単位）がある。1週間の時間割で4時間ある科目（たとえば国語）を1年間学習すると「4単位」となる。付け加えるならば、1単位時間は50分、35単位時間の授業を1単位として計算することが標準とされる。高校の進級には、この決められた「単位」が「認定」されることが必要となる。

進級にあたっては学年ごとに一定の課程の修了を要求する課程主義をとっている高校も多いが、卒業要件だけがある課程主義（学年ごとにはない）の単位制高校が増えている（第1部第1章参照）。そして、この学年による教育課程の区分けを設ける学年制をとる場合、次の学年に進級できる「原級留置」という制度が存在する。なお、高校の教育課程修了の要件は、学校教育法施行規則第96条で最低74単位とされているが、実際は学校ごとに卒業要件（全課程修了）が決められている。

したがって、高校生の場合、保健室（別室）登校をしていても、各授業科目に出なければ「欠時」とカウントされ、それが3分の1を超えると当該科目は「未履修」となって単位認定されない。また、この「欠時」が3分の1未満でも、定期試験等による成績が不良であれば単位修得とはならない。このようにして決められた単位が修得できない場合は課程修了とならないため、いわゆる留年（原級留置）となる。この留年は生徒たちから避けられることが多く、結果として転学や中途退学へと至る。当然、高校においては欠席よりも「欠時」のほうに注意が向く。高校においても、保健室（別室）登校は出席扱いにはなるが、実際に保健室（別室）登校する生徒の数は中学校に比べるとはるかに少なく、これが中退予備群とされるのはこうした制度があるためといえる。なお、年間50日（のちに30日）以上を長期欠席として文部科学省が調査してきたことは周知のとおりだが、小中学校調査は１９５２年度からに対して高校は２００４年度（30日以上）からである。進級・卒業問題が小中学校とは違う高校においては、長期欠席調査よりも中退調査（１９８２年度開始）が注目されてきた理由がここにある。

第２節　運用の実態

千葉県立高等学校管理規則第19条には、「履修」認定における３分の２以上の出席、つまりは欠時は３分の１未満というルールが以下のように明示されている。「生徒が学校の定める指導計画に従って受けた授業時数が学年の授業時数の三分の二以上の場合」、履修を認定するものとする。つまり、このルールが県立高校では確立されているが、加えて「特別の事由がある場合には、補講その他適切な指導を実施し、その時数を授業時数に算入することができる」という例外規定もある。なお、校長が「欠席扱い」としない理由（同第40条）としては、「忌引」、「学校保健安全法第19条による出席停止」（インフルエンザ、コロナ感染症など）、「災害」（暴風、洪水、火災など）に加え、その他「校長が必要と認める場合」があげられている（千葉県教育委員会、1979）。そして、これがそのまま「欠時」の例外規定（上記特別の事由）となっている。このルール（履修主義）は他の都道府県でも同様であり、私立高校でも同じようなところが多い。

同じく千葉県立高等学校管理規則第18条においては、「成績の判定は、担任教員の行った評価その他の資料及びその意見に基づき、学習指導要領に示されている目標を基準として、校長が行う」ものとされ、また「判定の方法」は「校長が定める」ことになっている。また、同規則上では、「学習の成果」が「目標から見て満足できると認められる場合」に「所定の単位を修得したと認定する」という抽象的な表現にとどまっている（千葉県教育委員会、1979）。それゆえ単位修得できない「成績不良」（不認定）については、「学校が行う」ことになっており、各学校の規則（内規等）で決められている。当然、各教員が行う平素の成績の評価にもとづいて、最終的に校長が行うということである。この修得主義（評価の在り方）については、教員間の共通理解を図ることが必要であり、学校全体として適切な評価が行われるようにしなければならないとされている。

たとえば、ある公立高校では、「単位修得の認定」として科目の履修が認定（出席時数3分の2以上）された上で、「科目の学年末評点が30点以上」と統一されている。なお、この基準以下、つまりは30点未満の点数で「不認定」とされる場合、「欠点」あるいは「赤点」と称する高校が多いが、この用語は通称と考えられる。この「欠点」と「赤点」は高校関係者（教員・生徒・保護者）の間でふつうに使われているが、その基準となる点数、つまり管理規則上は校長が定めることになっている「判定の方法」が、学校ごとに違うことはあまり知られていない。

これを踏まえて進級の基準としては、学年による教育課程の区分を設ける学年制をとる場合、各学年の課程の修了の認定を行うこととされている（学校教育法施行規則第１０４条で高等学校に準用される第57条）。これにもとづき、各学校の規則（内規等）で教育課程、つまり当該学年で定められた必履修科目のすべての修得が、進級の原則となっている高校が多い。しかし、実際の運用上は、決められた教育課程すべてではなく、不認定科目が2科目（または3科目）以内という条件が加わるが、原則どおり1科目でも進級できない、つまりは原級留置となる高校もある。

この基準については、１９６７年に東京都立高校から文部省（当時）に対し、「原級留置」となる不認定単位数の基準について問い合わせがあり、以下のような回答が出されている。「学年の課程の修了は各学校において規定するところであるが、通常、当該学年に修得すべき各教科科目単位数の三分の一程度（12単位前後）が修得されない場合、原級に留置する措置がとられているようである。本件も、この趣旨によって処理することが妥当であろう。但し、修得されない教科、科目単位数が三分の一程度より少ない場合においても、爾後の学習成果が殆ど期待されないと判断される場合は、原級留置することも必要であると考えられる」。しかし、この回答の次の文言こそ注目すべきであろう。「単位を修得できなかった科目については、追試験その他適切な方法によって、科目の単位の修得を認定することとなる」。（注1）。

つまり、学年制を厳格に運用すると、当該学年で修得すべきとされる科目が未修得の場合には、たとえそれが1科目でも進級が認められずに原級留置とされてしまう。しかし、中退の要因として原級留置が注目され、あまりに厳格すぎる学年制の運用は、多様化している生徒の実態を踏まえるとかならずしも適当とはいえないと認識されるようになる。こうした観点から、各学年における課程の修了の認定については、特定の学年において一部の単位の修得が不認定となった生徒について一律に原級留置とするのではなく、弾力的に運用して、学校が定めた卒業までに修得すべき単位数を修業年限内に修得すれば卒業が可能になるよう配慮することが求められるようになっていく。

学校において卒業を認めるにあたっては、生徒の平素の成績を評価して、これを定めなければならない（学校教育法施行規則第１０４条で高等学校に準用される第57条）。また、校長は、全課程を修了したと認めた者に卒業証書を授与することとされている（同第58条）。したがって、先の文部省回答（注1）でも、「卒業の認定は、生徒が履修すべき課程を修了したと認められる場合」に行われるものであるから、74単位以上に生徒が履修すべき単位数が定められている場合には、「校長はその生徒を卒業させないことができる」としている。つまり、修得した単位数が最低の74単位に達したからといって、生徒が卒業認定を要求し得る根拠とはならない。学校が卒業に必要な単位を74単位を超えたある単位数以上と定めた場合はそれを満たさなければならないし、特別活動（ホームルーム活動、生徒会活動および学校行事）についてもその成果が目標に照らして満足できるという要件を満たしていなければならない。なお、普通科においては、卒業までに修得させる単位数に含めることができる学校設定科目および学校設定教科に関する科目の修得単位数は、合わせて20単位を超えることができないが、専門学科および総合学科についてはこのような制限は設けられていない。こうした規定のもとで各高校は、卒業（全課程修了）までに必要な単位を74以上としているところが多い（注２）。

ここまで説明してきた中で、欠時ルールは千葉県の全公立高校で同一なのに対して、成績と進級および卒業に関する基準については、文部省回答があるものの実際は公立高校ごとに違っている。当然、私立高校ではさらに違いが大きいのが実情である（注３）。

第３節　グレーゾーン拡大をめぐる問題

こうしたグレーゾーンもある運用の中で、成績不振の生徒に対して「他校に転校することを条件に単位を与える」という通称「アゲダシ」という運用が行われていたようだ。これは20年以上前に「指導に手を焼く生徒を他校に追い出すために行われた」という（梅澤・黒岩、２０２０）。しかし、在学中に単位の修得を認定された各教科・科目については、原則としてそれを再び履修し修得する必要はなく、修得した単位は、全日制・定時制・通信制の各課程相互で共通して有効であり、転学の際にはそれまでに修得した単位に応じて相当学年に転入させることができる（学校教育法施行規則第92条第2項）。また、学年による教育課程の区分を設けない単位制による課程においても、過去に在学した高校において単位を修得している生徒について、その修得した単位数を全課程の修了に必要な単位数のうちに加えることができる（単位制高等学校教育規程第7条）。したがって、「成績不振の生徒」に対しても、転校を条件に未修得単位を「修得」とする上記の「アゲダシ」は違法（有印虚偽公文書作成罪・同行使罪：梅澤・黒岩，2020）であろうが、修得できた単位があれば有効となる。なお、高等学校卒業程度認定試験を受験する場合においては、高等学校において各試験科目に相当する科目を修得した生徒については、その願い出により当該試験科目についての受験が免除されることになっている（高等学校卒業程度認定試験規則第5条：注4）。

また、遡ると1988年の学校教育法施行規則改正により、外国の高等学校（正規の後期中等教育機関）へ留学した場合、36単位を限度としてわが国の高等学校の単位として認めるようになった。これによって、それ以前に海外留学（1年以上）をした高校生は、単位不足で原級留置となっていたが、この改正によって3年で卒業が可能となった。当然、学年をまたがって留学した生徒については、留学が終了した時点において、学年の途中においても進級または卒業を認めることができる（注5）。文部科学省の調査（2023）によると、2021年度に海外留学に係る単位認定を行った学校は411校となっている。

こうした規定上「校長の判断」という曖昧さが残る進級・卒業をめぐっては、当然ながら裁判に至る事案も起きていた（注6）。第1部第1章で述べたような、高校の在り方に合わない生徒たちのほうが高校から排除されて中退していった時代のことである。その後、高校の中退問題が注目され、「高等学校中途退学者進路調査」（1992）から、「進級できなかったこと（原級留置）」が中退の主たる原因であることも指摘された。実際、この当時の中退は約10万人（中退率2〜3％）、それにつながる原級留置もおよそ3万人（0・6％）を上回ることもあった。なお、2004年度から始まった高校の長期欠席では、「不登校生徒のうち中途退学・原級留置となった者」が報告されている。2020年度（文部科学省初等中等教育局児童生徒課、2021）では、長期欠席約8万人、うち不登校は4万3000人。この不登校から中退に至った者は約2割（8480人）、原級留置となった者は7％（3042人）であった（コラム❾参照）。

こうした中退および原級留置問題への対応として高校教育の多様化・柔軟化・個性化が進められて、「個に応じた手厚い指導」が強調された。その結果、中退者が減少したことは第1部第1章に示したとおりである。これによって先の数字と比べて原級留置も3分の1以下（2020年度9336人（0・3％））になってきていることを付け加えておきたい。つまり、この20年間、高校側が進学してくる多様な生徒たちに合わせて個別の支援を核とした見直しを進め、多様な生徒に合わせて高校教育のほうが変わっていったのである（注7）。

各学校でも、先の文部省回答にあるように、「単位を修得できなかった科目については、追試験その他適切な方法によって、科目の単位の修得を認定」できるような個別の支援が実施されていく。また、原級留置（留年）となる各学年の課程修了の認定については、現行の学習指導要領（文部科学省、2018）でも、学校において「単位制が併用されていることを踏まえ、弾力的に行うよう配慮するものとする」（137頁）とされた。より具体的には、「いわゆる学年制をとる場合、ある学年においてある各教科・科目の単位の修得が認められなかった生徒について、当該生徒を一応進級させた上で次の学年で十分指導し、例えば次の学年の1学期末に追試験を行い当該学期末に単位の修得を認定することなども考えられる」と記載されている（135頁）。

高校教育が、こうした多様な生徒に合わせた個別支援によって、中退（および原級留置）者数が減少したことは間違いないが、同時に先の「履修主義」と「修得主義」の形骸化も進んできたように考えられる。以前から、履修ができていれば試験後の補習、そして追試験（または追加レポート）といった「単位不認定」とならないような救済策（セーフティネット）が、教員単位（あるいは学年単位）で行われていた。それが、中退および原級留置問題への対応として「個に応じた手厚い指導」がさまざまに実施されていく中で運用の幅が広がり、ある意味では「甘くなった」というわれる対応も散見される。「履修」についても「欠席代替」課題（レポートなど）というようなかたちで、いわば3分の1ルールの厳密な適用はゆるめられている。さらに、今般のコロナ禍による「欠席」の扱い（出席停止とするかどうか）や、その「代替」課題等をめぐっての混乱が、結果的に３分の１ルールのグレーゾーンをより広げた可能性がある。とりわけ病室など学校外で受けるＩＣＴ教育（注７）についての「出席」扱いのルールづくりは喫緊の課題であろう。

この問題に関連しては、原級留置者数がコロナ禍の「一斉臨時休業」（２０２０年３～６月）要請を経て、２０２０年度にそれまでの数年間より３０００人も減少したことも注目に値する。コロナ禍による混乱が、「履修主義」と「修得主義」の形骸化を一段と進めてしまったことを示す数値とも考えられる。実際、文部科学省通知（注８）のＱ＆Ａでは、①卒業を迎える学年の児童生徒に、３月末までに指導すべき内容の指導を行うことができなかった場合、児童生徒の学習に著しい遅れが生じることのないよう、必要に応じて次年度に補充のための授業として前学年の未指導分の授業を行うことや、②卒業を迎える学年以外の児童生徒に、３月末までに指導すべき内容の指導を行うことができなかった場合は、標準授業時数を超えて授業時数を確保する必要は必ずしもなく、各学校で弾力的に対処可能とした（なお、この回答を担当したのは初等中等教育局教育課程課である）。これによって、高校では上記の進級や卒業にあたっての追加課題（追試・補習など）が例年どおりに実施できないまま、グレーゾーンを広げて進級や卒業を求めたケースが多くなって、原級留置数の減少となったのではないかと推察される。

本シリーズでは、優れた移行支援としての高校教育の実際を紹介してきたが、高校現場からは次のようなエピソードも報告されていた。朝比奈（２０１９）は、欠点（つまりは赤点）を「避けるための秘策」として「試験対策プリント」が「教育困難校」独特の慣習であると言及している。

これは、「定期試験で出る内容をほぼ網羅した手作りプリントを生徒に配布」し、「定期試験では『試験対策プリント』にある問題をそのまま出す」。したがって、「試験で求められることは問題の解答を考えることではなく、いかに『試験対策プリント』を覚えたかということ」になる。補習や追試験を避けたい生徒と、「追加指導に無駄な労力を使いたくない」教員、「両者の利害が一致」した結果といえる。また、黒川（2018）は、ある高校で従来行われていた懲罰的な補習（夏休み）と進級・卒業させるための補習（年度末）に対して、3種類の補習（学力の乏しい生徒を対象とした日常的な補習A、前期の成績を対象に赤点ラインにいる生徒に対して9月に行う補習B、赤点がつくだろうという生徒に対する年度末の補習C）が提案されたことに触れている。その際、夏休みの懲罰的な補習について「教科書を写させるだけ」と述べているが、ここから年度末の進級・卒業させるための補習内容も想像がつく。

第4節　高校教育における「特別な教育課程」の導入

2007年に改正された学校教育法施行規則において、高校教育でも不登校や中退者に対して「特別な教育課程」の編成が認められた。これによって、義務教育段階における学習内容を定着させるための「個に応じた手厚い指導」が、全国の高校で「学び直し」として広がっていった。義務教育段階の内容を正式な授業（学校設定科目）として、しかも通常の50分ではなく10－15分授業として実施できるようになったことの意味は大きい。

これは「新たな学び」をスローガンに大幅な改訂となった高等学校学習指導要領にも引き継がれ、「義務教育段階での学習内容の確実な定着を図る」（第１章総則第２款４（２）：文部科学省、２０１８）として、次のように記載されている。「生徒や学校の実態等に応じ、必要がある場合には、たとえば次のような工夫を行い、義務教育段階での学習内容の確実な定着を図るようにすること。ア　各教科・科目の指導に当たり、義務教育段階での学習内容の確実な定着を図るための学習機会を設けること」（１０８頁：注９）。これは、２００９年告示の学習指導要領からあるが、２０１８年の改訂においては、生徒の発達の支援の観点から、「特別な配慮を必要とする生徒（障害のある生徒、日本語の習得に困難のある生徒、不登校生徒）」への配慮・対応についても明記されている（１６２-１６５頁）。

また、２０１８年の学校教育施行規則の改正では、高校における特別支援教育が拡充され、障害に応じた「特別な教育課程」ができることとなり、高校においても「通級による指導」が導入された。この「通級による指導」とは、大部分の授業を通常学級で受けながら、一部障害に応じた特別な指導を通級指導教室（小中学校の特別支援教室に当たる）で受ける指導形態を指し、特別支援学校学習指導要領の「自立活動」に相当する指導が可能となったのである（文部科学省、２０１８、１６０頁）。具体的な内容としては、学校設定科目として「心理学」を開講し、「自己コントロール」、「スキルトレーニング」、「自己・他者理解」という内容で人間関係形成に関する授業が行われている（重、２０１７）。

こうして高校教育において「特別な教育課程」が導入されてきた中で、高校における日本語指導も「特別の教育課程」と位置づける制度化が検討されてきた。そして、学習指導要領改正が告示（令和4年文部科学省告示第55号：２０２２年3月31日）され、ようやく２０２３年度から高校も、生徒に個別の指導計画を作成して目標を達成すれば単位を認定し、21単位を超えない範囲で卒業の履修単位に含められることになる（コラム❼参照）。しかし、高校の卒業最低単位は74であることを考えると、その3分の1近くにあたる21単位が日本語の修得にあてられることは驚きともいえる。

第5節　高校教育における「最低限必要な教育」

教育行政学の立場から宮口（２０２０）は、日本は義務教育を行う場を学校に限定し、そこに子どもを通わせる就学義務制（厳格な一条校主義）をとっているという。この「一条校主義」とは、「学校教育法第1条に列挙された学校だけが就学義務を提供する権限と責任を有するため、そこへの通学だけを就学義務の履行とみなす仕組み」（宮口、２０２０）である。その上で、「すべての子どもに教育が保障されるべきことを前提とするならば、学校以外での義務教育提供を原則的に認めない仕組みである就学義務制は、何らかの理由で通学できない子どもに教育をいかに保障すべきかという問いに答えることが原理的に要請されている」と指摘している。そして、それを踏まえて「不登校」をめぐる施策（法律と行政）がこの義務教育制に「揺らぎ」をもたらしてきたという興味深い見解を示している。その具体例として、文部科学省が学校教育法施行規則を改正し、学習指導要領によらずとも「不登校」の子どもに配慮した特別の教育課程を編成・実施することができるようにした仕組み（前節）をあげている。

一条校での教育保障の仕組みを整えることを重視する就学義務制をとる日本においては、全国どこにいても同じ免許状を有する教員によって同じ内容の教育が保障されている（大桃、２０２０）。それゆえ宮口（２０２０）も、この就学義務制に対して、もうひとつの義務教育の類型として、学校外の教育機関や家庭など、学校以外の場における義務教育の提供を認める教育義務制をあげて、その対比から就学義務制の日本では共通に保障されるべき最低限必要な教育についてあまり論じられてこなかったと指摘する。そして、すべての子どもに教育を保障することを目的とする公教育が、通学できない子どもも含めるならば、「普遍的で共通の教育」から「最低限必要な教育」を抽出することこそ重要な課題と提起している。

この議論は、義務教育ではないが、進学率が99％を超えた「国民的教育機関」である高校教育にも当てはまる。つまり、高校教育において最低限必要な教育（たとえば基礎的な学力など：注10）とは何かという問題である。こうした議論からすれば、中学を卒業して高校に入学しても、日本語の読み書きが不十分である生徒に対して日本語指導を行うことは、この「高校教育において最低限必要な教育」として共通理解されて「特別な教育課程」が認められたということになろう。

この上限単位が21であることを考えると、卒業に必要な残り53単位分の「高校教育において最低限必要な教育」とはどのようなものなのだろう。

冒頭にあげた「『令和の日本型学校教育』の構築を目指して」（中央教育審議会、2021）の最後は、「初等中等教育と高等教育とが連携を密にしながら、学校教育全体を俯瞰した改革が進められることを期待する」という一文で終わっている。これを踏まえて学校教育全体を俯瞰すれば、先の問いは「学校教育において最低限必要な教育とは何か」となるだろう。

前章においては、国公私立という枠組みを超えて、また普通・定時・通信制という制度も超えて、さらには市町村立・組合立という基盤をも超えた高校教育の在り方を課題とした。同時に、その根底には高校教育において最低限必要な教育とは何かという問いを置かなくてはならないだろう。学校段階としては中等教育後半にあたる高校教育は、義務教育ではない教育機関として1948年に開設され、2023年で75年目を迎える。当初は中学校卒業生の半分以下しか進学しなかったこの高校教育の目的は、「中学校における教育の基礎の上に、心身の発達及び進路に応じて、高度な普通教育及び専門教育を施すこと」（学校教育法第50条）とされた。しかし、今や進学率が99％を超えた「国民的教育機関」である高校教育は、義務教育段階の学習内容の確実な定着を図るための学習機会や日本語指導まで必要となっている。それゆえにさまざまな改革が進められてきたのは第1部第1章で述べたとおりであり、さらに本章では、それを「履修」と「修得」という問題からも捉え直してきた。そこにコロナ禍が襲い、高校教育における「履修」

と「修得」の形骸化はさらに進んでしまったのではないだろうか。

中央教育審議会の特別部会「新しい時代の高等学校教育の在り方ワーキンググループ」からは、審議まとめとして「多様な生徒が社会とつながり、学ぶ意欲が育まれる魅力ある高等学校教育の実現に向けて」（2020年）も発表された。しかし、これまで進められてきた改革は、家の建築にたとえるならば、改築に次ぐ改築を繰り返してきたようなものだろう。今回の審議まとめも、さらなる改築にとどまっている印象を拭えない。現在の高校教育の姿は、歪《いびつ》な建築物であり、住むのには限界がきているように思える。そうであるならば、この際新たな敷地に新たな土台を設けて家を新築する作業（パラダイムシフト）に移ったほうがよいのではないだろうか。そうでなければ、敷地にあたる義務教育を中等教育（つまりは高校）修了まで延長する議論（保坂、2012）や、土台にあたる「学校教育において最低限必要な教育とは何か」という問いも含めて、コロナ後の移行支援としての高校教育の未来図を描くことは難しいところまできているのではないだろうか。

【注】

注1　高等学校において修得した単位数と卒業認定について――岐阜県教育長あて文部省初等中等教育局長回答。

注2　以下は、「履修」と「修得」を区別しておかないと混乱する教務上のルールである。すでに述べたとおり、卒業までに修得させる単位数は、学校において定めるとなっている。しかし、卒業までに修得すべき単位数は定めなければならないが、卒業までに修得すべき各教科・科目について定めることまでは求められていない。学習指導要領（第1章総則第2款3（1）ア）は「卒業までに履修させる」単位数等についての規定であり、「卒業までに修得させる」単位数ではないことに注意しなければならない。学習指導要領の「必履修教科・科目等」

の単位数は、卒業までに履修させる各教科・科目等の単位数に含めることが求められているが、卒業までに修得させる単位数の中に、必履修教科・科目等の単位数を含めるべきことにはなっていない。したがって、生徒は必ず必履修教科・科目等を履修しなければならないが、学校がそれらの単位を修得すべきものと定めていない場合には、それらの履修の成果が単位修得に至らなくても再度修得を目指して履修することは求められないのである（文部科学省、２０１８、１３６頁）。

注3　たとえば、ある進学校では、基準となる点数が45点以上と高いだけでなく、1科目でも20点未満があることを許さない。ただし、厳密に言うと「『進級条件を欠く者』として進級判定会議の審議対象とする」となっている。

注4　２００４年度以前の大学入学資格検定の時代は、高等学校の定時制課程および通信制課程に在学する生徒の受検が認められるとともに、入学前又は在学中の大学入学資格検定の合格科目について、それに相当する高等学校の科目の単位として認定することができた。その後２００５年度から従来の大学入学資格検定に代わり高等学校卒業程度認定試験が導入され、全日制課程の生徒にもその受験が認められることとなった。これにより全日制、定時制および通信制課程を問わず、生徒が在学中または入学する前の高等学校卒業程度認定試験の合格科目については、校長の判断により、当該高等学校における科目の履修とみなして当該科目の単位を与えることができることとなった（文部科学省、２０１８、１４１頁）。なお、文部科学省の調査（２０２３）によると、２０２１年度に高等学校卒業認定試験の合格科目に係る学修を単位認定した学校は３０５校となっている。

注5　ただし、単位認定にあたっては、外国における学習の状況を把握し、それに応じた認定を行うことが必要であり、留学した場合に一律に36単位が自動的に認められるわけではない。留学をした場合でも必履修教科・科目の履修は必要であることから、外国における学習の一部を必履修教科・科目の履修とみなして単位を認定し、残りを「留学」としてまとめて単位認定を行うことなども考えられる。海外におけるどのような学習が、国内のどのような教科・科目の履修に相当するとみなすかについては、各学校において適切かつ柔軟に判断することが求められている。なお、単位認定にあたっては、外国における学習を当該高等学校の特定の教科・科目の履修とみなして単位認定することも、逐一各教科・科目と対比せずに、まとめて「留学」として単位認定を行うことも可能である（文部科学省、２０１８、76頁）。

注6　都立大山高校原級留置事件（１９８６）、新潟明訓高校進級拒否事件（１９８７）、神戸市立工業高専「エホバの証人」進級許否事件（１９９１）など。

注7　さらには、病気により長期に登校できない高校生に対してＩＣＴを使って教育を支援する動きも出てきている。広島県教育委員会は２０１９年度に長期入院中の高校生がＩＣＴを使って中継される高校の授業を受けた場合、受信する病棟に教員がいなくても出席扱いにする方針を示し、文部科学省もこれを追認して全国に通知した（朝日新聞２０２０年2月4日付記事「入院中の高校生へ　病室で『授業』」）。なお、これまで院内学級のある小中学生に比べ、入院中の高校生の教育保障は遅れているため、一部の府県（大阪・愛知・神奈川・埼玉）が取り組んできたのが、元の学校に籍を置いたまま非常勤の教員らを病院に派遣する仕組みだった。

注8　「新型コロナウイルス感染症対策のための小学校、中学校、高等学校、特別支援学校等における一斉休業について」（令和2年2月28日発出）

注9　ただし、続いて次の2項が付け加えられている。「イ　義務教育段階での学習内容の確実な定着を図りながら、必履修教科・科目の内容を十分に習得させることができるよう、その単位数を標準単位数の標準の限度を超えて増加して配当すること。ウ　義務教育段階での学習内容の確実な定着を図ることを目標とした学校設定科目等を履修させた後に、必履修教科・科目を履修させるようにすること」（１０９頁）。なお、ここに「修得」という用語は使用されていないことに注意すべきであろう。

注10　紆余曲折の議論を経て、２０２２年度から「高校生の学びのための基礎診断」テストが導入されたが、義務教育段階の学習内容の定着度合いを測定することを重視した「基本タイプ」、高等学校段階の共通必履修科目の学習内容の定着度合いを測定することを重視した「標準タイプ」のふたつがある。

【文献】

・朝比奈なを（２０１９）『ルポ　教育困難校』朝日新聞出版
・梅澤秀監・黒岩哲彦（２０２０）単位不足で進級できない生徒に転校を条件に単位認定した　月刊生徒指導、50（3）、74－75頁

・大桃敏行（２０２０）日本型公教育の再検討の課題　大桃敏行・背戸博史（編）『日本型公教育の再検討――自由、保障、責任から考える』岩波書店、１－12頁
・黒川祥子（２０１８）『県立！　再チャレンジ高校――生徒が人生をやり直せる学校』講談社
・重　歩美（２０１７）高等学校における特別支援教育導入の経過について　千葉大学教育学部研究紀要、**53**（１）、43－50頁
・千葉県教育委員会（１９７９）千葉県高等学校管理規則
・中央教育審議会　初等中等教育分科会（２０２０）新しい時代の初等中等教育の在り方特別部会　新しい時代の高等学校教育の在り方ワーキンググループ（審議まとめ）――多様な生徒が社会とつながり、学ぶ意欲が育まれる魅力ある高等学校教育の実現に向けて
・中央教育審議会（２０２１）「令和の日本型教育」の構築を目指して――全ての子供たちの可能性を引き出す、個別最適な学びと、協働的な学びの実現（答申）
・保坂　亨（２０１２）義務教育再考――人生前半の社会保障　小野善郎・保坂　亨（編著）『移行支援としての高校教育――思春期の発達支援からみた高校教育改革への提言』福村出版
・保坂　亨（２０２２）「学校を休むことを」をめぐって（第10回）――コロナ禍（２０２０年度）の欠席状況　月刊生徒指導、**52**（１）、44－47頁
・宮口誠矢（２０２０）就学義務の再考　大桃敏行・背戸博史（編）『日本型公教育の再検討――自由、保障、責任から考える』岩波書店、39－62頁
・文部科学省（２０１８）高等学校学習指導要領（平成30年告示）解説総則編
・文部科学省（２０２３）高等学校教育関係制度の活用状況について（令和５年３月）　高等学校教育「14高等学校教育の改善に関する推進状況」（令和４年度版）　https://www.mext.go.jp/a_menu/shotou/kaikaku/20230331-mxt_koukou01-000028901_08.pdf
・文部科学省初等中等教育局児童生徒課（２０２１）令和２年度　児童生徒の問題行動・不登校等生徒指導上の諸課題に関する調査結果について

終　章　高校教育の行方

小野善郎

第１節　「移行支援としての高校教育」10年の変化

高校教育は小学校から大学まで続く学校教育のひとつの段階であるだけでなく、子どもから大人へと成長していく途上のきわめて重要な発達段階でもあり、教育だけの問題にとどまるものではない。しかしながら、中学校までの義務教育を終えた子どものほぼすべてが高校に進学するようになった現在では、教科・科目の修得だけにとどまらず、一人ひとりの生徒のニーズに応じた支援の場としても期待されることから、われわれは2012年に「移行支援としての高校教育」という理念を提唱し、従来からの高校教育のパラダイムシフトを提案した。

それから10年の歳月が経過し、高校生と高校教育をめぐる状況は、これまで以上に大きく変化し、あらためて高校教育の在り方や役割を再検討する必要もあるが、それ以前にすでに高校は大きく変わりつつあり、実質的に移行支援の場としての機能が高まっているように見受けられるところもある。その一方で、10年前には想定できなかったような新たな課題への対応を迫られていることもあるので、まずはこの10年の高校教育をめぐる変化を整理しておきたい。

少子化の進行は今さら言うまでもないが、出生率の低下の影響は高校生の世代にまで及び、中学校の卒業生は毎年2～3％ずつ減少し続けていて、2021年度には105万人となり、この10年間で約17万人（14％）減少した。第1部第2章および第3部第10章でも述べたように、生徒数の減少により高校教育の規模が縮小するのは必然的であるが、少子高齢化が著しい地方では、高校教育存続の危機といえるほどの深刻な状況があり、特に公立高校の統廃合は加速化している。

「移行支援としての高校教育」を提唱した時点で高校等進学率は98％を超え、これが実際的には上限と思われたが、その後も上昇が続き、2021年度には98・9％に達している。これは高校が義務教育であったとしても驚くべき就学率であり、日本の教育の輝かしい成果といってもいいかもしれない。2012年までの高校等進学率の上昇には定時制や通信制、さらには特別支援学校高等部への進学者の増加が寄与していたが、この10年の進学率の上昇のほとんどは通信制

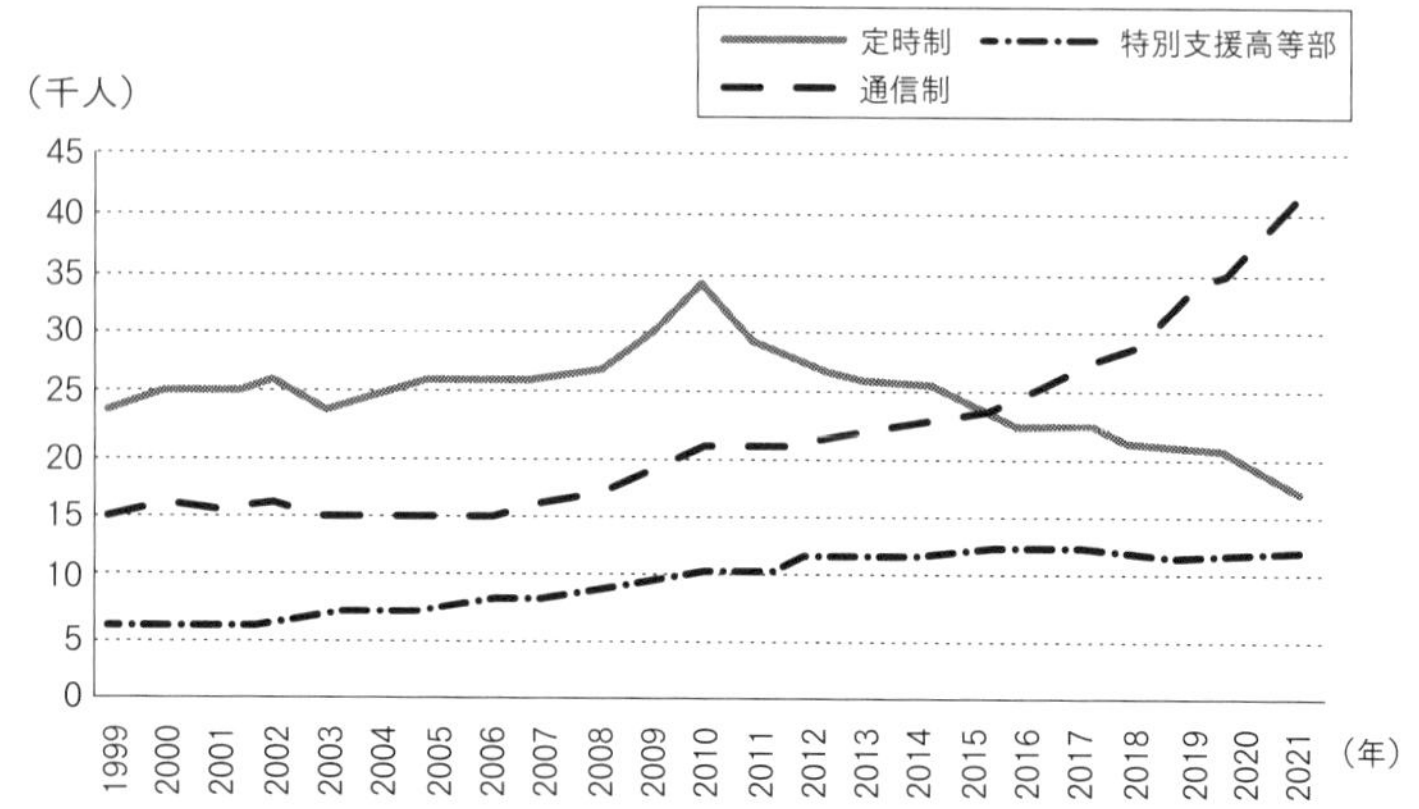

図 12-1　高等学校（定時制・通信制）、特別支援学校高等部への進学者数

（文部科学省「学校基本調査」より作成）

課程への進学者の増加によるもので（図12－1）、通信制課程を除く進学率については96・5％から95・0％にむしろ低下している。このように、現実的な上限を超える進学率の上昇は、通信制課程が多様なニーズのある生徒を引き受けたことによるものであるが、いずれにしても、驚異的な進学率の数字は、この10年間での高校教育の多様化を物語るものといえる。

その一方で、中学生の長期欠席生徒数は増加の一途をたどるだけでなく、近年ではこれまで以上に増加が著しくなり、２０１１年度の12万２３３３人（3・41％）から２０２１年度には23万２８７５人（7・13％）と約2倍に増加している（図12－2）。２０２０年度の調査からは、長期欠席の定義がそれまでの「年度間に30日以上欠席した児童生徒」から「年度間に30日以上登校しなかった児童生徒」に変更されたことや、

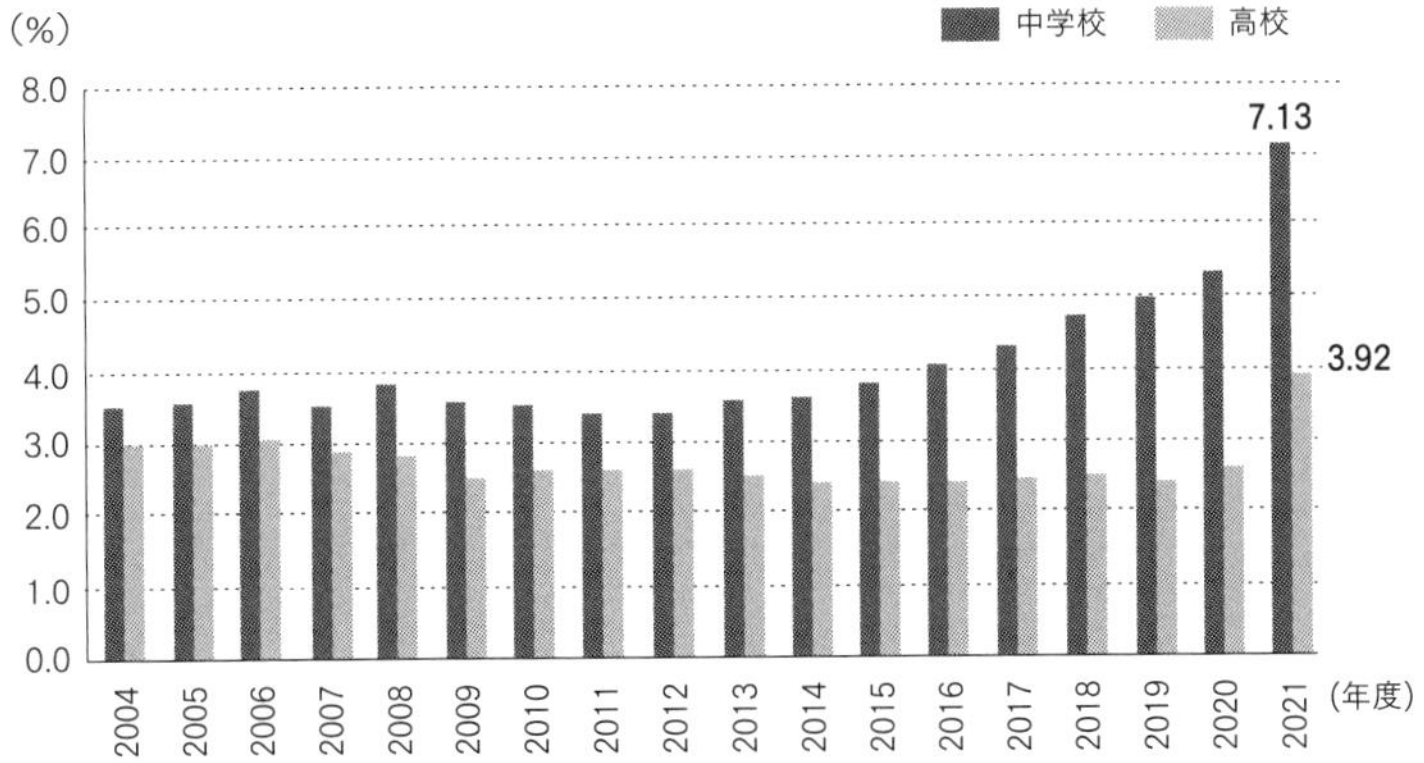

図 12-2　中学校・高校の長期欠席生徒の割合
（文部科学省「児童生徒の問題行動・不登校等生徒指導上の諸課題に関する調査」より作成）

欠席理由として「新型コロナウイルス感染回避」（２０２１年度は１万６３５３人（０・50％））が加わったことなどにより、それまでと単純に比較することはできないが（保坂、２０２２）、子どもたちの「学校離れ」が進んでいることは間違いない。その背景には、子どもや保護者の登校に対する意識の変化や、２０１６年に成立した「義務教育の段階における普通教育に相当する教育の機会の確保等に関する法律」（教育機会確保法）に象徴される教育の選択肢の多様化などの影響もあるかと思われるが、いずれにしてももはや個人の精神病理で説明されるようなものではなくなっている。１９９２年に文部省（当時）が不登校は誰にでも起こりうるものとして脱医療化してから30年の年月を経て、ついに治療されるべき「病気」から完全に脱したことも、この10年の間の大きな変化である。

第2節　高校教育のユニバーサル化

中学校での不登校を含めた長期欠席生徒の著しい増加にもかかわらず、高校等進学率は低下することなく、むしろ増加している事実からは、中学校での不登校が高校進学を妨げるものではなくなり、高校教育がユニバーサル化されてきたことを示している。その大きな要因は先に述べたような通信制課程の拡大・普及であることは間違いないが、これまで以上に高校教育の選択肢が広がった結果といえる。しかし、依然として入学者選抜制度（入試）は残っており、それは通信制課程においても例外ではなく、完全なユニバーサル化とはいえないものの、高校進学の門戸は限りなく広がり、不登校の中学生の進学への不安も低減している。

さらに、中学校で不登校であったとしても高校に進学できるということだけでなく、高校では登校状況の改善も見られている。中学校の長期欠席生徒が急増する一方で、高校の長期欠席生徒はむしろ減少傾向さえ見られ、２０２０年度ではその割合は２・60％と、中学校の２分の１にも満たず、中退率（１・１％）を加えても、中学校の長期欠席率（５・36％）を大きく下回っている（図12－２）。ただし、ここでの中退率は通信制課程などへ転学した者は含まれないので、この数字だけで高校の登校状況を判断することには注意が必要となる。いずれにしても、中学校から高校にかけて、長期欠席に関して大きなギャップが認められるが、高校のほうが中学校よりも登校状況が改善していることは、やはりこれまでは想像できなかったような意外さがある。

高校における登校状況の改善には、かつてのような排除の構造が緩和されたことも要因として考えられる。第1部第1章で詳しく説明されているように、1990年代まで2％以上で高止まりしていた中途退学に対して、「高校教育の多様化・柔軟化・個性化を促進すること」と「個に応じた手厚い指導を行うこと」が求められ、高校側でドロップアウトを可能なかぎり減らす取り組みが進められるようになった。前章（第3部第11章）で論じているように、履修主義・修得主義をめぐっては、これまでよりも柔軟な運用によって単位認定が可能になり、原級留置が避けられることで転学を含めた中途退学の減少にもつながっている。

さらに、2000年代に入って、生徒指導に関連して「懲戒の適切な運用」が求められるようになり、厳しい校則や社会通念上の妥当性が認められないような生徒指導（たとえばバイク禁止、第1部第1章）、さらには妊娠した女子生徒への自主退学の勧告なども見直され（コラム❾、第2部第9章）、生徒指導によって排除されることも少なくなってきている。

義務教育ではない高校教育には、公立高校であっても授業料や教材費などの費用負担があるため、経済的な要因も無視できない。この問題に対しては、まだ高校等進学率が90％に届かなかった時代には、「働きながら学ぶ」、すなわちフルタイムで働いて定時制で学ぶことで高校教育が提供されてきたが、現在ではこのモデルはほとんど機能しない状況にある。加えて、2008年頃から子どもの貧困への関心が高まり、「7人に1人の子どもが相対的貧困」の状態にあることが報告されるなど、あらためて経済的な要因による高校教育の障壁が問題になった。２０１３年に「子どもの貧困対策の推進に関する法律（子どもの貧困対策法）」が制定され、高校無償化に加えて、就学支援金や奨学給付金などの支援策が拡充され、経済的な理由による高校教育からの排除も減りつつある。

このような高校教育のユニバーサル化から最後まで取り残されていたのが、第2部で紹介された非行少年（第4章）と児童養護施設の入所児童（第5章）といえる。従来は、どちらの場合も義務教育ではない高校教育を保障しておらず、世間の流れとはかけ離れた状況であったが、ここにきてようやく高校教育の存在が認められるようになってきたことは、遅ればせながらとはいえ評価されるべきであろう。ただし、制度的にも教育実践においても多くの課題が残されているので、さらなる努力が求められるのは言うまでもない。

10年前と比べても高校教育のユニバーサル化は大きく進展していることは事実であるが、それは教育の機会均等とか教育を受ける権利の保障といった教育理念に沿って積極的に高校教育の門戸を開放した結果というよりも、これまでの高校教育に内在していた「適格者主義」や生徒指導に関連する「排除の構造」が影を潜めてきた結果といえるかもしれない。また、既存の高校教育が受け入れなかった生徒を私立広域通信制が積極的に受け入れるようになったのは、市場原理による高校教育の多様化の結果であるかもしれないが、いずれにしても誰も排除しない教育に近づいてきたことは、「移行支援としての高校教育」の前進と評価できるだろう。

第3節　多様性と個別的ニーズ

　高校教育のユニバーサル化は、高校教育の多様化の結果であると同時に、高校生の多様性をもたらすことになり、学力のバリエーション、つまり標準偏差が拡大することにもなる。結果的に、適格者主義は形骸化し、さらには高校教育の根幹ともいえる履修主義・修得主義さえ、柔軟な運用によって、単位認定や卒業の基準も多様化しているように見える。つまり、ユニバーサル化によって、生徒は高校が求める学力を達成しなければならなかったのが、高校が生徒の能力に応じた教育を提供する努力をするようになったのであり、これこそがわれわれが「移行支援としての高校教育」として提言してきた理念の具現化である。

　これまでは学力的、あるいは社会適応上の困難などのために、全日制・定時制高校に入学できなかったり、適応できなかったりした多様な生徒の受け皿が拡大し、さらには卒業できるようになってきたことは、高校における特別支援教育にも大きな変化をもたらしている。かつてはメインストリームの高校教育から排除された生徒たちは、定時制、通信制、さらには特別支援学校高等部が受け皿となり、高校進学率を押し上げてきたが、通信制課程の急速な拡大とともに定時制は衰退し、さらに特別支援学校への進学者も減少に転じており（図12－1）、特別支援教育の役割にも変化が見られている。

特別支援学校高等部のニーズが高まっていた頃は、高校の履修主義・修得主義は個別的な教育的ニーズには応えることができていなかったが、文部科学省は２００７年度から「高等学校における発達障害支援モデル事業」を実施し、「個に応じた手厚い指導」の模索が始まり、２０１８年度からは通級による指導が制度化されるなど、発達障害の生徒であっても高校で学ぶ機会を保障する努力が続けられてきた。これはインクルージョンの理念や、学びのユニバーサルデザイン（第2部第3章）などの実践の成果でもあるが、ここにも高校教育の基本姿勢の変容を見てとることができる。

しかしながら、発達心理学と発達精神病理学をベースにした「移行支援としての高校教育」の視点からは、そもそも思春期中期にあたる高校生の年代は、一人ひとりの個性（individuality）が多様化する時期であり、多様な生徒が存在すること自体はきわめて自然な発達の結果でもある。このような発達段階の生徒たちを受け入れる高校は、必然的に多様な生徒が学ぶ場となり、けっして画一的な一斉教育で一定の学力達成をもって評価されるものではない。この点において、中等教育は誰にでも必要な共通の基礎的学力を求める初等教育とは異なるものであり、特別支援教育の対象となる教育的ニーズの意味も変わってくる。多様性が拡大する高校教育では、教育の成果はもはや単一の基準で評価されるものではなく、ましてやテストの点数だけで能力が判断されるものでもない。個性の多様化は、得意と不得意が明らかになり、できることばかりではなく、できないことも認めていく過程でもある。にもかかわらず、一定の枠組みに収まることが「標準」であるとすれば、そこからの逸脱は「異常」さらには「障害」と決めつけられて排除されかねない。現在の教育はけっして画一的かつ均質な人材を製造する社会装置ではなく、多様な人材を育てることで、それぞれの能力を発揮することで社会ができていくものでなければならない。

多様性が拡大する思春期の発達に応じた高校教育は、必然的に選択肢が広がる拡散型になる必要があり、個人の能力や志向に応じて学びの幅も広がることで、さまざまな能力の人材が育って社会の構成メンバーになっていかなければならない（小野、２０１８）。教育が特定の能力の人間だけを画一的に育てるだけであれば、社会は成立しない。「移行支援としての高校教育」は、必然的に一人ひとりの生徒の教育的ニーズに応じた教育になり、それはまさにすべての生徒を対象とした特別支援教育ともいえる。誰も排除しない「移行支援としての高校教育」を追求していけば、特別支援教育さえも包み込む究極のインクルージョン教育になる可能性が秘められている。

第４節　福祉的役割への期待

このような高校教育の変容は、まさに高校教育のコペルニクス的転回といってもいいほどの衝撃的なものといえる。つまり、もともとの高校教育では生徒に学校の要求を満たす努力が求められたのに対して（つまり、厳格な履修主義・修得主義）、ユニバーサル化した高校教育では学校が生徒のニーズに合わせる努力をするようになり、まさに主客が逆転する結果になっている。これは別な視点から見れば、高校教育が福祉的性質を持つようになり、それがより強くなってきているということにもなる。高校教育の中での福祉的な支援も「移行支援としての高校教育」の中核的な要素なので、その意味でも評価できる変容である。

「移行支援としての高校教育」の議論のきっかけになった「教育困難校」や「課題集中校」など、さまざまな困難を抱えた生徒が集まる高校では、学習の保障だけでなく、その背景にある生活の困難や支援ニーズにも取り組み、福祉サービスと連携するだけでなく、直接的にも支援を行ってきている。近年では、「ヤングケアラー」への関心が高まったことで、生徒個人の支援ニーズにとどまらず、家庭の抱える課題にも目が向けられ、福祉的役割はますます大きくなってきている。たとえば、大阪府立西成高等学校では、従来の「生徒指導」ではなく、「生徒支援」という切り口で福祉的取り組みを推進し、全国的にも注目された（山田、２０２１）。

学校教育の福祉的な役割については、２０２０年3月に新型コロナウイルス感染症の感染拡大防止のために全国一斉に学校が臨時休業となったことで、あらためて認識されることになったが、それは小中学校だけではなく、高校でも同様であった。２０２１年1月の答申において学校の福祉的な役割を明記した中央教育審議会は、義務教育ではない高校教育についても、「感染拡大を通じて再認識された高等学校の福祉的機能（安全・安心な居場所の提供）や社会的機能（社会性・人間性の育成）といった役割や価値も踏まえ、遠隔・オンラインか対面・オフラインかという二元論に陥ることなく、高等学校の役割を最大限に果たすために、その最適な組合せを探ることが必要である」として、福祉的機能があらためて強調された（中央教育審議会、２０２１）。誰も予想しなかった学校教育の異例の事態を通して、高校教育の福祉的機能が認識されたことは意義深いが、高校生の福祉を保障するためには、まずは高校教育を保障する、すなわち選抜制度や適格者主義を排して、真のユニバーサル教育としていくこと、そして存亡の危機にある地方の公立高校を守るなど、高校教育の場を保障していくことがますます重要になってくる。

第5節　大人への移行の障壁

高校教育の受け皿が拡大し、さらに高校教育からの排除のリスクが低下したことで、全般的に高校における移行支援の基礎的な条件は整いつつある。それまでの育ちの不利の累積的なリスクの結果として、高校に進学できず、あるいはドロップアウトすることで、大人としてのスタートをさらに不利にする悪循環から救い出す機会として、高校教育の場がさらに大きな役割を果たす機会が広がったことになる。

ただし、子育てだけでなく、教育や児童福祉などの子どもの発達・成長の支援の最終的な目標は「大人になること」であり、大人への移行は高校教育の3年間で完了するものではない。「移行支援としての高校教育」は、それまでの育ちの不利をケアすることで、少しでも良い状態で大人へのスタートを切ることを目指した支援にすぎず、大人への移行は高校を卒業してから本格化し、その道のりは長い。したがって、困難な育ちの中でも、なんとか高校を卒業できれば自立するというものではなく、高校卒業は移行支援のゴールではない。

子どもから大人への移行において、思春期はすでに子どもではないが、まだ大人として自立していないという意味で、子どもでも大人でもないグレーゾーンであり、この不確かな期間の発達・成長を支援するのが移行支援である。しかしながら、現在の社会制度は、子どもか大人かの二分法が支配していて、子どもと大人の中間に位置づけられるグレーゾーンは実質的に存在していない。民法上は18歳で成年、つまり大人となり、児童福祉法では満18歳で「児童」ではなくなり、大人ということになる。かろうじて少年法は、18歳と19歳を「特定少年」とすることで、中間的な位置づけがあるものの、いずれにしても子どもとしての処遇か大人としての処分かの二分法であることには変わりはない（コラム❹参照）。

このような子どもか大人かの二分法が支配する社会においては、どちらとも言い切れないグレーゾーンはなく、そのことが移行支援を正当化し保障することを困難にしている。子どもにとっては厳しい社会制度ではあるが、実際には学校教育が緩衝的な役割を果たしていて、学校教育にとどまっているかぎり、年齢にかかわらず大人としての自立から免除されている。もともと義務教育が導入された社会的背景には、子どもたちを児童労働から解放することもあったが、今日においても学校教育は、子どもの労働を免除し、自立を猶予しているのは確かである。高等教育の普及によって教育期間が長期化したことで、二分法の社会制度の中で実質的なグレーゾーンとなっている。

とはいえ、大学に進学したとしても、卒業すれば直ちに就職して社会に出ることが求められるので、せいぜい20代前半にはグレーゾーンから出なければならないということになる。しかし、たとえ高校教育がユニバーサル化したとはいえ、わが国の義務教育は6歳から15歳までの9年間であることは、戦後一貫して変わっておらず、少なくとも社会制度上は中学校卒業をもって教育は終了して社会に出る、すなわち自立することが基本であり続けていることを忘れてはならない。この社会制度から見れば、15歳で教育を終えてから18歳で成年するまでの3年間がグレーゾーンということになり、この部分がかつては働きながら大人に移行したのに対し、現在は高校で移行しているということになる。

大学等の高等教育が普及したことでグレーゾーンも拡大してきてはいるが、その一方で大人への移行はこれまで以上に複雑・長期化しており、20代前半では完了しなくなっている。たとえば、伝統的な自立の基準として、定職に就くことを見てみても、大学卒業者の約3分の1は3年以内に転職しており、安定した就労には至っていない。また、親から独立して家庭を持つということに関しても、平均的な初婚年齢や第一子出産年齢は30歳前後になっており、やはり20代での自立は一般的ではなくなっている（小野、２０２２）。

このような就労状況や婚姻・出産の傾向については、さまざまな要因が影響した結果であるが、少なくとも現在の大人への移行は、社会制度の想定や社会通念よりも相当長期間を要するものであり、学校教育だけではカバーできるものではないことを認識する必要がある。残念ながら、学校教育から出てしまえば、社会保障も含めた移行支援が十分に得られない現実があるが、実際には移行支援は学校教育を終えてからが重要であり、それは20代を通じて保障されていく必要があることを最後に強調しておきたい。

第6節　残された移行支援の課題と高校教育への期待

あらためてこの10年間の高校教育の変化を振り返ると、われわれが提唱した「移行支援としての高校教育」の実践が広がっていることが実感される。ただし、根本的に高校教育の制度自体が変わったわけではなく、いまだに高校は義務教育ではなく、すべての子どもに保障された真のユニバーサルな教育にはなっていないが、実質的に高校入学の障壁が下がり、排除の構造が緩和され、さらに公立高校の無償化や就学支援制度によって費用負担が軽減されたことで、事実上の義務教育といえるものになっている。したがって、これらの状況の変化は、高校教育の「改革」というよりは、あくまでも運用上の変化にとどまるものであり、かならずしもわれわれが目指す「移行支援としての高校教育」が実現したとはいえない。

それでも、この10年間の高校教育の変化はドラスティックであり、これまで高校受験に支配されていた中学生の学校生活にも大きな影響を及ぼし、不登校であっても高校進学が保障されたことで、不登校の病理性は下がり、さらに保護者や社会の高校教育への意識も変わって、15歳から18歳にかけての生き方の選択肢も広がってきた。多様な生き方が認められることで、迷いや悩みは深まることもあるが、この迷いや悩みこそが大人への移行の核心であり、ここに向き合うことはきわめて重要である。

今でも古い世代には古い常識が残っていたとしても、高校教育におけるメリトクラシーや自己責任論はすでに過去の遺物になろうとしている。ただ、高校教育があまりにも多様化し、自由度が高くなったことで、この先が見通せない不安があることも確かである。しかし、これまでの学校教育の変化は、学校や教育行政が立案し主導したというよりも、児童生徒や保護者のニーズが生み出し、結果的に制度化されたものが多いので（たとえば、不登校児童生徒の別室登校やフリースクールなど）、文部科学省や教育委員会の方針に頼らずとも、現場のニーズで変えていく可能性が十分にある。したがって、高校教育についても、制度改革を待つだけでなく、積極的に議論し、提言し、そして行動していくことは重要であり、本書の論考が今後の高校教育の発展に寄与することを期待したい。

しかし、「移行支援としての高校教育」への現実的な期待が高まる一方で、その足下では高校が存亡の危機にあることから目を背けるわけにはいかない。少子化にともなう高校生の減少によって、人口の少ない地方だけでなく、都市部においても高校の統廃合が進み、高校教育の場が奪われかねない状況にあり、まさに教育の機会均等が脅かされている。高校教育の縮小する局面において、すべての子どもたちに高校教育を保障するために、これまでにない努力が求められている。

教育のＩＣＴ化はすでに10年前に始まっていたが、新型コロナウイルス感染症の感染拡大による臨時休業や登校制限への対応として、遠隔・オンラインによる授業が一気に普及し、教育のモダリティーが多様化したことで、学校という物理的な「場」の必然性が揺らぎ始めてさえいる。それこそがまさに半世紀前にアメリカで学校化社会を批判したイリッチ（１９７７）が、学習に必要なのは学校ではなく、物事、模範、仲間、および年長者が相互に利用できる「機会の網状組織（opportunity web）」だと論じたように、教室だけが学びの場ではない。

しかし、福祉的な機能も求められる「移行支援としての高校教育」では、機会の網状組織という機能的な「場」だけでなく、人が出会う具体的な「場」も重要で不可欠なものである。大人への移行は個人としての自己実現であるだけでなく、真の社会化は地域社会の中での役割を獲得していくものであるとすれば、現実の生活の中でのリアルな相互作用は不可欠である。地方の衰退が懸念される今こそ、高校は地方創生の核として、地域で活躍できる人を育てる場として存在価値はますます高まるだろう。

高校教育が急速に縮小する新たな局面で、高校教育の「場」を確保し、保障し、活用できるかが残された課題である。

【文献】

・イヴァン・イリッチ（１９７７、東　洋・小澤周三訳）『脱学校の社会』東京創元社
・小野善郎（２０１８）『思春期の育ちと高校教育――なぜみんな高校に行くんだろう？』福村出版
・小野善郎（２０２２）『思春期の心と社会――メンタルヘルス時代の思春期を救え』福村出版
・中央教育審議会（２０２１）「令和の日本型教育」の構築を目指して――全ての子供たちの可能性を引き出す、個別最適な学びと、協働的な学びの実現（答申）　https://www.mext.go.jp/content/20210126-mxt_syoto02-000012321_2-4.pdf
・保坂　亨（２０２２）「学校を休むことを」をめぐって（第10回）――コロナ禍（２０２０年度）の欠席状況　月刊生徒指導、**52**（1）、44－47頁
・山田勝治（２０２１）生徒をエンパワする学校――西成高等学校の生徒支援の取り組み　世界の児童と母性、**90**、39－44頁

あとがき

「異次元の少子化対策」という言葉が、2023年1月岸田総理の年頭会見で登場した。ここで再び、この「少子化」問題に触れておきたい。「再び」というのは、本文だけではなく、『続・移行支援としての高校教育』（2016）の「あとがき」に続けてという意味を込めている。

以前にも記したが、日本の出生数は、団塊の世代（1947～49年）が260万人超、団塊ジュニア世代（1971～74年）が200万人超に対して、2016年には100万人を割り込み、1975年から40年間で半減するという「少子化」が大きな課題と言われ続けてきた。少子化対策担当大臣を置いてさまざまな対策をとってきたにもかかわらず、その後も出生数は減り続けて、2019年には90万人を下回り、2022年は80万人未満になるとの推計測が発表された。この発表を踏まえて「異次元の少子化対策」という表現が使われたということだろう（その後、人工動態統計の速報値として、79万9728人と発表された）。

また、日本の総人口のピークは東日本大震災の前年にあたる2008年で、およそ1億2800万人であった。そこから人口減少が始まり、現在（2022年9月概算）まで

325万人も減少した。年間110万人を超える死亡者数に対して、上記の出生者数が下回る状態が続いているからである。

一方で世界人口に目を転じれば、2022年には国連の推計で80億人。人口世界1位の中国は、61年ぶりに人口減少へと転じて、2023年その座をインドに明け渡すことになる。そして、2050年代にはこの世界人口が100億人を超えると推定されている。つまり、地球規模では、少子化と人口爆発が同時に進んでいることになる。そうした中で世界的な人口変動と国を超えた移動が起きていることが、日本社会で外国にルーツがある子どもたちの増加という現象の背景にある。

実際に私たちに見えるかたちでの変化は、日本社会での働き手の不足による外国人労働者（外国人材）の増加であろう。新たな「在留資格」と、出入国在留管理庁という役所が置かれ、普段の生活の中でも日本に滞在して働く労働者、そして生活者としての外国人の受け入れが拡大されつつある。それにともなって、18歳未満の外国にルーツのある子どもたちが増えるのは必然といえる。しかし、こうした子どもたちへの支援、とりわけ学校教育における支援はとても十分とはいえない。なにしろ高校でようやく特別な教育課程として日本語指導が始まろうとしている段階であるのだから。

編者（小野・保坂）である私たちは、「高校教育のパラダイムシフト」をこのような背景要因を含めて考え続けてきたつもりである。そもそも「思春期の発達支援からみた高校教育改革への提言」にあたり、実践としての「移行支援としての高校教育」は、すでに始まっているという認識であった。議論を重ねた結果、『移行支援としての高校教育』は、本書も含めてシリーズ３冊（総頁数で約１０００頁）に及ぶものとなった。思春期への支援が多職種による協働チームが必要であるのと同様に、シリーズを通しての作業も多様なメンバー（各巻各章の執筆者たち）による議論を踏まえた協働作業であった。そして、そのプロセス自体が編者および執筆メンバーにとって豊かな学びであったと感じている。本書および本シリーズを多くの方々に手に取っていただき、私たちが提示してきたものを手がかりに「高校教育の未来図」を描く議論が始まることを願っている。

最後に、編集者として最初から最後まで、長期間にわたり伴走していただいた福村出版社長・宮下基幸氏には心より感謝する次第である。氏の仲介で編者の小野・保坂が初めて会って、語り合ったのが２０１０年だったと記憶している。それからスタートし、『移行支援としての高校教育』の原稿執筆中に起きたのが東日本大震災（２０１１年3月11日）であった。そして、２０１２年第１弾、２０１６年第２弾が刊行され、ようやくこの２０２３年に第３弾の発刊までこぎつけた。そして、本書で再三触れることとなった、パンデミック＝新型コロナウイルス感染症の世界的流行が直近の３年間（２０２０～23年）に起きてしまった。

また、本シリーズおよび本書で取り上げた18歳成人は、この2022年度がスタートとなった。つまり、震災直後の2011年4月に小学校に入学した学年が、2020年3月の中学卒業と4月高校入学時点で、全国一斉休校を体験することになった。さらに、その後3年間をコロナ禍で過ごすことになり、マスクが当たり前の中で18歳成人を迎えたのである。

未だ終わりが見えないウクライナ戦争（ロシアからすれば特別軍事作戦）をあげるまでもなく、この先が見通せないのは、日本だけではなく世界全体といっても過言ではない。このような混迷の時代に、「子ども」から「大人」への移行、そして「学校」から「社会」への移行はどのようになっていくのであろうか。そして、大人（社会）はその移行をどのように支援していくのだろうか。ようやく「自分の判断で」となったマスク着用も含めて、見守っていきたいと思う。

２０２３年３月

編者を代表して　保坂　亨

江森真矢子（えもり・まやこ）

一般社団法人まなびと代表理事。教育関連企業で私立学校の広報、学習プログラムの制作・運営等を通した魅力づくり支援に携わった後、高校教員向け教育専門誌の編集者に。2015年より岡山県立和気閑谷高校のコーディネーターを務める傍ら、フリーランスの編集者として書籍等の編集・執筆を行う。現在は教育や地域づくりをテーマにした研修講師、地方自治体の諸委員等も務める。主著：『校則が変わる、生徒が変わる、学校が変わる』学事出版（分担執筆、2022）、『教育の島発 高校魅力化＆島の仕事図鑑』学事出版（編著、2020）、『地域協働による高校魅力化ガイド』岩波書店（編著、2019）など。

執筆担当：コラム⑧

重　歩美（しげ・あゆみ）

千葉工業大学工学部教育センター助教、千葉大学教育学部非常勤講師。2011～2019年小中高等学校スクールソーシャルワーカー。2021～2022年度千葉大学教育学部特任准教授。東京学芸大学大学院連合学校教育学研究科修了。博士（教育学）。主著（論文）：「高校教育現場における長期欠席、中退、原級留置についての調査研究――全日制普通科教育困難校でのスクールソーシャルワーカーの立場から――」東京学芸大学大学院連合学校教育学研究科博士論文（2016）ほか。

執筆担当：コラム⑨

田邊昭雄（たなべ・あきお）

東京情報大学総合情報学部教授。学校心理士スーパーバイザー。臨床発達心理士。一般社団法人日本スクールカウンセリング推進協議会渉外委員会副委員長。主著：『やさしくナビゲート！ 不登校への標準対応』ほんの森出版（編著、2021）、『続・移行支援としての高校教育』福村出版（分担執筆、2016）、『学級経営力を高める教育相談のワザ13』学事出版（編著、2016）、『移行支援としての高校教育』福村出版（分担執筆、2012）など。

執筆担当：第10章

村松健司（むらまつ・けんじ）
東京都立大学大学教育センター教授。千葉大学大学院教育学研究科修士課程修了。博士（教育学）。専門は児童福祉心理学、臨床心理学。主著：『福祉心理学』放送大学教育振興会（2021）、『施設で暮らす子どもの学校教育支援ネットワーク』福村出版（2018）など。

執筆担当：第5章、コラム③

笠井孝久（かさい・たかひさ）
千葉大学教育学部教授、千葉市スクールカウンセラー。主著：『新・教育の最新事情 第3版』福村出版（分担執筆、2020）、『心理臨床における遊び』遠見書房（分担執筆、2016）など。

執筆担当：第6章、コラム⑤

大塚朱美（おおつか・あけみ）
千葉科学大学看護学部講師。前公立高等学校養護教諭、教諭（看護）。千葉大学大学院教育学研究科修士課程修了。主著（論文）：「ある定時制クラスの非卒業率とその実態」『千葉大学教育学部研究紀要』*69*、pp.41-48（2021）、「高等学校の退学を予防する観点――退学に関する文献調査から――」『千葉科学大学教職・学芸員センター通信』*6*、pp.1-8（2019）、「定時制高校で経験したことから考える社会への移行支援」『千葉大学教育実践研究』*22*、pp.37-46（2019）、「不登校経験とその後の生活との関係――定時制高校で適応的に過ごしていた事例から――」『千葉大学教育学部研究紀要』*63*、pp.105-110（2015）。

執筆担当：第7章

西野功泰（にしの・よしやす）
札幌市教育委員会指導主事。2006年北海道立高校教員採用。2009年札幌市立高校教員採用。2020年3月福井大学大学院福井大学・奈良女子大学・岐阜聖徳学園大学連合教職開発研究科教職修士課程修了。2021年4月より現職。その他、教育や地域に関わる様々な企画に多数携わる。

執筆担当：第8章

東京大学出版会（2010)、『“学校を休む”児童生徒の欠席と教員の休職』学事出版（2008)、『カウンセリングを学ぶ 第2版』東京大学出版会（2007)、『改訂 ロジャーズを読む』岩崎学術出版社（2006)、『子どもの成長　教師の成長』東京大学出版会（編著、2000)、『学校を欠席する子どもたち』東京大学出版会(2000)、『心理学マニュアル　面接法』北大路書房（編著、2000）など。
執筆担当：第1章、第9章、第10章、第11章、コラム④⑤⑥⑦⑨、あとがき

川俣智路（かわまた・ともみち）
北海道教育大学大学院教育学研究科高度教職実践専攻准教授。北海道大学大学院教育学研究科博士後期課程単位取得退学。2007年より北海道大学大学院教育学研究院附属子ども発達臨床研究センターの学術研究員、2012年大正大学専任講師を経て、2017年より現職。主に高等学校でのフィールドワーク、アクションリサーチを通して、育ちの過程に困難を抱える生徒や家庭環境の不安定な生徒の支援、またそれを支える教員や専門職の支援に関わる研究を行っている。主著：『ICTを活用したこれからの学び』一莖書房（編著、2022)、『地域と協働する学校』福村出版（分担執筆、2021)、『革命のヴィゴツキー』新曜社（翻訳、2020)、『教職課程コアカリキュラム対応版　キーワードで読み解く特別支援教育・障害児保育＆教育相談・生徒指導・キャリア教育』福村出版（分担執筆、2020）など。
執筆担当：第3章

富樫春人（とがし・はるひと）
千葉大学教育学部非常勤講師、東京情報大学総合情報学部非常勤講師、千葉県スクールカウンセラー。千葉大学大学院教育学研究科修士課程修了。元公立高等学校教諭。公認心理師、学校心理士、ガイダンスカウンセラー、上級教育カウンセラー。平成22年度文部科学大臣優秀教員。主著：『やさしくナビゲート！ 不登校への標準対応』ほんの森出版（分担執筆、2021)、『最新 特別活動論 第3版』大学教育出版（分担執筆、2021)、『続・移行支援としての高校教育』福村出版（分担執筆、2016)。
執筆担当：第4章、コラム①②

〔執筆者紹介〕

執筆担当順

小野善郎（おの・よしろう）※編著者

和歌山県立医科大学卒業。同附属病院研修医、ひだか病院精神科医員、和歌山県立医科大学助手、和歌山県子ども・女性・障害者相談センター総括専門員、宮城県子ども総合センター技術次長、宮城県精神保健福祉センター所長、和歌山県精神保健福祉センター所長を歴任。現在、おのクリニック院長。精神保健指定医、日本精神神経学会精神科専門医、日本児童青年精神医学会認定医、子どものこころ専門医。主著：『思春期の親子関係を取り戻す〔増補改訂版〕』（翻訳、2022）、『思春期の心と社会』（2022）、『子育ての村「むぎのこ」のお母さんと子どもたち』（編著、2021）、『思春期の謎めいた生態の理解と育ちの支援』（2020）、『子育ての村ができた！　発達支援、家族支援、共に生きるために』（編著、2020）、『思春期を生きる』（2019）いずれも福村出版。『心の病理学者　アドルフ・マイヤーとアメリカ精神医学の起源』（翻訳、2021）、『児童虐待対応と「子どもの意見表明権」』（2019）いずれも明石書店など。

執筆担当：はじめに、第2章、第10章、終章

保坂　亨（ほさか・とおる）※編著者

東京大学大学院教育学研究科博士課程中退、1983年東京大学教育学部助手（学生相談所相談員）。1989年千葉大学教育学部講師、2002年同附属教育実践総合センター（現教員養成開発センター）教授、2013～17年同センター長、2016～20年千葉大学大学院教育学研究科高度教職実践専攻（教職大学院）専攻長。2022年4月より千葉大学名誉教授・同教育学部グランドフェロー。その他、千葉県教育委員会参与、千葉市学校教育審議会委員、子どもの虹情報研修センター企画評価委員、東京私立中学校高等学校スクールカウンセリング研究会顧問など。主著：『新・教育の最新事情 第3版』福村出版（2020）、『学校を長期欠席する子どもたち』明石書店（2019）、『続・移行支援としての高校教育』福村出版（編著、2016）、『移行支援としての高校教育』福村出版（編著、2012）、『日本の子ども虐待【第2版】』福村出版（編著、2011）、『いま、思春期を問い直す』

続々・移行支援としての高校教育
——変動する社会と岐路に立つ高校教育の行方

2023年7月20日 初版第1刷発行

編著者 小野善郎・保坂 亨
発行者 宮下基幸
発行所 福村出版株式会社
〒113-0034 東京都文京区湯島2-14-11
電話 03-5812-9702 FAX 03-5812-9705
https://www.fukumura.co.jp
カバーイラスト はんざわのりこ
装 丁 臼井弘志（公和図書デザイン室）
印刷・製本 中央精版印刷株式会社

ISBN978-4-571-10204-2 C3037